"兰州大学哲学社会科学文库"编委会

主编

严纯华

执行主编

沙勇忠

编委（以姓氏笔画排序）

王学军　王学俭　包国宪　安俊堂

杨红伟　李兴业　李利芳　严纯华

何文盛　汪金国　沙勇忠　张新平

陈声柏　郑炳林　郭爱君　雷鸿昌

兰州大学哲学社会科学文库
Philosophy and Social Sciences Library of Lanzhou University

王天下——中国文化的历史思考

王晓兴 易志刚 著

兰州大学出版社
LANZHOU UNIVERSITY PRESS

图书在版编目（CIP）数据

王天下：中国文化的历史思考 / 王晓兴，易志刚著. -- 兰州：兰州大学出版社，2023.10
ISBN 978-7-311-06545-4

Ⅰ. ①王… Ⅱ. ①王… ②易… Ⅲ. ①中华文化—研究 Ⅳ. ①K203

中国国家版本馆CIP数据核字(2023)第192427号

责任编辑	马继萌　宋　婷
封面设计	张友乾

书　　名	王天下——中国文化的历史思考
作　　者	王晓兴　易志刚　著
出版发行	兰州大学出版社　（地址：兰州市天水南路222号　730000）
电　　话	0931-8912613(总编办公室)　0931-8617156(营销中心)
网　　址	http://press.lzu.edu.cn
电子信箱	press@lzu.edu.cn
印　　刷	兰州人民印刷厂
开　　本	710 mm×1020 mm　1/16
印　　张	18.5
字　　数	267千
版　　次	2023年10月第1版
印　　次	2023年10月第1次印刷
书　　号	ISBN 978-7-311-06545-4
定　　价	68.00元

（图书若有破损、缺页、掉页，可随时与本社联系）

出版说明

党的二十大报告提出的"加快构建中国特色哲学社会科学学科体系、学术体系、话语体系，培育壮大哲学社会科学人才队伍"的重要精神，为我国高校哲学社会科学事业发展提供了根本遵循，为高校育人育才提供了重要指引。高校作为哲学社会科学"五路大军"中的重要力量，承载着立德树人、培根铸魂的职责。高校哲学社会科学要践行育人使命，培养堪当民族复兴重任的时代新人；要承担时代责任，回答中国之问、世界之问、人民之问、时代之问。

作为教育部直属的"双一流"建设高校，兰州大学勇担时代重任，秉承"为天地立心，为生民立命，为往圣继绝学，为万世开太平"的志向和传统，为了在兰州大学营造浓厚的"兴文"学术氛围，从而为"新文科"建设和"双一流"建设助力，启动了开放性的文化建设项目"兰州大学哲学社会科学文库"（简称"文库"）。"文库"以打造兰州大学高端学术品牌、反映兰州大学哲学社会科学研究前沿、体现兰州大学相关学科领域学术实力、传承兰州大学优良学术传统为目标，以集中推出反映新时代中国特色社会主义理论和实践创新成果、发挥兰州大学哲学社会科学优秀成果和优秀人才的示范引领作用为关键，以推进学科体系、学术体系、话语体系建设和创新为主旨，以鼓励兰大学者创作出反映哲学社会科学研究前沿水平的高质量创新成果为导向，兰州大学组织哲学社会科学各学科领域专家评审后，先期遴选出10种政治方向正确、学术价值厚重、聚焦学科前沿的思想性、科学性、原创性强的学术成果结集为"兰州大学哲学社会科学文库"第一辑出版。

"士不可以不弘毅,任重而道远。"兰州大学出版社以弘扬学术风范为己任,肩负文化强国建设的光荣使命,按照"统一设计、统一标识、统一版式、形成系列"的总体要求,以极其严谨细致的态度,力图为读者奉献出系列学术价值厚重、学科特色突出、研究水平领先的精品学术著作,进而展示兰大学人严谨求实、守正创新的治学态度和"自强不息、独树一帜"的精神风貌,使之成为具有中国特色、兰大风格、兰大气派的哲学社会科学学术高地和思想交流平台,为兰州大学"新文科"建设和"双一流"建设,繁荣我国哲学社会科学建设和人才培养贡献出版力量。

兰州大学出版社
二〇二三年十月

序　言

我们俩，是北大哲学系78级的本科同班同学。我们都属虎，年龄却相差12岁，也即人们常说的差了整整一轮。同学之间的这种年龄差，是恢复高考后那个年代的一个特点。不同年龄的人聚集在一起，大家怀揣着赶上好时光的窃喜和兴奋，同时也不知不觉背负上了那个时代的年轻人特有的一份责任。正是这份责任，把我们联系在一起，至今也有40多年了。

上学的时候，我们住的38楼有一个很好的设施，就是每一层都有一个会议室。每当晚上熄灯后，我们俩经常是摸着黑、抽着烟，带着一种莫名的兴奋，在那个并无桌椅板凳的会议室，无休无止地就一些即使今天看来也依然困扰我们的问题展开讨论。我们的讨论很特别，先是拿出一个我们共同认为似乎站得住的解释，然后就开始针对这一解释提出诘难。这个提出诘难的过程，我们称之为"挖坑"；然后就试图来回答这些诘难，我们称之为"填坑"；然后再一次提出诘难，回答诘难。这种不停地给自己"挖坑"和"填坑"的讨论，成为我们一直到今天还坚持的方法。

我们的问题虽然看起来有些庞杂，但归结起来也很简单，这就是：中国究竟该向何处去？我们雄心勃勃给自己制订未来的学术规划：其一，要对中国历史有一个新的说法；其二，要对社会主义运动有一个新的说法。随着毕业的临近，我们隐隐发现，自己并没有这个能力。且不说我们其他方面的知识准备，就是我们引以为傲的本行——哲学，就很成问题。我们似乎并没有学到什么哲学，而只是被灌输了一堆似是而非的概念以及由这些概念构成的所谓"原理"。它们仿佛可以解释一切，但其实什么也解释不了，更不能回答我们心中的困惑。这一发现，使我们在毕业后的很长一段时间内都处于一种内心纠结的状态中。我们的思考，稍不留神就会掉进那些概念的陷阱而不自觉。就在这个时期，大量的翻译作品，不论是新的还是旧的，纷纷问世，让人有一种应接不暇的感觉。而一种新的"八股"悄然而生。它的特点就是不好好说话，分明很简单的一个意思，非要用一大堆恐怕连自己也不甚了了的新名词、新概念、新术语，拐着弯地说出来。我们给自己提出一个任务，是否可以不用那些概念而能正常地思维和表达。我们把这看作是一个自我救赎的过程，当然也是一个痛苦的过程。因为这个，我们的文字中几乎不怎么使用那些通行的哲学术语。

进入新世纪，我们自以为有了一些准备，可以着手来讨论那个自1978年上大学以来一直困扰我们的问题。我们给自己确立一个讨论问题的角度，就是：站在现代中国人的立场上，回答中国人自己的问题。但我们很快就发现，我们并不真正清楚究竟什么是"现代中国人的立场"，因为我们甚至不能准确地定义什么是中国人。检讨其中的原因，是因为我们并不真正了解成天挂在嘴上的"中国文化"。这促使我们下定决心，从中国文化的源头入手。

我们把眼光投向中国古代历史的重要转折期：殷周之际。对殷周之际的研究，使我们得到这样的认识：殷周之际打造的西周宗法封建制，是中国文化的源头或根。西周宗法封建制，通过制度性的祖先祭祀实现个人对宗法共同体的文化认同，以及通过祖先祭祀的差异性划分个人在宗法共同体中的尊卑地位，进而塑造了古代中国人的生存样式，赋予他们作为一个

"人"在封建秩序下或为子孙或为祖宗的生存意义。但是，我们的这一认识遇到了一个无法回避的问题：经历春秋战国的历史大变动，西周的宗法封建制崩溃了，代之而起的是秦汉以后的郡县制，也即在中国历史上虽屡经朝代更迭，却存续两千余年而大体保持基本结构不变的大一统中央集权制。面对这样的历史事实，我们还能坚持西周宗法封建制是中国文化的源头或根吗？

带着这个问题，我们在《王天下——殷周之际对中国文化的奠基意义》之后，写作了《"王天下"与汉帝国》一文。我们提出：西周的宗法封建制是中国历史上"王天下"理想得以现实化的第一种典型存在形态，汉及其以后的大一统中央集权制国家则是中国人自殷周之际以来矢志不渝追求的"王天下"理想的第二种典型存在形态。这里的关键当然是"王天下"，但更关键的还是"人"。虽然"王天下"的实现形式不同，但"天下"的根本却是相通或相同的，它就是"人"或"中国人"。我们提出一个范畴："王天下"及其变形。拿这个范畴来检讨春秋战国的历史大变动，我们得到这样的认识：西周宗法封建制的崩溃或解体，并不是周文化的消亡过程，而是周文化经历转化进一步发展和提升的过程，也是生活在这个文化下的人成长成熟和达到新的自觉的过程，它的直接成果是统一的秦汉帝国，它的最高成果则是打造了一个以儒家思想为核心智慧的精神空间以及由这个精神空间塑造的我们自己——中国人。

这里有几个要点：第一，在中国古代历史上，"天下"并不是凝固和一成不变的，而是经历了一个嬗变的过程。在西周，天下是一个由相对松散的诸侯国联合而成的宗法封建共同体；在春秋战国，天下是一个诸侯向着领土国家发展并最终演化为诸雄竞相称王局面的分裂世界；在秦汉，天下则是一个绝对王权统治下的中央集权的大一统帝国。第二，生活在"天下"的古代中国人也不是凝固和一成不变的，而是经历了一个嬗变的过程，即由部落共同体的族众到封建诸侯国的国人，又由封建诸侯国的国人到大一统帝国的臣民的变化。第三，这个双重的嬗变过程，给了古代中国人全面反思的契机，它的成果就是以孔子为开端的诸子百家，它的归宿则是以回到孔子为标志的经学。要解开这背后的秘密，必须从孔子入手。

从孔子入手，就有了《"仁"何以可能——孔子再认识》。之后，又有了《论韩非》《读庄》《读孟》。这四篇文章，虽然是以《论语》《韩非子》《庄子》《孟子》的文本为依据，力图对这几部堪称中国文化代表的经典做出确当的释读，却是带着我们自己的问题，站在今天的立场上对中国文化进行解析和批判并进而认清究竟何为"中国人"的一种尝试。我们以为，以孔孟为代表的儒家、以韩非为代表的法家和以老庄为代表的道家，共同构筑了一个特殊的精神空间：这个精神空间的前端或呈现给人们的，就像是一幢金碧辉煌的大厦，它的名号叫"天下"或"王天下"；儒家和法家是两大支柱，它们互为犄角、互为表里，共同支撑起"王天下"这幢大厦；道家则是这幢大厦后面的庭院，是为那些不能或不屑挤进大厦以及不堪承受支撑大厦之重、之苦者提供休憩的后花园。

中国文化的奥秘，要从这个特殊的精神空间中寻求；中国人几千年辉煌和苦难的原因，也要从这个特殊的精神空间中寻求；今天的中国人，不仅应该从这个特殊的精神空间中寻求面对现实的思想资源，还应该从这个特殊的精神空间中挣脱出来，面对未来并走向未来。基于这样的认识和理由，我们在《读孟》一文的结尾处写了一个特别的章节《从孟子开始："民"与"人"辩》，以期从这里开始我们的新的思考。

2022年6月23日

目 录

王天下
——殷周之际对中国文化的奠基意义 001

- 一、商代王权的特点 002
- 二、周初王权受到的挑战 004
- 三、周的文化创造：宗法 009
- 四、周的文化创造：封建 016
- 五、周的文化创造：释德 025
- 六、结语 030

"王天下"与汉帝国 032

- 一、"王天下"及其变形 032
- 二、封建与郡县：秦覆灭提出的问题 038
- 三、《天人三策》：帝王与哲学家 041
- 四、《史记》：天人、古今、一家之言 047
- 五、《白虎通》："三纲六纪"与中国文化的"Idea" 050
- 六、结语：帝国与臣民 054

"仁"何以可能
——孔子再认识 057

- 一、孔子与孔子的时代 057
- 二、天下有道、无道辨 062
- 三、"仁"的哲学 067
- 四、"仁"何以可能 072

论韩非 077	一、"务为治者"与"战国" 077
	二、韩非的学说和主张 083
	三、韩非的哲学 099
	四、余论 112

读庄 117	一、"逍遥游" 117
	二、"道" 137
	三、"是非" 146
	四、"圣人" 158
	五、"无用之用" 170

读孟 184	一、"不得已"的辩者 185
	二、"一本"与"心"之哲学 192
	三、"性善"与"君子所性" 205
	四、"孝悌" 222
	五、"君臣" 248
	六、从孟子开始:"民"与"人"辩 274

王天下
——殷周之际对中国文化的奠基意义①

中国古代的历史是连续的。传世文献的记载，加上地底下发掘出来的甲骨文字和数以千计的新石器时代的考古学文化遗存，把中国农业时代的文化史连续上溯到8000～10000年以前。虽然考古学的成果打破了中原中心论的传统观念，并初步揭示出新石器时代中国考古学文化多元并存和交互影响的基本事实，但就中原而言，从早期的老官台、裴李岗、磁山，到中期的仰韶，再到晚期的龙山、二里头，其发展承继关系和线索是清晰而明确的。虽然夏、商、周三代有着不同的种族和文化渊源，但它们的前后相继构成了中原地区中国古代文化连续发展的历史，并顽强地保存在周的文化记忆中，也深深地影响了周的文化创造。

周的文化创造，集中到一点，是在世界性的广阔地域内建立一个崭新的人类社会共同体，也即中国古代历史上第一次以"王天下"为理想的封建制度。这个"王天下"的理想是如此富有魅力，以至于后世（甚至直至今天）包括先秦诸子在内的几乎全部中国文化的创造，都被笼罩在它的神圣光环之下。

---

① 本篇原载《陕西师范大学学报》（哲学社会科学版）2007年第6期。

我们的讨论从中国古代的王权开始。

一、商代王权的特点

据司马迁的记载，商汤就曾自诩"吾甚武"并以"武王"为号。在某种意义上，商王似乎已经是拥有最高权力的统治者，这种最高权力的表征之一就是商王"余一人"的称谓。在甲骨卜辞中，屡有"余一人"或"一人"出现，在《尚书》的《汤誓》《盘庚》等篇中，商王也以"予一人"自称。按照胡厚宣的意见，"自殷武丁以迄帝辛，'余一人'与'一人'者，已为国王一人所专用的称号"①。但是，我们不能因此就把自称"余一人"的商王和秦汉以后"朕即国家"的专制皇帝等同起来。其实，即使和"溥天之下莫非王土"的周天子相比，商王的权力也是受到限制而要大打折扣的。商王的权力至少在两个方面受到限制：

一方面，是来自本部落族众的限制。甲骨卜辞中有"众"字，字形为日下三人，过去一般解释为奴隶，典型的例子是郭沫若："象多数的人在太阳底下从事工作。再从发音上来说，童（僮）、种、众、农、奴、辱等字是声相转义相袭的。"②对于这种解释，不仅当时就有不同的声音，如丁山："日为殷商民族的大神，众人在日下，应作受日神保护的民众解释，其地位应与罗马帝国时代的'公民'相等，至少也该是自由民；可能是公卿大夫的子弟。"③近年来更有学者从不同的角度提出不同的意见，如晁福林：

> 甲骨文"众"字过去解释其造字本义均谓其为日下三人形，其实它从"口"而不从日。"口"在作偏旁时，或指房屋基坑，或指室内火塘，或指埋人坑穴。"众"字所从之"口"当即"堂"字初文，或表示有火塘之居室。《合集》58片和59片两例的"众"字其

---

① 胡厚宣：《释"余一人"》，《历史研究》1957年第1期，第75-79页。
② 郭沫若：《奴隶制时代》，人民出版社，1956，第9页。
③ 丁山：《甲骨文所见氏族及其制度》，科学出版社，1956，第38页。

所从有袅袅上升烟气的火塘形,是关于"众"的造字本义的很好说明。……"众"的造字本义指在堂上居住的许多人。

古人在火塘边居住的习俗流传很久,直到今天在有些少数民族地区,如云南永宁纳西族、独龙族等,还可以见到。考古发掘材料表明,殷代中、小型居室遗址里大多有火塘遗存。这种情况表明,以堂为食宿中心的身分,当介于贵族和奴隶之间。聚族而居的情况在我国上古时绵延很久,殷代这种同居于一处的"众"应是子姓族的族众①。

把"众"解释为"公民"或"自由民",正如把它解释为"奴隶"一样,都有简单拿古希腊罗马进行比附的嫌疑,因此我们倾向于赞同把"众"解释为殷商本部落也即子姓族的族众。从甲骨卜辞看,"众"不仅是主要的劳动生产者,而且也是享有相当权益的社会共同体成员:(1)"众"可以参与商族的祀典;(2)"众"是商王征兵的主要对象,兵役既是"众"的义务,也是"众"的权利;(3)"众"经常受到商王的关心②。不仅如此,从古代文献的记载看,"众"更有对商的军国大事发表意见的权利。《尚书》中的《汤誓》通常被看作是商汤灭夏的战争动员令,这固然不错。但如果换个角度看,则它更像是一篇回答族众质疑的战前演说词。族众的第一个质疑:"我后不恤我众,舍我穑事,而割正夏?"商汤的回答是:"予惟闻汝众言,夏氏有罪。予畏上帝,不敢不正。"族众的第二个质疑:"夏罪其如台?"商汤的回答是:"夏王率遏众力,率割夏邑,有众率怠弗协,曰:'时日曷丧,予及汝皆亡!'夏德若兹,今朕必往。"《尚书》中的另一篇《盘庚》,则生动地记载了盘庚迁殷的过程中,苦口婆心反复劝说族众的情况。这从一个侧面反映出,族众的反对意见是商王不得不重视甚至不得不听从的。

另一方面,是来自其他部落或方国的限制。说商乃至商以前的唐、虞和夏都统有天下,是后来春秋战国时代的中国人站在自己的立场上

---

① 晁福林:《夏商西周的社会变迁》,北京师范大学出版社,1996,第316-317页。
② 王玉哲:《中华远古史》,上海人民出版社,2003,第273-278页。

对过去历史的追忆，代表的是一种历史的观念，而非历史的真实。和此前的夏一样，商依然是一个方国林立的时代。一直到商的后期，商人始终没有真正建立起一个统一的王国。有学者把商的政治制度概括为"方国联盟制"，认为在这种政治制度下，"诸方国、部落虽然对商王朝有一定贡纳，然而基本上是独立的，它们对于商王朝并没有多少依附"[①]，这应该是符合商代政治格局的实际情况的。在这种格局下，商代的王权，不仅在本部落内部受到族众的限制，而且在外部也受到其他部落或方国的限制，其势力范围是十分有限的。当然，与其他并存的部落或方国相比，商是一个文化更发达因而经济和军事实力更强大的部落或方国，是为"大邑商"或"天邑商"。

商代的方国究竟有多少，现在已不可确考，但见于甲骨卜辞的方国至少不下于六七十。考察商与各方国的关系，大体上可分为友好和敌对两种类型。并且，同一个方国在不同时期与商的关系也大不一样。从甲骨卜辞中可以看出，一些曾经被商讨伐的方国，后来又成了商的与国或附庸。对方国持续不断的战争，是商代的一个重要特征。商是在与方国的战争中强大的，也是在与方国的战争中衰败的。《左传·昭公十一年》有一个说法："纣克东夷，而陨其身。"司马迁在《史记·殷本纪》中则说武王伐纣时，"诸侯叛殷会周者八百"。这里的"诸侯"，其实也就是与商并存并且与商在地域上犬牙交错的各大小部落或方国。商代王权的兴衰，是和这些部落或方国的向背密切相关的。《论语·泰伯》说周文王时，"三分天下有其二"，绝非文王时周已经实际控制了天下三分之二的疆域，而是指多数的部落或方国已经背殷而向周，成为周的盟友了。

二、周初王权受到的挑战

周在众多盟友的支持下，取得克商战争的胜利。这是中国古代历史上的一件大事，成为中国古代历史乃至整个中国历史的一个分水岭。

[①] 晁福林：《夏商西周的社会变迁》，北京师范大学出版社，1996，第355页。

王国维说："中国政治与文化之变革，莫剧于殷周之际。"①他认为纵观整个中国历史，其政治与文化的变革，当首推殷周之际最为剧烈。我们不禁要问：春秋战国的历史变动导致封建制度废而郡县制度兴，难道其变革不如殷周之际剧烈吗？辛亥革命打倒皇帝，两千余年的专制帝国灭而中华民国兴，难道其变革也不如殷周之际剧烈吗？王国维是跨世纪的近现代学者，当他如此断言的时候，他难道就没有想到人们一定会提出这样的质疑吗？

《殷周制度论》是王国维的力作，发表于1917年，开篇就用这种毋庸置疑的口吻说出这样的断语，综合王国维的整个学术思想来看，仅仅归之于王国维的遗老立场是不足为据的，其中当有更为深入的思考和认识。王国维说：

> 殷、周间之大变革，自其表言之，不过一姓一家之兴亡与都邑之移转；自其里言之，则旧制度废而新制度兴，旧文化废而新文化兴。又自其表言之，则古圣人之所以取天下及所以守之者，若无以异于后世之帝王；而自其里言之，则其制度文物与其立制之本意，乃出于万世治安之大计，其心术与规摹，迥非后世帝王所能梦见也②。

在王国维看来，殷周之际的变革表面上似乎和后世帝王的王权交替并无区别，但就其实质而言，周在制度和文化上的创造，实在是基于对千秋万代长治久安的深切认识，不论就其深度和广度而言，都绝非那些只知取天下和守天下的后世帝王所能望其项背。这个"出于万世治安之大计"的文化创造，用王国维的话说，"其旨则在纳上下于道

---

① 王国维：《殷周制度论》，载《王国维学术论著》，浙江人民出版社，1998，第55页。

② 王国维：《殷周制度论》，载《王国维学术论著》，浙江人民出版社，1998，第56页。

德,而合天子、诸侯、卿、大夫、士、庶民以成一道德之团体"[1],也即把一切人都统摄在一个具有统一的价值标准的社会共同体之中。而这个社会共同体的内在灵魂不是别的,就是被中国古代文化视为最高理想的"王道"或"王天下"。"欲知周公之圣,与周之所以王,必于是乎观之矣。"[2]这是《殷周制度论》的结语,也是全篇的点睛之笔,因为揭示"周之所以王"的内在奥秘,正是王国维这篇力作的主旨所在。

但是,这个代表了中国古代最高理想的文化创造并不是周人从一开始就完成的,而是在经历了严峻的挑战之后,针对着王权所面临的深刻危机逐步实现的。

周人取得克商战争的胜利后,并没有马上做出特殊的也即特别异于商的文化创造,而是基本沿袭了商的方国联盟制。这从武王克商后只是停留于"兴灭继绝"的策略,对传说中的古代圣王之后(所谓"三恪",也即享有盛誉的古老部落)进行笼络,并在商的旧地设置三监即班师西归,看得十分明白。但在武王死后,随即发生了三监和东夷的叛乱,这对刚刚取得胜利的周人无疑是一场严峻的挑战。这场挑战来自两个方面:一方面是王位继承的合法性问题,一方面是王权对被征服的东方部落的控制问题。

成王之前,周人在王位继承的问题上,本无定法。太王古公亶父不传太伯、仲雍而传季历,文王舍长子伯邑考而立武王,武王临终则要将大位传于其弟周公旦,有所谓"我兄弟相后"(《逸周书·度邑解》)的嘱托,这些都是明证。关于周公的继位称王,历来是中国古代历史上一个有争议的问题。其实,只要不带任何成见,就会发现《尚书》的《大诰》《康诰》《酒诰》等篇中,周公均是直接以王的身份发布诰令,周公继位称王应该是一个不言而喻的事实。争议之起,在

---

[1] 王国维:《殷周制度论》,载《王国维学术论著》,浙江人民出版社,1998,第56页。
[2] 王国维:《殷周制度论》,载《王国维学术论著》,浙江人民出版社,1998,第68页。

于春秋时人的成见。因为按照成王以后的定制，周公以武王之弟的身份而居王位是不合周礼的，是为"非礼"。但是，周公是"礼"的创立者，是周人心目中的圣人，因此他们一方面不得不正视周公继位称王的事实，一方面又不得不极力为周公讳言，这才弄出了许多含混不清甚至自相矛盾的说法。

真正的麻烦是由周公的兄弟们引起的。武王死后，周公依武王的遗嘱继位称王，这本是一件极其自然的事情。但是，以管叔为首的叛乱却提出了棘手的问题，因为这场叛乱是针对着王位的，涉及王位继承的合法性。周人的继统虽无定制，但此前奉行的基本是父死子继的原则。或许，武王临终传位给周公而不是成王，多少是受了商人兄终弟及观念的影响。但由此却引起了纷争，因为不论按照周人的传统还是商人的定制，周公都不具备严格的继位称王的合法性：按照周人的传统，继位称王者该是成王或成王的兄弟；而按照兄终弟及的商制，最有资格继位称王的也应该是管叔而非周公，因为管叔是武王之弟周公之兄。虽然真实的起因是对王位的觊觎，但叛乱者打出的旗号却是成王。这一点，《尚书》中说得很明白："武王既丧，管叔及其群弟乃流言于国曰：'公将不利于孺子。'"（《尚书·金縢》）

在周的地盘内，周公无疑是掌握大权的实力派，如果只是畿内的几个兄弟发些非分之想，是不会引起什么麻烦的。这正如先前的太伯、仲雍，至多不过逃出周地远走他乡罢了（我们很怀疑后世儒者的溢美之词，总觉得太伯、仲雍的"乃犇荆蛮"可能也和王位的争夺有关）。但是，以管叔为首的发难却不同，乃是起于刚被征服的殷商旧地，且引起了整个东部地区的连锁反应。周面临的不是一场简单的畿内王位纠纷，而是一场打着合法旗号，但却来自畿外的全面战争。《逸周书》中有这样的记载："武王既归，乃岁，十二月崩镐，肂于岐周。周公立，相天子，三叔及殷东徐、奄及熊盈以略。"（《逸周书·作雒解》）这里的逻辑关系十分清楚：武王"崩"，周公"立"，于是有三叔和东夷及熊盈的"略"。而一个"略"字说得很明白，也就是起兵大举进犯了①。

面对这场突发的危难，周公义无反顾起而应战，他自己说得很明白："我之弗辟，我无以告我先王。"（《尚书·金滕》）但是，周公的出征一开始就遭到畿内族众和同盟者的强烈反对，即使周公宣称占卜得到了吉兆也无济于事。《尚书》中有这样的记载：

> 肆予告我友邦君，越尹氏、庶士、御事，曰："予得吉卜，予惟以尔庶邦，于伐殷逋播臣。"尔庶邦君越庶士、御事罔不反曰："艰大，民不静，亦惟在王宫、邦君室，越予小子考翼，不可征，王害（曷）不违卜？"（《尚书·大诰》）

看起来，反对者的理由很充分：（1）局势过于凶险（艰大）；（2）民心不稳定（民不静）；（3）反叛者或为周的王室成员（王宫），或为同盟者的宗亲（邦君室），或为自己的父辈亲属（予小子考翼）。因此，反对者甚至要求周公违逆占卜的结果放弃出征。当然，周公最终说服了族众和同盟者，并由此开始了长达三年的平乱、二度克商和进一步拓展势力的东征战争。东征战争取得辉煌的胜利，不仅保住了武王克商的成果，而且极大地拓展了周的势力范围。

但是，东征战争的胜利，并没有解决由三监和东夷叛乱所引发的王位继承的合法性问题，也没有解决周的王权对被征服部落的控制问题。相反，随着周的势力范围前所未有的扩大，这两个问题都以更为紧迫的形式摆在蒸蒸日上的周人，特别是以周公为首的周统治集团的面前。

正是从这里出发，周人开始了他们自己的文化创造。

---

① "略"：或以为"畔"之误，"畔"同"畔"，与"叛"通。参见黄怀信《逸周书校补注译》（西北大学出版社，1996年）第254页。杨宽直解为"起兵进攻之意"，似更确，谨从此说。参见杨宽《西周史》（上海人民出版社，2003年）第142页。又：杨宽他处引《作雒解》，亦作"畔"，例见《西周史》第550页。

三、周的文化创造：宗法

周公继位称王受到来自畿外亲兄弟的挑战，虽然他是畿内的实力派，但依然必须寻求政治和军事上的同盟者。很显然，在这场围绕王位继承的冲突中，周公的同盟者至少应满足以下两个条件：第一，他必须是拥有相当资历的实力派，不然，虽为同盟却于事无补；第二，他必须与王位继承权无涉，否则当无异于养虎为患。十分幸运的是，周公找到了这样的同盟者，这就是姜姓的太公望和姬姓的召公奭。《尚书》记载：

　　武王既丧，管叔及其群弟乃流言于国曰："公将不利于孺子。"周公乃告二公曰："我之弗辟，我无以告我先王。"周公居东二年，则罪人斯得。（《尚书·金縢》）

这里的二公，就是太公和召公。只因为周公说服了二公并争取到二公的加盟和支持，他才能够依靠同盟的力量赢得东征战争的彻底胜利。由于古代文献的阙轶和过于简略，二公加盟的具体情势究竟如何已经无法确知，但依然可以从中窥测到一些真实的信息。

关于太公，《史记》有这样的记载：

　　太公至国，脩政，因其俗，简其礼，通工商之业，便鱼盐之利，而人民多归齐，齐为大国。及周成王少时，管蔡作乱，淮夷畔周，乃使召康公命太公曰："东至海，西至河，南至穆陵，北至无棣，五侯九伯，实得征之。"齐由此得征伐，为大国，都营丘。（《史记·齐太公世家》）

关于召公，《史记》也有记载：

　　其在成王时，召公为三公：自陕以西，召公主之；自陕以东，周公主之。成王既幼,周公摄政,当国践阼,召公疑之,作《君奭》。君奭不说周公。周公乃称:"汤时有伊尹,假于皇天;在太戊时,则有若伊陟、臣扈,假于上帝,巫咸治王家;在祖乙时,则有若巫贤;在武丁时,则有若甘般:率维兹有陈,保乂有殷。"于是召公乃说。(《史记·燕召公世家》)

从司马迁的记载看,太公和召公,一个在东,一个在西;一个在外,一个在内;一个为畿外的大国封君,一个为畿内的实力人物。正是太公和召公的内外相助,才有周公的"居东二年""罪人斯得"。但是,同盟是有代价的,是同盟各方彼此妥协,求同存异,以达成各自权利义务关系的统一和一致的结果。那么,在周初生死存亡的危难中结成的这个三公同盟,其权利义务关系究竟是怎样的呢?

先看太公。太公虽为武王克商的头等功臣,但毕竟是异姓,因此无缘要求周的畿内权利。太公受封于齐,正如周公之受封于鲁和召公之受封于燕,但不同的是,太公旋即至国,而周公和召公却皆不至国而留任畿内。武王死,周公立,"管蔡作乱,淮夷畔周";太公看似无条件响应周公支持平叛,担负起"远东"外围征伐的重任,但同时却获得了至为宝贵的扩张和发展的权利和机会。很显然,齐在春秋时期的率先称霸,是与太公打下的大国基础不无关系的。

再看召公。召公是周的同姓,但不是王室直系,其实际的地位可能相当于族内长老。因为不是王室直系,所以无缘觊觎空悬的王位;但因为是周的族内长老,所以又有权对周公的继位称王"疑之"和"不说(悦)"。对于召公的"疑之"和"不说(悦)",周公自不能等闲视之,因此才有传世的《君奭》。一篇《君奭》,既是对召公的赞美,也是对召公的请求;既是周公自己的表白,也是对结成同盟关系的允诺。周公说:"襄我二人,汝有合哉?"——除了我们二人,你还从哪里找得到可以契合的人呢?正可谓一语道破,东征胜利后周畿内"分陕而治"的政治格局即由此而奠定。正因为有这样的政治契合,"于是召公乃说(悦)",受封而不至国,"亦以元子就封而次子留周室代为召公"。所谓"亦",正是相对于"周公元子就封于鲁,次子留相王室代为周公"而言(《史记索隐》)。

最后再来看周公。三公同盟的核心或"盟主",当然是周公。但是,由于召公基于其身份、地位和实力而对周公的继位称王"疑之"和"不说(悦)",要赢得召公的加盟,周公就不得不做出重大的让步。从事后的结果看,周公的让步归结到一点就是有条件地放弃"当国践祚"的权利:周公还政于成王,但保留"自陕以东"的势力范围,坐镇成周而世为周公。周公还政于成王,被后世儒者加以道德的渲染,俨然成为德冠古今的第一圣人。在这一点上,即使王国维的《殷周制度论》也概莫能外。但是,如果我们摘掉儒家传统道德的有色眼镜,就不难发现,周公的还政于成王实在是迫于客观的实力对比和权力平衡而势所必然的事情。细读《尚书》的《召诰》和《洛诰》,一个明显的事实是,召公不折不扣已然就是成王的监护人和周公还政于成王的督察官:是召公领着"庶邦冢君"来到新建的成周洛邑向周公进献礼物,又是召公直接面对周公而向成王发表了一通长篇教诲,最后还是召公代表"王之雠民百君子越友民"向即将亲政的成王宣誓效忠,正所谓"保受王威命明德"是也。在周公,一方面是对来到新都洛邑的成王明确表态"朕复子明辟"("复辟"一词即由此而来),一方面则一如既往照例给予成王一通教诲。至于成王,却不过是在召公的保驾下完成了亲政的仪式,而后则程式性地下了一道让周公留守洛邑的命令即匆匆离去,依旧回他的镐京去了。所谓"予小子其退,即辟于周,命公后",说的就是这个意思。几千年来被人们吹得神乎其神的周公还政于成王的圣行,不过如此而已。

但是,正是在这种实力对比的权力平衡中,周初因管蔡叛乱引起的王位继承的合法性问题却平稳地得到了解决。现在我们要问的是,周初王位继承问题的实质究竟何在?

在某种意义上,周公继位称王本是名正言顺而并没有问题的。因为从现有的文献看,武王确实是明言传位于周公的。《逸周书》记载:

王[命旦]传于后。王曰："旦！汝维朕达弟，予有使汝。……汝维幼子，大有智。……乃今我兄弟相后，我筮龟其何所即？今用建（逮）庶建。"叔旦恐，泣涕共手。（《逸周书·度邑解》）

　　值得注意的是，武王讲出了传位于周公的两个理由：一是"维朕达弟"；二是"大有智"。而不管"达"和"智"的确切含义究竟是什么，这里实质上是蕴含着王位继承的一个原则，即把王位传给具有某种才能（不论这才能是"达"或"智"还是别的什么）的王室成员。但问题恰好就出在这个原则上。

　　说到才能，人们不免要想起上古尧、舜、禹时代的"选贤与能"和禅让，似乎那时候就曾经有过一种王位继承的好办法。但是，后世意义上的王权，不仅尧、舜、禹的时代，甚至在夏代和商代也并没有真正建立起来，那时的"王"充其量不过是某种松散的氏族或部落联盟的首领而已。作为氏族或部落联盟的首领，他们的"王"的地位毫无例外都是靠武力赢来的。对于这一点，早在战国时就有人看得很明白，如韩非子就说过："舜逼尧，禹逼舜，汤放桀，武王伐纣；此四王者，人臣弑其君者也，而天下誉之。"（《韩非子·说疑》）又如出自战国时人之手的《古本竹书纪年》，也有诸如"舜囚尧"之类的说法。

　　然而，不论尧、舜、禹，之所以有资格去抢夺那个"王"的地位，是因为他们首先都是各自氏族或部落的首领。而作为氏族或部落的首领，他们同时也就是氏族或部落中居核心地位的那个家族的家长。这个家长的身份，却是世代传承下来的。他作为这个家族的家长，之所以有资格担任氏族或部落的首领，是因为这个家族的始祖通常也就是整个氏族或部落得以繁衍生息和发展壮大的最初的"根"，也即那个原始的作为最初的母体的家庭的父亲和家长。在人类社会共同体由家庭而家族，又由家族而氏族、部落的发展过程中，这个家长兼首领地位的传承，首先遵循的无疑是血缘的原则。这个原则的优点是不言自明的，因为它源自人类最天然的一种联系，具有无可争议的自明的特点。

但是，这个原则只是相对于核心家族或王族与其他家族或庶族的关系而言，才是无可争议的。在核心家族或王族的内部，相对于不同王族成员的关系而言，它又往往是模糊和混乱的。模糊和混乱，必然引起纷争。在人类社会共同体发展的初期阶段，当社会公共权力还没有演化成为真正意义上的王权或国家权力的时候，纷争或可通过族众的公议而得到解决，结果也许是对某些个体成员的惩戒，最坏的结果也不过是对立的两派彼此分裂而形成新的不同的氏族，互相残杀或作殊死搏斗的情况应该是不多的。然而，随着人类社会共同体的扩大，特别是当社会公共权力发展成为真正意义上的王权的时候，纷争就意味着战争，就意味着一场你死我活的殊死的搏斗。因此，在自然的血缘原则的基础上，建立确定无疑的严格的王位继承的原则，是中国古代王权发展和走向成熟的必然要求。王国维说：

> 盖天下之大利莫如定，其大害莫如争。任天者定，任人者争。定之以天，争乃不生。故天子诸侯之传世也，继统法之立子与立嫡也，后世用人之以资格也，皆任天而不参以人，所以求定而息争也。古人非不知官天下之名美于家天下，立贤之利过于立嫡，人才之用优于资格，而终不以此易彼者，盖惧夫名之可藉而争之易生，其敝将不可胜穷，而民将无时或息也。故衡利而取重，絜害而取轻，而定为立子立嫡之法，以利天下后世，而此制实自周公定之。是周人改制之最大者，可由殷制比较得之。有周一代礼制，大抵由是出也[①]。

这无疑是对周建立严格的立子立嫡的王位继承原则很好的概括，却依然有进一步讨论的余地。这里涉及关乎中国古代文化内在精神的两个重大问题：一是天人问题；二是亲亲和贤贤的问题。

先说天人问题。王国维说周的立子立嫡是任天而非任人，固然有

[①] 王国维：《殷周制度论》，载《王国维学术论著》，浙江人民出版社，1998，第58页。

理。但是，何为天？何为人？显然，这里的天和人并非通常意义上的自然与人的关系，而是专就人与人的关系而言。在人与人的关系上，所谓"天"，也即天生注定而非人为的努力所能改造者。就此而言，父子是"天"，兄弟也是"天"。周人父死子继的传统是"任天"，商人兄终弟及的定制也是"任天"。在这个意义上，所谓"任天"，其实也就是遵循人与人之间最原始因而也最自然的血缘关系。然而，在王位继承的问题上，不论商人的兄终弟及和周人的父死子继，都不能达到"求定而息争"的目的。这是因为，王位继承毕竟是最为复杂的人间事务之一，是人类文化和人类社会共同体得到高度发展的产物，已经远远超出了原始自然的血缘关系的范畴。既然是文化发展的产物，就必须由文化的进一步发展来解决，岂是一句简单的"任天"所能说得清楚的。

我们以为，把周人的"立子立嫡"归结为"任天"而非"任人"，显然失之于简单和笼统。因为，虽然子继和弟及都是"任天"，但把二者结合起来变成一个统一的"立子立嫡"的原则，就不再是简单的"任天"而是人为努力的结果。不仅如此，把这个"立子立嫡"的原则打造成为一整套完备的宗法制度，就更不是简单的"任天"而不啻是周人伟大的文化创造了。说宗法制度是周人伟大的文化创造，是因为周人并没有把宗法制度仅仅局限于解决王位继承的问题，而是进一步把它变成为几乎适用于一切人类活动领域和所有人类社会共同体（家、国、天下）的根本法则，是一切人都必须遵循的行为准则。它就是"礼"或"周礼"。王国维说，"有周一代礼制，大抵由是出也"，可谓抓住了要害。

宗法和礼制是周人的文化创造，它们却深深地植根于人类最基本的血缘关系，是对人类原始自然的血缘关系进行改造、提升的结果。因此，在周人自己和传统的中国人看来，宗法和礼制是任何人最终都无法回避和逃遁的，是本源于天而无可更改的。这是周人的立场，也是中国传统文化一以贯之的立场，当然也是王国维的立场。抓住这个要点，也就找到了破解中国文化内在奥秘的钥匙。

再说亲亲和贤贤的问题。武王传位于周公，既打破了周人自己的传统，也与商的定制不合。这无疑是引起王位纷争的原因。但问题在于，武王这样做究竟是出于什么样的考虑和目的呢？《史记》载武王克商后的事迹曰：

> 武王至于周，自夜不寐。周公旦即王所，曰："曷为不寐？"王曰："告女：维天不飨殷，自发未生于今六十年，麋鹿在牧，蜚鸿满野。天不享殷，乃今有成。维天建殷，其登名民三百六十夫，不显亦不宾灭，以至今。我未定天保，何暇寐？"王曰："定天保，依天室，悉求夫恶，贬从殷王受。日夜劳来定我西土，我维显服，及德方明。自洛汭延于伊汭，居易毋固，其有夏之居。我南望三涂，北望岳鄙，顾詹有河，粤詹雒、伊，毋远天室。"营周居于雒邑而后去。（《史记·周本纪》）

司马迁的这段记载出自《逸周书·度邑解》，只是武王传位于周公一节未予采用。从这段记载看，虽然取得了克商的胜利，但武王并没有陶醉于胜利，反而因"未定天保"而"自夜不寐"。一方面，武王总结殷商的经验，认为殷商虽然覆灭，但它能够强大至今，一个重要的原因就在于登用人才，所谓"其登名民三百六十夫，不显亦不宾灭，以至今"。另一方面，武王决心走出周的故地，在东部营建新都，直接建立起对殷商旧地的统治。这是一个重大的转折，是中国古代由传统的部落或方国联盟走向以"王天下"为目标的新的国家形态的开端。武王意识到这是一项前所未有的艰巨的任务，因此把它托付给具备完成这项任务的才能、既"达"且"智"的周公。这应该是武王打破传统、违反定制，决意把王位传给周公的真正原因。但是，他万万没有想到，这项意在长治久安的举措，却引发了一场几乎把周人毁灭的全面的灾难。

在这场灾难面前，以周公为首的周统治集团，一方面通过实际的政治措施应对现实；一方面在王位继承的问题上对商的定制和周人自己的传统进行反省和总结，紧紧抓住人类最根本的父子、兄弟的血缘关系，从"亲亲"的原则出发，打造出一整套完备的宗法制度。然而，真正使武王"自夜不寐"的原因却并不在王位的继承本身，而在于如何能够实现雄视天下而"王"的宏图伟业。对此，周公是有深切认识和体会的。在《君奭》中，周公向召公历陈自商汤到武丁的各代贤臣，希望召公和自己一道，"咸成文王功于不怠，丕冒，海隅日出，罔不率俾"。这就在政治实践的层面上，明确提出了"贤贤"的问题。王国维说：

> 尊尊、亲亲、贤贤，此三者治天下之通义也。周人以尊尊、亲亲二义，上治祖祢，下治子孙，旁治昆弟，而以贤贤之义治官。故天子诸侯世，而天子诸侯之卿大夫士皆不世。盖天子诸侯者，有土之君也，有土之君，不传子不立嫡，则无以弭天下之争；卿大夫士者，因事之臣也，不任贤，无以治天下之事①。

王国维确实抓住了问题的根本，但他断言周"天子诸侯世，而天子诸侯之卿大夫士皆不世"，却与周的实际情况不合。看起来，王国维是把某种理想的状态（这种理想的状态，恐怕也是中国历代士大夫梦寐以求的），加在了周人的头上。但是，我们必须看到一个基本的事实，这就是《君奭》是周公和召公订立的同盟协定，这个协定不仅确立了周召二公"分陕而治"的政治格局，而且也确立了他们共同完成周"王天下"伟业的政治责任。正是带着这份政治责任，以周公为首的周初统治集团，完成了包括制度建设和思想建设在内，并为周文化乃至全部中国文化奠定其基础的最重要的文化创造。

四、周的文化创造：封建

周迁殷民于成周，对被征服者实行直接统治，这在中国古代历史

---

① 王国维：《殷周制度论》，载《王国维学术论著》，浙江人民出版社，1998年，第65页。

上是一项前所未有的重大举措。要认清周人创建的封建制度及其意义，应首先从这一举措入手。

《逸周书》载：

> 周公、召公内弭父兄，外抚诸侯。九年夏六月，葬武王于毕。二年，又作师旅，临卫政（征）殷。殷大震溃，降辟三叔。王子禄父北奔，管叔经而卒，乃囚蔡叔于郭凌。凡所征熊盈族十有七国，俘维七邑。俘殷献民，迁于九里。（《逸周书·作雒解》）

"九里"也即成周之地，是为学者所公认也为考古发掘所证实的。这说明，东征胜利后周人即开始实施迁殷民于成周的措施。这里有几个问题：一是被迁殷民的数量或规模；二是周对待被迁殷民的基本态度或政策；三是被迁殷民的身份以及在新的社会共同体中的地位。

首先来看被迁殷民的数量。有一个证据是很能说明问题的，这就是屡见于西周金文的"殷八师"或"成周八师"。"殷八师"是相对于周人原有的"宗周六师"而言，是由殷人或至少是以殷人为主体组成而镇守成周的，所以也称"成周八师"。西周时期一个师的军队究竟由多少人组成，学者意见并不统一，但即使按照较为保守的估计，一个师至少也有三千人。那么，"成周八师"的总兵力就应该在二万四千人甚至更多。依照中国古代"凡起徒役，毋过家一人"（《周礼·小司徒》）的原则推算，被迁往成周的殷民数量当不会少于十万人。春秋时狄人灭卫，宋救出卫遗民合男女仅七百三十人，加上共、滕两邑的居民也不过五千人，却依然在以齐桓公为首的诸侯帮助下得以存国（《左传·闵公二年》）。相形之下，拥有十万殷民的成周真可谓泱泱大国，无怪乎周人要把它看作是与宗周并立的另一个京畿之地了[①]。

其次来看周的基本态度或政策。从《尚书》的《多士》《多方》二篇看，周对待成周殷民的政策是宽容的。归结起来，周的政策主要有

[①] 有学者估计，武王克商时，周畿内人口有六七万，而被征服的东部地区人口约为百万。参见许倬云《西周史》（生活·读书·新知三联书店，1994年）第113页。

以下几个方面：（1）并不对殷民实行普遍的治罪。这里有两层意思，其一是说周的敌人仅仅是殷王室而非殷的族众（所谓"惟我事不贰适，惟尔王家我适"。"适"，"敌"也）；其二是说上天的意旨仅在于革除殷命而非惩罚殷的族众（所谓"予亦念天即于殷大戾，肆不正"）。（2）只要殷民老老实实地臣服（所谓"攸服奔走，臣我多逊"），就可以保有自己的土地和安宁的生活（所谓"尚有尔土""尚宁干止"）。（3）如果表现良好，甚至可以得到周王室的进用，担任重要的职务（所谓"迪简在王庭""有服在大僚"）。这种宽容的态度，显然是周人要把成周当作另一个京畿之地也即完全属于自己的国家来治理的目标使然。

最后再看殷民的身份和地位。对于被迁殷民的身份，过去有一个笼统的说法曰"顽民"。现代学者则多以为，被迁者大抵是殷的贵族。"顽民"是指不服周的驯化、屡教不改的意思，其直接的证据就是武王克商后殷民的叛乱。被征服者不甘心其亡国的命运，这是常理，自不必多言。至于贵族说，则值得商榷。所谓贵族，也即王族。被迁殷民中当然包括王族，但说十万殷民皆为王族则显然不当，也与《尚书》的记载不符。如果皆为王族，周公就不必说什么"惟尔王家我适（敌）"之类的话了。在我们看来，迁往成周的殷民当是作为殷人骨干的子姓部落的族众，并且是全体部落成员成建制地整体迁居。正惟如此，迁居成周的殷民才会有土、有居并且有邑。《尚书》载：

> 尔乃尚有尔土，尔乃尚宁干止。尔克敬，天惟畀矜尔。尔不克敬，尔不啻不有尔土，予亦致天罚于尔躬。今尔惟时宅尔邑，继尔居，尔厥有干有年于兹洛，尔小子乃兴从尔迁。（《尚书·多士》）

当然，所谓有土、有居、有邑，是有条件的，这条件就是"克敬"。否则，不仅"不有尔土"，而且还要"致天罚于尔躬"。这就清楚地表明了被迁殷民的地位：他们是吃了败仗的亡国之民，是被征服者和被统治者。但据此就把他们说成是奴隶或"种族奴隶"，则未免失之于简单和草率，是从一个假想的中国古代奴隶制社会的概念出发的结果。古代奴隶制社会是一个有特定内涵的概念，它指的就是古希腊罗马时代以平等独立的自由人为主体的公民社会。在这个公民社会中，奴隶不但没有任何权利，而且直接就是公民的财产。作为财产，他们可以像物一样被买卖、转让和赠与，但也有可能受到主人的呵护，甚至享有舒适的生活，正如其他物的形式的财产也会受到主人的爱护一样。一看到人殉就大呼奴隶制，正是对奴隶制和奴隶的本质缺乏全面认识的表现。并且，在中国历史上，丧失自由并沦落为奴的个人在各个时代都是屡见不鲜的，甚至直到民国还存在可以买卖的家奴、丫鬟，但我们不能根据一张"卖身契"就把民国时代的中国定性为奴隶制。我们之所以不赞成从一个假想的中国古代奴隶制的概念出发而把迁居成周的殷民定性为奴隶，是因为我们在中国古代历史中很难找出一个凌驾于殷民之上的以平等独立的自由人为主体的公民社会。

近年来，越来越多的学者主张，中国古代事实上也有一个由自由人或公民组成的共同体，这个共同体就是"国人"。"国人"享有多种权利，而其中最重要的有两项：第一是服兵役。国人是军事力量的中坚，服兵役既是国人的义务，又是国人的权利。第二是与国是。遇有重大的军国大事，君王要向国人征询意见，而国人也有发表意见甚至左右事态的权利。所谓"致万民而询焉，一曰询国危，二曰询国迁，三曰询立君"（《周礼·小司寇》），就是指此而言。如此看来，中国古代的"国人"确实在某种程度上类似于古希腊时代的城邦公民。但类似并不就是，二者之间有着重大的原则区别。

在古希腊，所谓公民就是希腊人。不仅是希腊人，而且是严格意义上的本部落希腊人。在一个希腊城邦中，成为公民的充要条件就是父母双方均为本邦公民。奴隶不是人，因此当然不是公民；外邦的希腊人虽然是自由人，却依然不能成为本邦的公民。这是极其狭隘的，但也是极其严格和简明的。有一种通行的观点，认为古希腊文明的一个重要前提，就是比较彻底地打破了古老氏族血缘关系的束缚。这无疑是正确的，但只有部分的真理性。一个明显的事实是，和中国古代相比，古希腊城邦制文明的突出特点恰好就在于用古老的氏族血缘关系维护了公民共同体的稳定和统一。唯其如此，古希腊人才能在城邦的范围内发展一种基于平等、独立的个人的公民共同体，因为在这个共同体内每一个人都因为无可置疑的血缘关系成为公民，而在这一点上他们是平等的，因此也是彼此独立的；唯其如此，古希腊人才会顽固地抵制任何外来因素进入乃至破坏这个由血缘关系维系的公民共同体的纯洁；唯其如此，古希腊人才会把公民与奴隶的区别上升到人与非人的高度，因此而发现并紧紧抓住了在他们看来是人之所以为人的最后根据的那个东西，也即自由；唯其如此，他们才能在这个由血缘关系维系的公民共同体的范围内，反而比较彻底地摆脱了古老氏族血缘关系的束缚，发展或创造了一种不仅属于每一个公民，而且对每一个公民都是平等和开放的社会公共空间。很显然，正如周的宗法和礼制一样，古希腊的城邦制度既深深地植根于人类原始自然的血缘关系，又是对这种原始自然的血缘关系进行改造、提升的结果。只不过，这种改造和提升在古希腊和古代中国是沿着不同的方向和路径进行的。

还是回到周的"国人"上来。如果说，国人首先是享有和承担服兵役权利和义务的人，那么就成周而言，被迁殷民就是国人。殷人既是"成周八师"的主体，当然也是成周国人的主体。被征服者和被统治者成为国人的主体，不仅大异于古希腊，而且在中国古代历史上也是具有开先河意义的创举。这是周人朝着实现"王天下"宏图伟业的方向迈出的至关重要的第一步。所谓"王天下"，也即"溥天之下，莫非王土；率土之滨，莫非王臣"，视天下为一家，视天下苍生为王的子民。和古希腊以城邦为本位的武装殖民相比，甚至和马其顿亚历山大大帝的武装征服相比，周人的"王天下"无疑是一个更宏伟博大也更具人类情怀的理想。正和迁殷民于成周一样，西周初年的大规模封建，必须和周人"王天下"的理想结合起来，才能真正认清它的实质及其对以后全部中国文化的奠基意义和深远影响。

关于封建，《左传》有一个概要的说法："天子建德，因生以赐姓，胙之土而命之氏。"（《左传·隐公八年》）根据王玉哲的解释："生"即是生死的生，也即生时而非死后受封；"赐姓"不是给受封者赐姓，而是赐予受封者以各姓族众;"胙之土"即是赐予受封者以土地;"命之氏"则是命受封者于受赐土地上建国,以国为氏。赐姓(授民)、胙土(授疆土)、命氏(建国立氏),是西周封建的三项核心内容。①概括起来,也即通常所谓"授民授疆土"。关于各诸侯国"授民授疆土"的具体情况,古代文献记述最详者莫过于《左传》的一段追忆:

> 昔武王克商,成王定之,选建明德,以藩屏周。故周公相王室,以尹天下,于周为睦。分鲁公以大路、大旂,夏后氏之璜,封父之繁弱,殷民六族,条氏、徐氏、萧氏、索氏、长勺氏、尾勺氏,使帅其宗氏,辑其分族,将其类丑,以法则周公,用即命于周。是使之职事于鲁,以昭周公之明德。分之土田陪敦,祝、宗、卜、史,备物典策,官司彝器。因商奄之民,命以《伯禽》,而封于少暤之虚。分康叔以大路、少帛、綪茷、旃旌、大吕,殷民七族,陶氏、施氏、繁氏、锜氏、樊氏、饥氏、终葵氏,封畛土略,自武父以南,及圃田之北竟,取于有阎之土,以共王职。取于相土之东都,以会王之东蒐。聃季授土,陶叔授民,命以《康诰》,而封于殷虚。皆启以商政,疆以周索。分唐叔以大路、密须之鼓、阙巩、沽洗,怀姓九宗,职官五正,命以《唐诰》,而封于夏虚,启以夏政,疆以戎索。(《左传·定公四年》)

如此看来,封建是和迁殷民于成周性质大体相同的举措,只不过一是直接扩展了周的京畿之地,一是建立了藩屏周室的诸侯国家。一个不争的事实是,分给伯禽(鲁)和康叔(卫)的殷民六族和七族,以及分给唐叔(晋)的怀姓九宗,都分别成为鲁、卫和晋的"国人"。春秋初期,晋国内乱,晋侯自翼奔随,"翼九宗五正顷父之子嘉父逆晋侯于随,纳诸鄂,晋人谓之鄂侯"(《左传·隐公六年》),说明怀姓九宗一直都是晋国重要的政治力量。春秋末年,鲁国阳虎专权,"盟公及三桓于周社,盟国人于亳社"(《左传·定公六年》),说明殷人在

---

① 王玉哲:《中华远古史》,上海人民出版社,2003,第577-580页。

鲁也始终都是"国人"的主体。

被征服的殷人以及像殷人一样被征服的东方各部落（如怀姓九宗），虽然成为周以及周所建立的诸侯国中的"国人"，但从血缘关系上说，他们毕竟不是周的族众。周人并非不懂得"非我族类，其心必异"的道理，但深谙周文化精神的孔子却是主张"有教无类"的。"教"是"无类"的前提，这个"教"落实到西周初年的封建制度上，就是"作新民"。这从《尚书》中看得很清楚。《尚书》的《康诰》《酒诰》和《梓材》三篇，均是周公教导卫康叔如何治理殷民的告诫，而贯穿这三篇诰令的主旨，归结到一点就是"作新民"。其中尤以《康诰》说得明白：

> 天畏棐忱，民情大可见，小人难保，往尽乃心，无康好逸豫，乃其乂民。我闻曰："怨不在大，亦不在小。惠不惠，懋不懋。"已！汝惟小子，乃服惟弘王应保殷民，亦惟助王宅天命，作新民。（《尚书·康诰》）

通观整篇《康诰》，所谓"作新民"大体上包括以下两个方面：

首先，从正的方面看，要从保民的立场出发"敬明乃罚"，也即审慎严明地使用刑罚，而不要动不动就诉诸刑罚。要像对待病人一样，使之彻底摒弃罪恶（所谓"若有疾，惟民其毕弃咎"）；要像保护无知的婴儿一样，使之康乐安定（所谓"若保赤子，惟民其康乂"）。

其次，从负的方面看，对于那些不可宽恕的罪行，则必须严惩不贷。这些罪行包括：（1）"寇攘奸宄，杀越人于货，暋不畏死"者；（2）"元恶大憝""不孝不友"者；（3）身为"庶子""训人""正人""小臣""诸节"而"不率大戛"者；（4）身为"君""长"而"不能厥家人越厥小臣外正"且"惟威惟虐，大放王命"者。值得注意的是，"不孝不友"被视为是"元恶大憝"。周公说：

> 元恶大憝，矧惟不孝不友。子弗祗服厥父事，大伤厥考心；于

父不能字厥子，乃疾厥子。于弟弗念天显，乃弗克恭厥兄；兄亦不念鞠子哀，大不友于弟。惟吊兹，不于我政人得罪，天惟与我民彝大泯乱。曰：乃其速由文王作罚，刑兹无赦。（《尚书·康诰》）

这里的"孝"和"友"，无疑是基于人类最基本的父子、兄弟的血缘关系而言的。强调和维护孝友，也就是维护殷人原有家族、氏族和部落的既定秩序，维护其"庶子""训人""正人""小臣""诸节"以及"君""长"等各阶层贵族（所谓"多士"）的既有地位和权力。很显然，周是把殷人当作一个整体来实行统治的。这样做的优点显而易见，因为周无需增派更多的统治人员，而只需殷人原有的各阶层贵族的臣服。正因为如此，身为贵族的"庶子""训人""正人""小臣""诸节"以及"君""长"等"不率大戛""大放王命"，就是不可宽恕的，必须严惩不贷。所谓"启以商政，疆以周索"，恐怕应该从这个意义上来理解。"政"，既指殷人部落共同体原有的秩序，也指殷人部落中代表这种秩序的各阶层贵族。从鲁国的殷人迟至春秋后期依然保留其"亳社"这个事实看，周似乎始终都没有打破殷人原有的、以血缘关系为基础的部落共同体。因此，所谓"作新民"，绝不是要摧毁殷人原有的部落共同体，而是在保留殷人原有的部落共同体的前提下，使之成为臣服于周的封建统治秩序的新的诸侯国家中的"国人"。

但是，"国人"并不仅仅是由殷人组成的，周人自己原有的族众以及被征服的其他东方部落的族众，皆被统摄在新的封建秩序之下，成为不同诸侯国家中的"国人"。正是从这里，形成了周的"国人"与古希腊"公民"之间虽然微妙却绝非无关紧要的区别。在古希腊，一个雅典公民同时也就是一个地地道道的雅典人或严格意义上的雅典部落的成员，他与任何一个其他雅典公民一样，不存在基于血缘关系的身份差异。血缘是他成为公民的前提甚至唯一条件，血缘决定了他的公民地位，但血缘因此也就从他的公民生活中隐退。在周的封建秩序下则不同，虽然殷人和周人一样成为国人，但他们之间却存在着基于血缘关系的身份差异，而这种身份差异对于他们在封建秩序下的社会地位却是至关重要的。

周通过迁殷人于成周创建了一个不同于宗周的新的京畿之地，更通过封建这种独特的社会组织模式，创建了一大批与传统的部落共同体迥然不同的新的诸侯国家。新的诸侯国家并没有替代或取消原有的部落共同体，而是在它之上架构了一个更高层次的社会共同体。在这个更高层次的社会共同体中，所谓"国人"并不是一个成分单一的社会阶层，而是包括了由于种族渊源或血缘关系不同因而其身份和社会地位也不同的复杂等级在内的社会群体。凌驾在诸侯国之上的，则是周天子至高无上的封建王权。《左传》云：

> 国家之立也，本大而末小，是以能固。故天子建国，诸侯立家，卿置侧室，大夫有贰宗，士有隶子弟，庶人、工、商各有分亲，皆有等衰。是以民服事其上而下无觊觎。(《左传·桓公二年》)

《左传》中还有这样的说法：

> 天生民而立之君，使司牧之，勿使失性；有君而为之贰，使司保之，勿使过度。是故天子有公，诸侯有卿，卿置侧室，大夫有贰宗，士有朋友，庶人、工、商、皂、隶、牧、圉皆有亲昵，以相辅佐也。(《左传·襄公十四年》)

这就是周人创建的封建王朝，它是一个由不同层次的社会共同体和不同等级的权利所有者构成的崭新的人类社会共同体，也就是传统的中国人所谓"天下"。然而，在这个拥有不同种族渊源、不同身份和不同等级的复杂的人类社会共同体中，周人的王何以能够成为普天之下无可置疑的合法共主呢？这是周人"王天下"面临的另一个甚至更为根本的问题。

五、周的文化创造：释德

虽然周对包括殷人在内的东方各部落一视同仁，使之成为新的封建秩序下的"国人"，但这些被征服者却未必心悦诚服接受周人的统治。这一点，《尚书》说得很清楚，所谓"今惟民不静，未戾厥心，迪屡未同"（《尚书·康诰》），似乎很有些屡教不改的意思。因此，周人要取得被征服部落的认同，就不仅要有政治上的两手，在统治方式上采取恩威并用的策略，而且还要有思想上的两手，这就是对被征服部落的历史进行正反两个方面的理论总结。《多士》载：

> 我闻曰："上帝引逸。"有夏不适逸，则惟帝降格，向于时夏。弗克庸帝，大淫泆有辞。惟时天罔念闻，厥惟废元命，降致罚，乃命尔先祖成汤革夏，俊民甸四方。自成汤至于帝乙，罔不明德恤祀，亦惟天丕建，保乂有殷。殷王亦罔敢失帝，罔不配天其泽。在今后嗣王，诞罔显于天，矧曰其有听念于先王勤家。诞淫厥泆，罔顾于天显民祗。惟时上帝不保，降若兹大丧。（《尚书·多士》）

这是周公直接面对被征服者的说教。但值得注意的是，这一说教并不只是针对外人的宣传，而且也是周人自己真心信奉的。我们看到，在召公对成王的教诲中，同样也包含着这种对夏、商历史的总结和认识：

> 我不可不监于有夏，亦不可不监于有殷。我不敢知曰，有夏服天命，惟有历年；我不敢知曰，不其延。惟不敬厥德，乃早坠厥命。我不敢知曰，有殷受天命，惟有历年；我不敢知曰，不其延。惟不敬厥德，乃早坠厥命。今王嗣受厥命，我亦惟兹二国命，嗣若功。王乃初服。呜呼！若生子，罔不在厥初生，自贻哲命。今天其命哲，命吉凶，命历年。知今我初服，宅新邑，肆惟王其疾敬德。王其德之用，祈天永命。（《尚书·召诰》）

在这里，周、召二公实质上是提出了一种前所未有的新的历史观。这个新的历史观包含以下几层含义：（1）夏、商虽然已经成为过去，但它们成功与失败的历史教训却是取得胜利的周人"不可不"认真借鉴的；（2）夏、商的成功是因为其先王"明德恤祀"而享有天命，它们的失败则是因为后嗣之王"不敬厥德，乃早坠厥命"的结果；（3）因此，对于刚刚接受天命的周人而言，就必须汲取夏、商这两个国家的教训，敬德、用德，"祈天永命"。这是中国古代第一个建立在人自身的历史活动而不是传统的神话和巫术基础上的、具有人类眼界的历史纲要：它第一次试图按照一种统一的逻辑，对周以前长达千年的夏、商历史做出一种前后一贯的解释，并使之统摄在一个核心的概念之下。这个核心的概念就是"德"。

正是在这样的一个历史纲要中，"德"成为周人"王天下"的合法性前提和基础。这里的逻辑十分简单而清晰：夏有德，因此受命"有历年"；商有德，因此代夏受命"有历年"；周有德，因此理所当然代商受命而"王天下"。虽然夏、商、周彼此的种族界限是明确的，但周人却创造性地用一个超出种族和血缘关系的"德"把自夏、商到周的历史看成是一个连续和上升的过程。而当周人如此把自己"王天下"的事业看成是夏、商历史运动的继续，并看成是指向未来的持续不断的努力的时候（这正是"祈天永命"的真实含义），他们实质上就把自己放在了一个由过去走向未来的历史进程之中，或用雅斯贝斯的话来说——人的存在成为历史。这是中国人最初的历史意识的觉醒。

所谓历史意识的觉醒，其实也就是一种基于历史的自我反省。很显然，周人自我反省的原动力直接来自三监和东夷的叛乱。这场叛乱对周人尤其是周统治集团的震撼是非常强烈的。这从《大诰》的言辞中看得很明白："弗吊！天降割于我家，不少延！"关于这场叛乱，《大诰》中有这样的描述：

> 有大艰于西土，西土人亦不静，越兹蠢。殷小腆诞敢纪其叙。天降威，知我国有疵，民不康，曰："予复。"反鄙我周邦。今蠢，

今翼。(《尚书·大诰》)

《大诰》的文字虽然佶屈聱牙，但这里的基本意思却很清楚：地处西土的周遇到了凶险的局势，周内部的人也不安宁，甚至有人蠢蠢欲动；殷的小主武庚禄父竟然纠集残余势力，叫嚣着要复辟，并反过来图谋消灭我们周的国家；现在各地的响应者就像爬虫一样在蠢动，就像飞鸟一样在云集。因此，周人平定叛乱之后，既从东部地区依然保持独立的被征服部落趁势结成反叛联盟的教训中，同时也从他们自己两度克商的经验中，十分清醒地认识到：如果没有强有力的措施改变传统的部落共同体之间，周自周，商自商，彼此分离独立的状态，克商的成果就很有可能在一场敌对的部落联盟的武装进攻中毁于一旦。正是基于这样的认识，周人一方面在实际的政治领域通过分封和"作新民"建立起凌驾于传统的部落共同体之上的新的诸侯国家及其以周天子为最高权力中心的封建统治秩序；另一方面则进一步提出了一套以"德"为核心的伦理政治思想。

这套伦理政治思想的要义就在于："德"不仅是周人克配天命而"王天下"的合法性前提和基础，同时也是对身居王位的周天子及其统治集团的内在要求，是身为天下共主的周天子及其统治集团必须具备的伦理政治品格。关于这种伦理政治品格的具体内容，召公说：

> 其惟王勿以小民淫用非彝，亦敢殄戮用乂民，若有功。其惟王位在德元，小民乃惟刑用于天下，越王显。上下勤恤，其曰：我受天命，丕若有夏历年，式勿替有殷历年。欲王以小民，受天永命。(《尚书·召诰》)

从召公对成王的这番教诲中，我们可以读到这样几个要点：第一，不要让民众随意败坏法度，也不要依仗杀戮来治理。第二，要确立以德为先的榜样，以使民众效法而遍行天下。第三，要君臣上下共同勤勉，共担忧患。这可以看作是召公对"德"的一个诠释。

再来看周公的教诲。周公对成王的教诲，集中体现在《无逸》和《立政》两篇中。在《无逸》篇中，周公说："君子所，其无逸。先知稼穑之艰难，乃逸，则知小人之依。"这是直接告诫成王，不要贪图安逸，要了解耕种和收获的艰难，要了解民众的疾苦。周公又说："继自今嗣王，则其无淫于观、于逸、于游、于田，以万民惟正之供。无皇曰：'今日耽乐。'乃非民攸训，非天攸若，时人则有愆。无若殷王受之迷乱，酗于酒德哉。"这是进一步从正面告诫成王，不要沉湎于"观""逸""游""田"等个人享乐，更不要像商纣那样以酗酒为德。周公又说："则若时，不永念厥辟，不宽绰厥心，乱罚无罪，杀无辜，怨有同，是丛于厥身。"这是从反面告诫成王，如果不能做到心胸宽大，如果乱罚无罪、滥杀无辜，民众的怨恨就会累积起来汇聚到君王的身上。(《尚书·无逸》)

看起来，周公的教诲虽然是从一个特定的角度（无逸）入手，但和召公的教诲是大体一致的。在《立政》篇中，周公说：

> 自古商人，亦越我周文王立政，立事、牧夫、准人，则克宅之，克由绎之，兹乃俾乂，国则罔有。立政，用憸人，不训于德，是罔显在厥世。继自今立政，其勿以憸人，其惟吉士，用劢相我国家。(《尚书·立政》)

这是周公教导成王设官、理政和用人的道理。这里有几层意思：第一，从古代商的先王到周的文王，凡设立官长（立政），无不是对他们进行考察（宅之）、扶持（由绎之），才让他们履行治理的职责（兹乃俾乂）；第二，在设立官长的时候，如果一味地任用奸佞之人（用憸人），而不依靠有德之人（不训于德），这样的君王就将终其世而不能取得显赫的政治成就（罔显在厥世）；第三，自今以后继位为王者，凡立官长切不可任用奸佞之人，而必须任用贤明之人（其惟吉士），要用他们的努力来辅弼我们的国家（用劢相我国家）。

透过周、召二公的教诲，我们不难看出，所谓"德"无非是周的统治集团通过总结、反省历史和现实的经验教训，对于他们自己尤其是处于最高统治地位的周天子必须具备的诸如严明、宽厚、勤勉、明察、任贤等政治品格的一种自觉。至于如何界定这些政治品格的范围和具体内容，虽然不同人在不同时间和不同场合，其理解并不完全一致，但有一个基本点却是清楚明白的：所有这些政治品格都指向一个共同的目标，这就是祈天永命，就是"王天下"。对于这一点，周公说得很明白：

> 今文子文孙，孺子王矣。其勿误于庶狱，惟有司之牧夫。其克诘尔戎兵，以陟禹之迹，方行天下，至于海表，罔有不服。以觐文王之耿光，以扬武王之大烈。（《尚书·立政》）

所谓"方行天下，至于海表，罔有不服"，正和《诗经》所谓"溥天之下，莫非王土；率土之滨，莫非王臣"一样，指的就是周人"王天下"的政治理想。周天子受命于天，但他必须拥有祈天永命的能力或品格。这个祈天永命的能力或品格就是"德"，拥有它，就是有德；不然，就是失德，就是桀纣之君。考察西周后期的几位失德之君，就会发现，不论是周厉王的弭谤和专利，还是周宣王的不籍千亩、强定鲁嗣和料民于太原，以及周幽王的昏聩和周平王的庸碌无能，他们失德的一个重要原因就在于：他们在位期间，周的王权已经开始出现问题，不论他们是庸碌无能还是克敬图治，都于事无补。即使素有"中兴"美誉的周宣王，虽然"挟中兴复古之德，雄南征北伐之威"，却依然"不能定鲁侯之嗣"，周的王权无可挽回地一天天衰落下去。子贡曾不无感叹地说过："纣之不善，不如是之甚也。是以君子恶居下流，天下之恶皆归焉。"（《论语·子张》）这是"德"的玄机。

但是，当"德"如此成为对历代周天子（"继自今嗣王"）的内在要求，"德"就有了道德的意义，而内化为应该或必须实行的一种行为准则：它不是一经获得就可以高枕无忧因而与周天子具体的思想和行为努力不相干的外在的根据，而是周天子必须以祈天永命或"王天下"为己任的伦理政治责任和自觉意识。

六、结语

周人通过自己的文化创造，打造出一个由不同层次的社会共同体和不同等级的权利所有者构成的封建王朝。在春秋战国的历史运动中，这个由宗法等级制维系的封建王朝瓦解了，但它给后世的中国人留下了两笔厚重的历史文化遗产：其一是"王天下"的理想；其二是信守这一理想的"国人"。而这两笔历史文化遗产的传承，却是得益于周人的另一项发明："德"。

"德"是周人历史观的核心。从这一独特的历史观出发，"德"成为周人"王天下"也即不分种族和血缘纳天下万邦于一个统一的王权之下的合法性前提和基础。把"王天下"的合法性建筑在"德"的基础之上，不仅使王权超越了狭隘的种族界限，而且使"王天下"上升为一般意义上的具有普适价值的文化理想。这是在春秋战国的思想运动中，由诸子百家特别是孔孟儒家从精神自觉也即人之所以为人的高度，以理论反思的形式来完成的。

"德"同时也是周人伦理政治思想的核心。在周人的伦理政治思想中，"德"成为周统治集团特别是周天子的最高道德规范。在随后的春秋战国的历史运动中，伴随着"国人"的觉醒和"士"的崛起，西周时代已经内化为周天子以祈天永命或"王天下"为己任的自觉意识的"德"，进一步内化为"君子"以天下为己任的普遍的自觉意识，觉醒的"国人"成为心悦诚服的"臣民"。这是中国文化最具特色的一个方面。

周的王权是通过武力征服建立起来的，但不是单纯依靠武力来维持和保障的。周人的王权在一开始就受到了严峻的挑战，这是对周人的考验，也是历史赋予周人的一份特殊的责任。因为正是在接受并应对挑战的努力中，在不得不面对历史和现实，不得不面对被征服的异姓部落并进而面对"天下"的考验中，周人创造了自己的独一无二的文化。这个文化拥有一种博大的人类情怀，它代表了中国文化几千年来一直梦寐以求的最高理想。

太史公称赞孔子曰：

《诗》有之："高山仰止，景行行止。"虽不能至，然心向往之。（《史记·孔子世家》）

这也是后世的中国人对待周文化的基本态度。但是，对于处在那个时代的中国人而言，"王天下"的理想也许是过于超前了："天下"既是一个伟大的梦想，也是压在中国人身上的一个沉重的负担。在这个伟大梦想的引导下，中国人创造了人类历史上唯一保持其连续性并发展至今的中国文化。今天，我们走到了这样的一个历史时刻：我们已经有条件和能力从这个伟大的梦想中警醒过来，并对它进行真正意义上的批判和反省。这样，我们就有可能站在今天的立场上，抛开那种近于病态的、对于过去的依恋，以一种崭新的、真正面向世界和未来的人类情怀，重塑人的理想。

"王天下"与汉帝国[①]

一、"王天下"及其变形

"王天下"是周人取得克商战争胜利后创造性地提出并打造出来的一个伟大的文化理想,这个理想的核心就是天下一家。所谓"溥天之下,莫非王土;率土之滨,莫非王臣",就是要把天下所有人,不分周人和殷人,也不分征服者和被征服者,都视为王的子民。这是周初"作新民"的真实意义所在。

周人制度建设的起点是解决棘手的王位继承问题,也即现在通常所谓王权的合法性问题。周人确立的原则是立子立嫡,这个原则就是宗法。宗法的基础是血缘,但宗法并不等同于血缘,而是对人类原始自然的血缘关系进行改造、提升的结果。因此,宗法又可以超出周人的范畴,成为几乎适用于一切人类活动领域和所有人类社会共同体(家、国、天下)的根本法则,是一切人都必须遵循的行为准则。这就是"礼"或"周礼"。这里的关键在于,周人取得克商战争胜利特别是完成二度克商和征服东方的伟业后,他们面临的任务并不是简单建立一个扩大了的周人的王

[①] 本篇原载《陕西师范大学学报》(哲学社会科学版)2009年第1期。

国，而是要建立一个包括周人、殷人以及所有被征服的东方部落在内的新型的人类共同体——天下。

天下，这个伟大的文化理想，在中国历史上首先是通过西周的宗法封建制度得以现实化的。周取得克商战争胜利后，最重要的两个举措：一是迁殷人于成周；二是封建诸侯。通过迁殷人于成周，周创建了一个与宗周并列的新的京畿之地；而通过封建这种独特的社会组织模式，周则创建了一大批藩屏王室的新的诸侯国家。值得注意的是：第一，新的诸侯国家并没有替代或取消原有的部落共同体，而是在它之上架构了一个更高层次的社会共同体；第二，在这个更高层次的社会共同体中，不仅周人自己的族众，而且包括殷人在内的所有被征服的东方部落的族众，皆被统摄在新的宗法封建秩序之下，成为诸侯国家中的"国人"。近年来，多有学者把西周的国人比同于古希腊的公民，显然是不恰当的，但国人享有相当的权利却是不争的事实。从文献记载看，国人是"有土"的。《尚书》中的《多士》篇是周对被征服的殷民发表的演讲，其中有这样的训词："尔乃尚有尔土，尔乃尚宁干止。尔克敬，天惟畀矜尔。尔不克敬，尔不啻不有尔土，予亦致天之罚于尔躬。"（《尚书·多士》）有土，是国人生存的基础，也是国人享有权利的基础。允诺甚或保障被征服者"尚有尔土"，是周人"王天下"努力中最重要的政治经济策略之一。这个"土"，就是私田。唯其如此，《诗经》中才有"雨我公田，遂及我私"的慨叹。

西周的宗法封建制度无疑是人类历史上的一项创举，因为它在保留被征服者的部落共同体和保障被征服者的传统权利的基础上，在一个世界性的广阔范围内建立了一个崭新的人类共同体。但是，在此后的历史运动中，西周的宗法封建制度却不可避免地走向衰微。以下，我们就来检讨这个制度走向衰微的过程及其原因。

在西周的后期，发生了几件大事：一是厉王"专利"被国人驱逐并客死于彘；二是"共和行政"；三是宣王"不籍千亩"和"料民于太原"；四是幽王擅行废立引起诸侯的武力干涉并最终导致西周的灭亡。

1. 厉王"专利"

对于厉王的"专利",《国语》有一个说法,称之为"厉始革典"。有学者认为,革典就是革除西周井田制的旧典。西周有无严格意义上的井田制,学界并无定论,但西周是有公田、私田之分的。虽然从理论上说,"溥天之下,莫非王土",但实际上,周天子不仅不能染指畿内畿外大小封邑封国的土地所得,而且即使在自己的领地内也不能超出公田的范围随意侵占属于国人的私田利益。在这一点上,周天子畿内的社会经济结构大体上是与各诸侯国一致的。鲁宣公十五年(公元前594年),鲁国"初税亩",超出公田的范围对所有土地实行普遍的"什一而税",《左传》给予的批评非常明确:"非礼也。谷出不过籍。"(《左传·宣公十五年》)这就是说,按照周的礼法,不论国君和周天子,他们的食禄都只能取自属于自己的公田,超出这个范围就是巧取豪夺,就是"非礼"。仅仅依靠公田,周天子及其王室显然财用不敷,而按照周的礼法又不能随意侵占国人的私田利益。这是周文化在制度层面上遇到的一个严峻的问题。

虽然厉王"专利"的具体形式和措施我们今天已经无法确知,但以下几点却是可以肯定的:(1)"专利"有助于缓解甚至解决厉王的经济压力;(2)"专利"严重背离了周的礼法甚至是一种公认的卑劣行为;(3)"专利"激起了强烈的不满并引发了国人的暴动。

2. "共和行政"

周厉王被国人驱逐,导致周畿内王位空悬和长达十四年的"共和行政"。在中国古代历史上,本部落的族众在一定程度上拥有放逐君王的权利,并不是一个孤立的现象(根据文献记载,商王太甲就有被放逐的经历)。周畿内的国人当然是周王室的同姓族众,因此有权利驱逐他们认为是暴虐而又不听劝谏的周厉王。但是,在周王朝苦心经营达两百余年之后,"王天下"的理想已经成为中原大地上不论同姓异姓各路大小诸侯的共识:周天子不再只是周人自己的王,而是普天之下的共主。因此,虽然周人驱逐了周厉王,但无人能够简单地取而代之。由此而来的后果很糟糕:虽然各诸侯国因为长期受到强大的周王室控制，不具备以武力干涉王室的实力，但是可以堂而皇之解除包括进贡、力役、兵役、朝聘等在内的封君义务（《国语》所谓"诸侯不享"以及太史公所谓"诸侯不朝"，都是指此而言），并第一次获得了独立发展的宝贵机会。仅仅相隔几十年之后，当周幽王试图擅行废立的时候，他就不得不直接面对来自诸侯的武力干涉并因此而命丧骊山下。

"共和行政"损害了周天子的权威，也极大地削弱了周王畿的整体实力，尤其重要的是，它给了诸侯独立发展的机会并助长了他们的野心。"共和行政"并没有孕育出一个不同于"王天下"的新的理想，它留下的教训却是致命的：一个受制于国人、贵族和诸侯势力的王权不可能担当起"王天下"的历史责任。随着周王室的进一步衰微，这个教训越来越成为那些获得独立发展机会和条件的诸侯们的自觉意识，并成为春秋战国时期各诸侯国旨在建立绝对君权的经济和政治改革运动（所谓"变法"）的重要推动力量。

3. 宣王"中兴"

宣王虽为中兴之主，文献记载却多有失德之事。宣王失德，首要的一项就是"不籍千亩"。"千亩"是名义上由周天子亲耕的籍田，属于公田的范畴。每年立春时节，周天子于"千亩"举行隆重的亲耕仪式，一是表示对农耕的重视；二是以身作则劝民履行助耕公田（所谓"籍"）的义务。宣王不修籍礼，按照周的礼法固然是失德，却是客观的形势使然。我们有理由推测，当宣王试图重振王室的时候，他同样也会面临他的父亲周厉王曾经面临的财用不敷的棘手问题。而要解决这个问题，仅仅从现有的公田上打主意是无济于事的。宣王"不籍千亩"是否如一些学者所说，标志着西周井田制的瓦解和春秋战国时期履亩而税制度的开端，尚值得商榷。但它透露出重要的历史信息：在宣王的时代，公田已经不是周天子唯一的财用来源。宣王是否恢复了"专利"我们不得而知，但宣王进行了某种形式的社会经济和政治改革，以适应和满足日益增长的王室需求是不容置疑的。或许，我们可以透过宣王的另一项失德之事——"料民于太原"，窥测到一些真实的情况。

周的王权架构在一种独特的封建秩序之上，这个封建秩序又是以保存被征服者原有的部落共同体为前提和基础的。这是周以德服人而"王天下"的要义所在。随着时间的推移，原本是用以对付被征服者的这套手段逐渐演变成为周的根本制度，甚至成为礼法的核心。在这样的礼法观念下，"绝祀"既是对被征服者最大的惩罚，也是最能体现征服者残暴无德的元恶大罪。而所谓"绝祀"，就是彻底摧毁被征服者原有的部落共同体。但是，对于周的王权而言，尤其对于正在或迫于形势而不得不力争做强做大的封建王权而言，那些依然守持着各自的传统以及自成体系的生活结构和社会秩序的部落共同体，就仿佛是一个个包裹着外壳的坚果，虽然里面是甘美的内仁，却不能"得而食诸"。宣王的"料民"，不妨说就是试图砸开坚果的一种尝试或努力。

4. 西周的灭亡

幽王是亡国之君，自然不会留下好的记录，这是中国历史的惯例。按照通常的说法，幽王嬖爱褒姒，为引褒姒一笑而烽火戏诸侯，于是落得一个身死国亡的结局。把一个王朝的覆灭归罪于一个女人，这似乎也是中国历史的惯例。西周的灭亡自有其客观的历史原因。

首先，是西北方向戎族的兴起和大规模入侵。虽然宣王曾经有过驱戎千数百里的赫赫武功，却始终没有遏制住戎族的入侵。幽王三年（公元前779年），王命伯士伐六济之戎，军败，伯士死（《后汉书·羌族传》）。自此以后，周王室再也无力发起主动的伐戎战争，戎族成为周畿内日益强大的异己势力，并随时威胁着王室的安全。这些异己势力的存在，以及逐渐融入华夏共同文化圈的过程，既是诸侯由分散的邦国向领土国家发展演化的过程，也是颇具争议的"体国经野"或通常所谓国野制度的真实内涵。

其次，周宣王的中兴努力虽然取得一时的功效，但是并没有打造出一个持久而强大的王权。因为就当时的历史条件而言，周不可能实现由封建制国家向君主集权的郡县制国家的革命性转变。从春秋战国的实际历史运动看，这是一个极其复杂、艰难和充满了曲折反复的过程。并且，周畿内国人作为周王室同姓族众的特殊地位，也使得这样一个旨在剥夺国人权利和建立绝对君权的变革，成为十分困难甚至几乎是不可能的事情。《左传》记载，晋文公勤王有功，周襄王赐畿内阳樊等邑，阳樊人不愿归晋，文公率兵围城，阳樊人仓葛在城内呼叫："德以柔中国，刑以威四夷，宜吾不敢服也。此谁非王之亲姻，其俘之也？"结果，文公只能让阳樊人尽悉离去（《左传·僖公二十五年》）[①]。这说明，周的同族国人始终拥有某种特殊的优越感，而这正是周王室难于实行根本制度变革的一个重要原因。历整个春秋战国时期，周的畿内领地日益缩小（直至最终为秦"绝祀"），周王苟安于名义上的天子虚位，在经济、政治和军事上鲜有积极的作为，不能不说与这一点有很大的关系。

西周的宗法封建制度是中国历史上"王天下"理想得以现实化的第一种典型存在形态。但是，西周的宗法封建制度却在历史的演进中不可避免地走向衰亡。西周的衰微和灭亡，一是因为来自外部的军事压力；二是因为它自身内在的制度缺陷。在来自外部的军事压力面前，周需要一个强大的王权；但在周王室试图做强做大的过程中，却遇到了来自内部的制度障碍：层层分封形成的"家""国"体系以及"公""私"分野的土地制度，成为捆缚王权手脚的绳索。厉、宣、幽三王的所谓"失德"，究其实质不过是为了建立一个强大的王权而试图突破西周固有的制度障碍的努力。他们失败了，他们的问题却依然存在甚至日益严峻。平王东迁后，以周为共主的中原华夏文化不断受到来自夷蛮戎狄的侵扰，出现了《春秋公羊传》所谓"南夷与北狄交，中国不绝若线"的危机局面。如何通过内在制度的根本改革或"变法"建立强大的君权，实现富国强兵，就成为摆在中原各国诸侯特别是那些打着"尊王攘夷"旗号而试图执华夏文化之牛耳的霸主面前的首要问题。

在春秋战国的历史运动中，以"王天下"为理想的西周宗法封建制度因为它自身的缺陷而解体。这并不是周文化的消亡过程，而是周文化经历转化进一步发展和提升的过程，也是生活在这个文化下的人成长成熟和达到新的自觉的过程。它的直接成果是统一的秦汉帝国，

[①] 另见《国语·周语中》和《国语·晋语四》。

它的最高成果则是打造了一个以儒家思想为核心智慧的精神空间以及由这个精神空间塑造的我们自己——中国人。

二、封建与郡县：秦覆灭提出的问题

对于秦，柳宗元的《封建论》有一个断语："公天下之端自秦始。"这是很值得玩味的。公是相对于私而言的，但在西周层层分封的家国体系中，公与私的界限却是模糊的。一家之内，家长为公；一国之内，国君为公；但相对于天下而言，不论家国都为私。放眼天下，真正或唯一的公，只能是周天子及其所代表的王权。在这个意义上，柳宗元所谓"公天下"者，无非是指遍行天下而无窒碍的王权。这样的王权，确实是从秦开始的。

这里涉及中国历史上封建与郡县两种基本制度，以及封建制的消亡和郡县制的兴起。

面对西周宗法封建秩序的瓦解，孔子"天下无道"的评判无疑具有普遍性。在这个评判里，有两个要点：第一，"天下"已然深入人心，成为不言而喻的前提；第二，孔子心目中的"道"其实就是西周的宗法封建制度，就是"王天下"，就是实现并保障"天下一家"的合理而稳定的人间秩序。因此，恢复或重建西周的宗法封建秩序被认为是唯一的出路。孔子说得很明白："兴灭国，继绝世，举逸民，天下之民归心焉。"（《论语·尧曰》）一句"归心"，可谓抓住了实质。天下，这个由周人的宗法封建制度打造出来的人类共同体，正如任何形式的人类共同体一样，必须面对并解决以下问题：第一，王权（共同体权力）的合法性；第二，王权（共同体权力）的合理性或公正性；第三，共同体成员对共同体的认同。所谓"归心"，就是对王权的合法性和合理性及其所代表的天下，心悦诚服地接受和认同。而这在西周，主要是通过保留被征服者的部落共同体和保障被征服者的传统权利来实现的。因此，在西周的宗法封建秩序下，大凡家、国，无不是基于对共同祖先的祭祀而形成的宗法共同体，是为宗庙，是为社稷。所谓"慎终追远，民德归厚"，所谓"国之大事，在祀与戎"，都是指此而言。这种依托千百年沿袭下来的血缘纽带维系的宗法共同体，是那个时代的中国人最基本的安身立命之所。身之所安，心之所归。这是宗法和封建的秘密，也是"王天下"之所以深入人心的秘密。

然而，纵观整个春秋时期，灭国绝祀者不计其数。这是西周宗法封建秩序瓦解的主要表征之一，也是孔子"兴灭继绝"政治纲领的矛头所指。随着诸侯之间的兼并战争愈演愈烈，随着国野界限的日益泯灭，西周宗法封建秩序下原有的家国体系逐渐被一种新型的领土国家所替代，并终于演化为七雄竞相称王的战国局面。在这样的领土国家中，一方面，王权通过剥夺世袭贵族的权利和摧毁传统的部落共同体而日益集中和强大；另一方面，王权所代表的共同体与共同体成员之间的那种天然联系也在这个过程中逐渐消亡。虽然，王权继续遵循宗法的原则，依然为宗庙，为社稷，但是，除了王亲国戚外，对于任何个人而言，宗庙和社稷都不再和他休戚相关，而是外在于他的属于别人的东西。当秦始皇依靠武力彻底摧毁封建制度，建立中央集权的大一统帝国和遍行天下而无窒碍的王权的时候，这个以新兴的郡县制为基础的王权就最终失去了依托于传统的宗法封建秩序的合法性和合理性根据：它是至高无上的，又是任何人都可以觊觎和依靠武力来抢夺的。流亡在外的青年项羽和身处闾巷的布衣刘邦，之所以不约而同对着秦始皇的仪仗发出"彼可取而代之"和"大丈夫生当如此"的感慨，揭竿而起的戍卒，之所以毫无顾忌地喊出"王侯将相宁有种乎"的口号，其根源就在这里。

但是，完成统一大业的秦始皇，并不能回避人类共同体必须面对的基本问题，他必须给自己的王权建立其遍行天下而无窒碍的合法性和合理性的基础。为此，他甚至不得不在行将就木的封建制与新兴的郡县制之间进行抉择。《史记》载："丞相绾等言：'诸侯初破，燕、齐、荆地远，不为置王，毋以填之。请立诸子，唯上幸许。'始皇下其议于群臣，群臣皆以为便。廷尉李斯议曰：'周文武所封子弟同姓甚众，然后属疏远，相攻击如仇雠，诸侯更相诛伐，周天子弗能禁止。今海内赖陛下神灵一统，皆为郡县，诸子功臣以公赋税重赏赐之，甚足易制。天下无异意，则安宁之术也。置诸侯不便。'始皇曰：'天下共苦战斗不休，以有侯王。赖宗庙，天下初定，又复立国，是树兵也，而求其宁息，岂不难哉。廷尉议是。'"（《史记·秦始皇本纪》）秦始皇选择了郡县制，抛弃了西周以来诉诸人心的封建传统，把王权托付给严刑峻法、赏罚分明的铁腕政治。至于孔子视为命脉的"归心"问题，则被悬置起来。

必须指明的是，西周晚期以来试图建立强大王权的努力，恰恰是在秦的郡县制度中才获得了现实的基础。一方面，郡县制在政治上实行由中央集权的国家统一支配的行政管理；另一方面，则是在经济上废除公私分野的土地制度，实行土地国有基础上的普遍授田制，从而把天下变成名副其实的大一统宗法实体。"溥天之下，莫非王土；率土之滨，莫非王臣。"这个由周人提出的政治理想，是在秦帝国中才真正得到实现的。对于这一点，秦始皇是有高度自觉的。《琅邪台碑》的铭文写得十分清楚："古之帝王，地不过千里，诸侯各守其封域，或朝或否，相侵暴乱，残伐不止，犹刻金石，以自为纪。古之五帝三王，知教不同，法度不明，假威鬼神，以欺远方，实不称名，故不久长。其身未殁，诸侯倍叛，法令不行。今皇帝并一海内，以为郡县，天下和平。昭明宗庙，体道行德，尊号大成。"（《史记·秦始皇本纪》）

很显然，秦始皇是自觉地把自己视为旧时代的终结者和新时代的开创者的。他舍周的"王"号不用，以"始皇帝"自号，除谥法，令"后世以计数，二世三世至于万世，传之无穷"。带着这样的自觉和自负，秦始皇北逐匈奴，南取陆梁，废封建，置郡县，建长城，统一文字、法令、车轨和度量衡，把中国古代的帝王事业发挥到无以复加的程度。在政治统一的前提下，秦始皇毫不留情地采取了以统一思想为目的的极端专制主义的文化策略。公元前213年，秦始皇下令焚烧除《秦记》以外的各国史记，对不属于博士官的私藏《诗》《书》等文献也限期缴出烧毁，禁止私学，全国上下皆"以吏为师"。次年，又将犯有攻击政府嫌疑的四百六十多名方士、儒生在咸阳活埋，史称"焚书坑儒"。

这是一个法令严明、秩序井然的冷冰冰的帝国，它消灭了传统的宗法封建秩序下的家国体系和脉脉温情。站在中国传统的主流文化的立场上看，秦选择了"霸道"而背弃了"王道"。所谓王道者，以仁得天下而使"天下之民归心"也；所谓霸道者，以力取天下而使天下之民慑服也。孟子曾经说过："不仁而得国者有之矣，不仁而得天下未之有也。"（《孟子·尽心下》）秦始皇统一天下的成功，似乎打破了孟子的这个预言；但秦王朝的迅速覆灭，却从更深刻的意义上证实了孟子的预言。

在封建制度一去不复返的历史潮流下，新兴的郡县制度如何使"天下之民归心"，"王天下"的理想如何落实在中央集权的大一统帝国之中，这是秦覆灭后，历史地摆在继秦而起的汉帝国面前的核心问题。

三、《天人三策》：帝王与哲学家

第一位直面"归心"问题的汉朝皇帝是汉武帝刘彻。《汉书》记载，武帝初立，即"举贤良文学之士前后百数"而"求天命与情性"。这位年轻的皇帝向"襃然为举首"的大哲学家董仲舒策问："盖闻五帝三王之道，改制作乐而天下洽和，百王同之。当虞氏之乐莫盛于韶，于周莫盛于勺。圣王已没，钟鼓筦弦之声未衰，而大道微缺，陵夷至乎桀纣之行，王道大坏矣。夫五百年之间，守文之君，当涂之士，欲则先王之法以戴翼其世者甚众，然犹不能反，日以仆灭，至后王而后止，岂其所持操或悖缪而失其统与？固天降命不可复反，必推之于大衰而后息与？乌乎！凡所为屑屑，夙兴夜寐，务法上古者，又将无补与？三代受命，其符安在？灾异之变，何缘而起？性命之情，或夭或寿，或仁或鄙，习闻其号，未烛厥理。伊欲风流而令行，刑轻而奸改，百姓和乐，政事宣昭，何脩何饬而膏露降，百谷登，德润四海，泽臻草木，三光全，寒暑平，受天之祜，享鬼神之灵，德泽洋溢，施乎方外，延及群生？"（《汉书·董仲舒传》）①

这一番蕴含着对治乱兴衰深切关怀的追问，涉及天人古今等方方

---

① 本节以下引文，除注明者外，均引自《汉书·董仲舒传》。

面面，但归结起来无非是以下这样一个问题：春秋战国五百年间，五帝三王之道"日以仆灭"的原因究竟在人（所谓"其所持操或悖缪而失其统"）还是在天（所谓"天降命不可复反"）？如果在天，一切人间的作为岂不毫无意义？如果在人，作为帝王又该"何脩何饬"进行努力呢？

对于汉武帝的策问，董仲舒的对策归结到一点：治乱兴衰在人不在天。"道者，所由适于治之路也"，由道而行则政治国兴，弃道而行则政乱国衰；政治国兴则天现祥瑞以为受命之符，政乱国衰则天降灾异以为谴告和警惧。董仲舒提出两个主张：第一，王者任德不任刑。天有阴阳，政有刑德。阴阳合而成道，但天主阳不主阴；刑德合而为政，但"王者承天意以从事，故任德教而不任刑"。第二，更化。汉得天下七十余年，其失莫过于"当更化而不更化"。所谓更化，就是要扫除秦政"弃捐礼谊（义）"的"遗毒余烈"。"夫仁谊（义）礼知信五常之道，王者所当脩饬也。"这是对汉武帝策问的回答，更是针对汉承秦制、严刑峻法的现实而发。

董仲舒的对策显然引起了汉武帝的兴趣，因此进而向董仲舒发出策问。汉武帝的第二次策问在两个层面上展开：首先，从历史上看，虞舜"垂拱无为"而周文王"日昃不暇食"；虽同为王室，"俭者不造玄黄旌旗之饰"而周"设两观，乘大路，朱干玉戚，八佾陈于庭，而颂声兴"；"殷人执五刑以督奸"而"成康不式"；其劳逸、奢俭、宽严竟如此殊异，所谓"同条共贯"的帝王之道何在？其次，汉武帝认为自己虽然殚精竭虑，"亲耕藉田以为农先，劝孝弟，崇有德，使者冠盖相望，问勤劳，恤孤独，尽思极神"，但是依然"阴阳错缪，氛气充塞，群生寡遂，黎民未济，廉耻贸乱，贤不肖浑殽"，"功烈休德未始云获"；其原因何在？

对于汉武帝的第一层疑问，董仲舒的回答是：帝王之道条贯同，其所以殊异者，"所遇之时异也"。对于汉武帝的第二层疑问，董仲舒的回答是："士素不厉"而"长吏不明"，其解决的办法无非"兴太学，置明师，以养天下之士"。看起来，虽然董仲舒对汉武帝的问题均一一予以回答,却并没有解开汉武帝内心深处的困惑。因此,汉武帝第三次向董仲舒发出策问:"盖闻'善言天者必有征于人,善言古者必有验于今'。故朕垂问乎天人之应,上嘉唐虞,下悼桀纣,寖微寖灭寖明寖昌之道,虚心以改。今子大夫明于阴阳所以造化,习于先圣之道业,然而文采未极,岂惑乎当世之务哉?条贯靡竟,统纪未终,意朕之不明与?听若眩与?夫三王之教所祖不同,而皆有失,或谓久而不易者道也,意岂异哉?"再一次表明要从天人、古今寻求王道之条贯与统纪的初衷。

在这样的逼问下,董仲舒提出了完整的以儒家思想为核心的政治哲学。下面,我们就来检讨董仲舒究竟给汉武帝提出了怎样的哲学以及它的意义。

1. 董仲舒的天论

周人以德配天,确立了天在中国文化中的地位。但是,周人文化建设的重点在德而不在天。在周的宗法封建制度中,不论王权的合法性和合理性,都是建立在恪守礼法的基础上。在周人的眼里,天是敬畏的对象,但也是模糊和捉摸不定的。孔子重人而不言天或对天采取回避的态度,是符合周的文化精神的。

汉面临的问题,是在秦摧毁周的宗法封建制度之后,为新的不受任何人间力量制约的绝对王权寻求合法性和合理性的基础。既然王权不受人间力量的制约,这个基础就只能从人以外的天去寻求。既然出发点是王权,所谓天就和人尤其是和人间治道或帝王之道息息相关,由此建立的天论就是一种天人关系论。这是董仲舒天论的特点,也是中国传统天论的共同特点。从这样的视角看董仲舒的天论,它包含以下几个要点:第一,天为"群物之祖",是一切自然的和人间的事物的根源,因此,"圣人法天而立道",这个道也即人间治道或帝王之道。第二,天"遍覆包函而无所殊",这是天的法则;帝王之道"溥爱而亡私",这是帝王之道"同条共贯"的通则。第三,天之于万物,"建日月风雨以和之,经阴阳寒暑以成之";帝王之于民,"布德施仁以厚之,设谊(义)立礼以导之"。

在董仲舒的天论中，天不再是模糊和捉摸不定的，而是有着固定的法则并可以为人所把握和效法的。这就明确地把帝王之道归结为天，并进而把王权的合法性和合理性建立在确定不移的天的法则——溥爱而无私的基础之上。这是一个新的天论或天人关系论，其中的一些基本思想如"天道无私""阴阳"等，虽然并非董仲舒的创见，但把它们表述为一个完整的天论却是由董仲舒完成的。

2. 董仲舒的人论

董仲舒是从天来讲人的。在董仲舒看来，人是天的副本，所谓"天之副在乎人"，"人之所以上类天也"（《春秋繁露·为人者天》）。人的形体、血气、德行乃至好恶和喜怒哀乐等，皆与天数、天志、天理以及天的暖清和春秋冬夏相类、相副。人得天之灵而贵于物。天地万物间，唯有人才能化天而仁、化天而义，"人有父子兄弟之亲，出有君臣上下之谊（义）"。这是人之所以贵的根本所在。但是，人必须自知其贵。只有自知其贵，才能知仁义、重礼节，才能真正配称为"人"。

值得注意的是，虽然董仲舒一方面讲"人受命于天"而"超然异于群生"，但另一方面又把天命归之于圣人和帝王。这就关涉到董仲舒对"命""性""情"的独特理解：（1）"天令之谓命，命非圣人不行"；（2）"质朴之谓性，性非教化不成"；（3）"人欲之谓情，情非度制不节"。人受命于天，故能化天而仁、化天而义，但天命只有通过圣人或帝王才能行诸天下、行诸人间。人作为一个族类，既区别于物也区别于群生，但作为个人，每一个具体的人都有其性与情。就其本然而言，性是质朴而无优劣高下之分的。一个人沐浴在圣王的教化之下，就能知仁义、重礼节而成就其人性；如果一任其情欲泛滥、弃仁义、背礼节，就会丧失其人性而无异于禽兽。因此，虽然人受命于天，得天之灵而贵于物，但人之贵只有通过教化和度制才能自知。而能够承担起对天下之民施行教化和度制责任的，唯有天下的最高代表——帝王。董仲舒说："故王者上谨于承天意，以顺命也；下务明教化民，以成性也；正法度之宜，别上下之序，以防欲也；修此三者，而大本举矣。"这是从人的角度对帝王之道的诠释。

董仲舒的人论，正如他的天论一样，最终都落实到帝王之道上来。如果说，董仲舒的天论是通过把帝王之道归结为天，从而把王权的合法性和合理性建立在天的法则之上，那么，他的人论则是通过把人之所以贵于物、异于群生的根据归结为天并进而归结为教化和度制，从而把王权的合法性和合理性建立在人性之上。这就为回答绝对王权下天下之民何以归心的问题，做了重要的理论准备。

3. 董仲舒的道论

对于董仲舒而言，所谓道就是帝王之道。道本身是完整而没有欠缺和弊病的，一切政弊都是因为离开道、背离道的结果。所谓"道者万世亡弊，弊者道之失也"，这是董仲舒道论的第一个要点。既然如此，为什么"三王之道所祖不同"呢？这是汉武帝的问题，董仲舒的道论主要是针对这个问题而展开的。

尧舜禹三王，是古代中国人尤其是儒家心目中的圣王。在董仲舒看来，虽然"三王之道所祖不同"，但是并非彼此相反，而是所面对的情势发生了变化，"捄（救）溢扶衰"各有侧重而已。董仲舒说："先王之道必有偏而不起之处，故政有眊而不行，举其偏者以补其弊而已矣。"这是董仲舒道论的第二个要点。

合而言之，所谓"道者万世亡弊"，是就道的本身而言；所谓"先王之道必有偏而不起之处"，则是就道的运行也即道在实际政治生活中被遵从的程度而言。就道的本身而言，"道之大原出于天，天不变，道亦不变"；就道的运行而言，"继治世者其道同，继乱世者其道变"。站在道本身的立场上，道只是那个古今一体、同条共贯的帝王之道，故而尧舜禹"三圣相受而守一道"，"所上同也"；站在道的运行的立场上，道不仅有偏、有失甚至有亡，因此夏商周三代相继各有损益而所上不同，"夏上忠，殷上敬，周上文者，所继之捄（救），当用此也"。由此揆之，"今汉继大乱之后，若宜少损周之文致，用夏之忠者"。

这样，董仲舒就以其完整的包括天论、人论和道论在内的哲学，进一步亮明"更化"的政治主张。

4. 董仲舒的政治、经济和文化主张

更化，是董仲舒政治主张的核心。所谓更化，就是要用他心目中古今一体、同条共贯的帝王之道，匡正汉承秦制、严刑峻法的政治现实。这个帝王之道，上法之于天，因此"溥爱而亡私"；下施之于民，是"遍覆包函而无所殊"的天的法则在人间的体现。但更化的政治主张，必须通过具体的经济和文化举措落实下来。

在经济上，董仲舒提出食禄者不得食于力，"受大者不得取小"，不与民争利的经济原则。其根据依然是天。在董仲舒看来，天予群生必有分，予其利齿则不予其角，予其飞翼则不予其四足，此之谓"分予"。董仲舒说："夫已受大，又取小，天不能足，而况人乎！此民之所以嚣嚣苦不足也。"针对汉帝国"富者奢侈羡溢，贫者穷急愁苦"的现实，董仲舒向汉武帝建议："故受禄之家，食禄而已，不与民争业，然后利可均布，而民可家足。此上天之理，而亦太古之道，天子之所宜法以为制，大夫之所当循以为行也。"

在文化上，董仲舒提出旨在一统纪、明法度的学术主张，这就是"罢黜百家，独尊儒术"。董仲舒说："春秋大一统者，天地之常经，古今之通谊（义）也。今师异道，人异论，百家殊方，指意不同，是以上亡以持一统；法制数变，下不知所守。臣愚以为诸不在六艺之科孔子之术者，皆绝其道，勿使并进。邪辟之说灭息，然后统纪可一而法度可明，民知所从矣。"

经济上不与民争利以使"民可家足"，文化上统一思想以使"民知所从"。身之所安，心之所归。这可以看作是董仲舒直接针对"归心"问题的御前答卷。按照通常的说法，汉武帝接受了董仲舒的建议。当然，汉武帝并没有改变首重武功的基本国策，汉帝国也没有改变严刑峻法的政治现实。雄才大略的汉武帝，考其一生，对外武功赫赫，破匈奴，定边关，把汉帝国的版图扩张到前所未有的程度；对内严刑峻法，不论王侯将相，动辄坐罪致死。但是，儒家作为大一统帝国的官方意识形态的局面以及作为中国文化主流的经学传统，确实是从汉武帝开始形成和发端的。对此，《汉书》作者班固有一个评论："汉承百

王之弊,高祖拨乱反正,文景务在养民,至于稽古礼文之事,犹多阙焉。孝武初立,卓然罢黜百家,表章六经。遂畴咨海内,举其俊茂,与之立功。兴太学,修郊祀,改正朔,定历数,协音律,作诗乐,建封禅,礼百神,绍周后,号令文章,焕焉可述。后嗣得遵洪业,而有三代之风。如武帝之雄材大略,不改文景之恭俭以济斯民,虽诗书所称何有加焉!"(《汉书·武帝纪》)虽有阿谀之嫌,却道出了几分历史的真实。

四、《史记》:天人、古今、一家之言

周人"王天下"的理想建立在宗法封建制度之上,但从更深刻的意义上说,它是建立在周人历史意识的自觉之上的。天下,这个伟大的文化理想,如果没有一个廓大的历史观作为支撑,是不可想象的。同样,如果没有周人打造的以三代相因、相继的历史观为基础的文化心理结构,在西周宗法封建制度崩溃后,中国人依然守持天下这个伟大的文化理想,也是不可想象的。在这个意义上,秦始皇下令焚烧除《秦记》以外的各国史记,企图把他的帝国建立在一片没有历史的沙漠上,是多么致命的错误。

重建历史,是继秦而起的汉帝国的任务。这个任务是由《史记》完成的。"究天人之际,通古今之变,成一家之言"(《汉书·司马迁传》)是司马迁写作《史记》的宗旨,也是《史记》的宣言。在司马迁看来,历史的变迁并不单纯是由人出演的人间活剧,而是与天密切关联并体现着天的意志和历数因而合乎天运的过程。而承载这个天运的就是天下的最高代表者——帝王。这样,天与人就以帝王为纽带而在历史中联系起来。因此,"古今之变"固然是历史,"天人之际"实质上也是历史,其主体都是那个同时既为天子又为人主的帝王。司马迁所谓"为国者必贵三五"(《史记·天官书》),是说贵有国家乃至天下的帝王,必须高度重视三和五这两个历数,也即三十年一小变和五百年一大变这两个关键环节。三十年为一世,直接关乎着一个帝王当世的命运;而五百年为一个周期,更是关乎着一个王朝的天运和气

数。前者反映了人作为有限的个体生命而被搁置于漫漫历史长河之中的命运感；后者则在一定程度上映射出中国古代对于夏、商、周三代迭相更替的历史变迁的反思。孟子所谓"五百年必有王者兴"，当是这种"必贵三五"的天运观的早期形式。至于司马迁，也是从这种天运观而自觉其历史使命的："太史公曰：先人有言：'自周公卒五百岁而有孔子。孔子卒后至于今五百岁，有能绍明世，正《易传》，继《春秋》，本《诗》、《书》、《礼》、《乐》之际？'意在斯乎！意在斯乎！小子何敢让焉。"（《史记·太史公自序》）

正是这种神圣的历史使命感，激励司马迁在遭受个人生命巨大不幸的境遇下，以其毕生精力完成他的《史记》，成就了他的"一家之言"。

所谓"一家之言"，在一个层面上，也即"厥协《六经》异传，整齐百家杂语"。《史记》中司马迁称述其父司马谈的《论六家要指》，就是司马氏父子"整齐百家杂语"的一个重要成果。在他们看来，虽然阴阳、儒、墨、名、法、道德六家"所从言之异路，有省不省"，但在一个基本点上却是相同、相通的，即都是为了平治天下实现"王天下"的理想，所谓"此务为治者也"。从这个基本点出发，他们就从六家的异中看出它们的同，并进一步摒弃六家的"不省"而看到它们的各有所"省"。当然，司马谈是倾向于道家的，但司马迁的立场却是儒。那么，儒家"务为治者"的要旨是什么呢？"儒者博而寡要，劳而少功，是以其事难尽从，然其序君臣父子之礼，列夫妇长幼之别，不可易也。"（《史记·太史公自序》）儒家的要旨就是"序君臣父子之礼"。《史记》一百三十篇，其中《书》八篇是专门讨论和记述典章制度的，而《书》的首篇就是《礼书》。这表明，在司马迁眼里"礼"是被当作根本制度看待的，而他所谓"成一家之言"，就是从"务为治者"这个基本点出发，"整齐百家杂语"，以使统一于儒家的"君臣父子之礼"上来。

但是，司马迁是史家，他的"一家之言"不能仅仅依托于《论六家要指》或《礼书》之类的一两篇泛泛之论，而是通过"究天人之际，通古今之变"及其所展开的恢宏而波澜壮阔的历史画卷。这是司马迁不同于即使渊博如董仲舒的同时代其他学者的地方，当然也是他作为一个历史家的伟大所在。这就涉及他所谓"一家之言"的另一个层面。

《史记》对中国历史的贡献，最突出者莫过于首创本纪体例。所谓本纪，也即帝王纪，是专门记正朔、叙帝统的。这是《史记》的最高体例或根本大法，也为以后的历代王朝正史所遵从。刘知几认为，遵从本纪体例，"譬夫行夏时之正，服孔门之教义者，虽地迁陵谷，时变质文，而此道常行，终莫之能易也"（《史通·本纪》）。何以本纪体例在中国历史中具有如此重要的地位？这就要从司马迁创立本纪体例的目的及其所要完成的使命入手。

汉高祖刘邦起于闾巷，既无累世功业可依，又无寸土之封可据，无功无爵，一介布衣，却在短短五年的时间内完成了"王天下"的千古伟业。这在司马迁以及和司马迁同时代的汉朝人看来，几乎就是一个奇迹。通过重建历史以证明汉高祖刘邦成就的帝业不过是五帝三王的继续，是受之于命而得之于天的，既是司马迁写作《史记》的出发点，也是《史记》最后达到的终点。一部《史记》，其实就是一部由五帝三王所开创并最终由汉帝国所成就的"王天下"理想的展开了的历史画卷。需要指明的是，司马迁把"天下"的概念应用到上起黄帝、下迄汉武的三千年历史，并非历史的真实，而是站在汉帝国的立场上，用他的大一统历史观诠释历史的结果。司马迁的《史记》作为正史之首，其深刻的意义就在于：它是大一统帝国视野下的第一部通史，它铸造的古史体系是承载大一统帝国形态下"王天下"理想的第一块基石。

值得注意的是，一方面，司马迁必须借助于一个概念来完成他的古史体系的建构，这个概念就是在春秋战国年间多元文化发展和融合过程中，已为华夏诸族共同接受的黄帝。黄帝乃是天下万邦的共同祖先。虽然夏、商、周、秦各有自己的历史渊源，但这些看似不同的历史渊源，经过一番"原始察终"的整理，却又无不指向一个共同的始祖：黄帝。不仅夏、商、周、秦，甚至吴越、荆楚和匈奴，当然也包括太史公本人，都能通过一个或长或短的先祖世系而最终在黄帝那里找到其最初的起源。另一方面，司马迁却无法把汉高祖刘邦和这个源自黄帝的帝王统绪直接联系起来。这显然是一个缺憾。司马迁的办法是直接在刘邦的出生上做文章："高祖，沛丰邑中阳里人，姓刘氏，字季。父曰太公，母曰刘媪。其先刘媪尝息大泽之陂，梦与神遇。是时雷电晦冥，太公往视，则见蛟龙于其上。已而有身，遂产高祖。"（《史记·汉高祖本纪》）太史公的这种笔法，也和他创立的本纪体例一样，为后世所遵从而堪称正史之首。但到了班固的手里，则依然还是想办法弥补了刘氏血脉不纯这个缺憾："春秋晋史蔡墨有言，陶唐氏既衰，其后有刘累，学扰龙，事孔甲，范氏其后也。……范氏为晋士师，鲁文公世奔秦。后归于晋，其处者为刘氏。……由是推之，汉承尧运，德祚已盛，断蛇著符，旗帜上赤，协于火德，自然之应，得天统矣。"（《汉书·高帝纪》）

五、《白虎通》："三纲六纪"与中国文化的"Idea"

汉武帝接受董仲舒的建议，"罢黜百家，独尊儒术"，儒家成为大一统帝国的官方意识形态。这并非一句空话。随着儒的独尊，经学发达起来，并产生了今、古文经学之争。对于汉帝国，统一经义并非无关紧要的枝节问题。西汉甘露三年（公元前51年），汉宣帝曾亲自主持统一经义（可惜没有留下文献资料）；东汉建初四年（公元79年），汉章帝召集儒家学者于洛阳白虎观，讨论五经异同并对不同意见亲自裁决，连续讨论数月后由班固将其结论写成《白虎通》一书。《白虎通》对44类、314个问题予以皇家官定的解释，几乎是一部涉及所有领域并代表汉帝国官方意识形态的百科全书。

对于《白虎通》，陈寅恪先生曾有一个论断："吾中国文化之定义，具于《白虎通》三纲六纪之说，其意义为抽象理想最高之境，犹希腊柏拉图所谓Idea者。"可谓真知灼见。问题在于，"三纲六纪"何以在中国文化中具有如此重要的地位？

先看《白虎通》的定义："三纲者何谓也？谓君臣、父子、夫妇也。六纪者,谓诸父、兄弟、族人、诸舅、师长、朋友也。……何谓纲纪?纲者,张也;纪者,理也。大者为纲,小者为纪,所以张理上下,整齐人道。人皆怀五常之性,有亲爱之心,是以纲纪为化,若罗网之有纪纲而万目张也。《诗》云:'亹亹文王,纲纪四方。'"(《白虎通·三纲六纪》)纲的本义是指网的总绳,纪的本义是指丝的头绪。天下有如一张巨网,也如一团乱丝,只有抓住其纲纪,才能有条不紊张开这张巨网,条分缕析理出一个头绪。所以说:"纲者,张也;纪者,理也。"此之谓纲纪天下。而所谓抓住其纲纪,也就是抓住一定形式的人类共同体中人与人之间最基本的生存关系。"三纲六纪"不过是生活在"天下"这一特定形式的人类共同体中的中国人,对自己所面临的最基本的生存关系的确认,是中国人自我认识或自我意识的最基本的同时也是最高的形式。正是在这个意义上,我们赞成陈寅恪先生把"三纲六纪"比之于Idea的识见。

这里需要进一步讨论的是,在中国古代历史上"天下"并不是凝固和一成不变的,而是经历了一个嬗变的过程。在西周,天下是一个由相对松散的诸侯国联合而成的宗法封建共同体;在春秋战国,天下是一个诸侯向着领土国家发展并最终演化为诸雄竞相称王局面的分裂的世界;在秦汉,天下则是一个绝对王权统治下的中央集权的大一统帝国。这个嬗变的过程,给了中国人全面反思的契机,它的成果是以孔子为开端的诸子百家,它的归宿却是以回到孔子为标志的经学。要解开这背后的秘密,必须从孔子本人入手。

孔子的反思,就是他的仁学。孔子面对的现实,是西周宗法封建制度的瓦解,是正常的人间秩序的崩溃。重建人间秩序是孔子的梦想。他把这个梦想托付给周。孔子的伟大,不在于他选择了周,而在于他赋予周文化以灵魂——仁或爱人。站在现代立场上诠释孔子的仁或爱人,它包含以下几个基本点:(1)人必须生活在一定形式的人类共同体之中,这是第一个基本点;(2)无论从历史和现实来看,共同体的解体也都意味着民不聊生、生灵涂炭,这是第二个基本点;(3)共同体的两极就是家庭和国家,这是第三个基本点,也是最重要的一点。

因为家庭和国家，是人类自进入文明时代以来无可逃遁也无可选择的基本生存模式。紧紧抓住家庭、国家中人赖以安身立命的最基本的生存关系，建立"君君，臣臣，父父，子子"的合理的人间秩序，使天下苍生得安宁，这难道不是最高的人类之爱吗？

但是，一种不同于西周宗法封建制度的新的人类共同体，却不依孔子的意志在春秋战国的历史运动中孕育并生长起来。这就是以郡县制为基础的领土国家。和传统的诸侯国相比，新的领土国家有两个显著的特点：第一，它本质上是扩张的，因为它所指向的并非有限的目标，而是天下。不论是战国诸雄的竞相称王，还是战国诸子的以天下为己任，似乎都可以从这个特点来理解。关于诸子，班固有一个说法："诸子十家，其可观者九家而已。皆起于王道既微，诸侯力政，时君世主，好恶殊方，是以九家之术蜂出并作，各引一端，崇其所善，以此驰说，取悦诸侯。"（《汉书·艺文志》）在战国诸雄演化为一个个打天下集团的政治格局中，诸子不过充当了这些打天下集团的或成功或失败的智囊。这就不难理解，即使对着一个"壤地褊小"的滕国，孟子也依然大谈他的施仁政于天下的政治理想。第二，它的组织原则是地域的而非血缘的。在领土扩张的过程中，战国诸雄几乎不约而同抛弃了传统的封建制度而采取了按地域划分行政区域的郡县制度。对于在激烈的兼并战争中不得不把整个国家变成一个庞大而统一的军营的君王而言，郡县制的优点是不言而喻的。由君王直接掌控的行政体系改变了层层分封造成的政治、经济分割局面，使王权深入国家政治、经济生活的末梢细节，从而有条件举全国之力进行旨在称霸天下的扩张战争。

在这个正在成长中的以郡县制为基础的新的领土国家中，儒家诉诸西周的宗法封建制度或企望在周礼的基础上重建人间秩序，显然是不合时宜的。然而，必须看到的是，虽然儒家的政治主张不被当权者接受，但不论孔子、孟子，都是举世公认的贤者。这说明，儒家的理想不仅代表传统，同时也代表了现实。因为，儒家理想的核心就是"王天下"。

完成统一大业的秦始皇，接受法家的学说，试图走一条"以吏为师""以法治国"的道路。正如司马氏父子批评的："法家不别亲疏，不殊贵贱，一断于法，则亲亲尊尊之恩绝矣。"（《史记·太史公自序》）这就涉及中国古代"以法治国"和"以德治国"两种政治主张。儒家是主张以德治国的，孔子所谓"道之以政，齐之以刑，民免而无耻；道之以德，齐之以礼，有耻且格"（《论语·为政》），董仲舒所谓"王者承天意以从事，故任德教而不任刑"（《汉书·董仲舒传》），表述的都是儒家以德治国的政治主张。有一种流行的批评意见，认为中国文化的弊端莫过于政治的伦理化或伦理的政治化倾向，其后果就是法律与道德的混淆。但问题在于，政治与伦理以及法律与道德是否能够截然分开。其实，就迄今为止一切形式的人类共同体而言，政治与伦理以及法律与道德是不能严格区分开的。因为，政治的合理性必须建立在共同体固有的伦理准则之上，而法律的公正性也必须植根于共同体普遍的道德意识。古希腊的城邦制国家无疑是古代世界的法治国家，但亚里士多德却明确地把"至善"视为最高形式的共同体——国家的根本目标。就此而言，秦始皇的失败并不在于他的法治路线，而在于他试图把法治建立在道德虚无的基础上。

　　如果说，重建历史是继秦而起的汉帝国的任务，那么，重建道德也是继秦而起的汉帝国的任务，甚至是更为艰巨的任务。汉帝国并不打算也从来没有放弃秦始皇开创的严刑峻法的政治路线，因为严明的法律是郡县制和绝对王权的保障。但是，汉帝国要避免重蹈秦的覆辙，就必须为新兴的郡县制和绝对王权寻求道德的支撑。对于这一点，汉帝国的最高统治者是有高度自觉的，这从他们的谥号中都带有一个孝字，即可见一斑。

　　郡县制摧毁了传统的宗法封建共同体，也在一定程度上摧毁了传统的宗法封建共同体所固有的伦理准则。这个被摧毁的伦理准则，就是孔子用高度概括的语言总结出来的"君君，臣臣，父父，子子"。对于这个基本的伦理准则，可以从两个层面来理解。在第一个层面上，君就是君，臣就是臣；父就是父，子就是子。在这里，父子关系是由人类最基本的血缘铸定的，而君臣关系则是由基于血缘的宗法厘定的，因此是不容混淆也不容颠倒的。在第二个层面上，君必须像个君样，臣也必须像个臣样；父必须像个父样，子也必须像个子样。在这里，不论君臣、父子，他们在相互关系中都是对称的。孟子的解释至为精当："君之视臣如手足，则臣之视君如腹心。君之视臣如犬马，则臣之视君如国人。君之视臣如土芥，则臣之视君如寇雠。"（《孟子·离娄下》）这和汉帝国打造的"三纲六纪"或通常所谓纲常伦理既有重大区别，又有深刻的内在联系。在宗法封建制度下，维系君臣关系的纽带是以血缘为基础的宗法。而在郡县制度下，君臣关系不再建立在血缘宗法的纽带之上。不论法家、秦始皇和汉朝的皇帝，都清醒地看到了这一点。不同的是，汉帝国的统治者吸取秦始皇的教训，认识到必须把君臣关系重新建立在以血缘宗法为基础的伦理准则和道德意识之上，因为这是生活在血缘宗法罗网中的中国人唯一可能的伦理准则和道德意识。汉帝国采取的策略是全民教化。汉重教化，县乡置三老、郡国立学校、京师建太学，从皇帝、大臣、博士到各级地方官员，皆能通经讲学，形成上下一体的教化体系。通过这种渗透到社会末梢神经的全民教化，汉帝国成功地塑造出中国人延续两千多年的典型生存状态——臣民。

六、结语：帝国与臣民

汉是中国历史上第一个保持长时期相对稳定的大一统帝国。汉的成功，在于它打造了一个绝对王权统治下的臣民社会，一个新的天下或新的人类共同体。汉是中国人自殷周之际以来矢志不渝追求的"王天下"理想的第二种，也即区别于西周宗法封建制度的典型的存在形态，它在两个意义上奠定了以后长达两千多年中国文化的基本模式。

首先，作为中国文化最显著标志的东方大一统帝国，其基本的政治、经济和文化制度是由汉奠定的。政治上以中央集权为特征的绝对王权和相应的官僚制度，经济上以土地国有为特征的编户齐民和相应的赋税制度，文化上以经学为特征的帝国官方意识形态和相应的科举制度，虽然历朝历代均有所损益，但其基本模式无不肇始于汉。即使在南北朝和五代十国这样的分裂动荡时期，那些雄踞一方或偏安一隅的地方势力，不论胡汉，几乎都是比照着汉帝国的模式建立其割据政权的。

其次，作为中国历史最显著特征的规律性的治乱循环，也即由帝国的崩溃和重建所构成的变奏曲，其第一个标准而完整的乐章是由汉出演的。开国、守成、衰败、灭亡，汉帝国走过的四步曲，几乎成为以后历朝大一统帝国无法逃脱的历史宿命。全面解读这种治乱循环背后的内在机制，已经超出了本篇讨论的范围，但这里需要特别指明的是：（1）汉高祖刘邦开"王迹之兴，起于闾巷"的先河，对以后中国历史周期性上演的改朝换代无疑具有重要的范式意义；（2）汉在总结秦的经验教训的基础上采取的逆取顺守的帝国方略，对以后历代王朝的范式意义更是不容低估。所谓逆取，也即反叛王权以武力夺取天下；所谓顺守，是说只有回到既定的统治秩序或帝王之道才能实现帝国的长治久安。汉武帝孜孜追求同条共贯的帝王之道，其意义就在于此。

这里的关键依然是孔子视为命脉的"归心"问题。建立在郡县制基础上并依托于职业化的官僚体制的绝对王权，何以使"天下之民归心"？这是汉文化的最高问题，也是汉以后全部中国文化的最高问题。围绕着这个问题的思考及其成果，是真正可以称之为中国哲学和中国文化的核心智慧。在大一统帝国时代，归心问题的困难在于，必须把本质上是超出血缘宗法的君臣关系建立在以血缘宗法为基础的伦理和道德之上。但是，不论把王权归结为天而给它贴上神圣的标签，还是把王权归结为人而给它贴上仁爱的标签，都改变不了它作为强权的实质。这是王权的软肋和破绽。青年项羽冲着秦始皇仪仗发出的"彼可取而代之"的喟叹，就像一个甩不掉的梦魇，始终纠缠着惶惶不安坐在龙椅上的那位俨然以真命天子自居的最高统治者——皇帝。因为，面对着一个建立在共同体固有的伦理准则和普遍的道德意识之上，却无法取得自洽的强权，从忠顺的臣民到乱臣贼子往往只有一步之遥。这里的奥秘就在于，生活在血缘宗法罗网中的中国人，其最高的道德诉求只能是慈父以及慈父般的清官和真命天子。在所谓的太平盛世，他们是忠顺的臣民；而当他们发现所谓"父母官"不过是鱼肉百姓的狗官，所谓"君父"不过是残忍暴虐的昏君，就可以揭竿而起当逆贼和暴民。但即使在当逆贼和暴民的时候，他们心中所期盼的依然不过是清官和真命天子。

最后需要补充说明的是，在"王天下"理想的支配下，生活在"天下"的古代中国人也不是凝固和一成不变的，而是经历了一个嬗变的过程，即由部落共同体的族众到封建诸侯国的国人，又由封建诸侯国的国人到大一统帝国的臣民的变化。在这个嬗变的过程中，中国人始终没有创造出使自己成长为公民的条件。因此，除了西周的宗法封建制度和秦汉的大一统帝国外，还有一种形式的人类共同体是包括孔子在内的传统的中国人不知道也不可能知道的。在这样的共同体中，不论共同体权力的合法性和合理性还是共同体成员对共同体的认同，都建立在共同体成员自己订立并共同遵守的基本原则之上。这样的共同体，也即自由公民的联合体，它是中国人自辛亥革命打倒帝制以来直至今天依然在努力追求的新目标。

"仁"何以可能
——孔子再认识①

在中国人心中,孔子不是神,也不是宗教意义上的教主。孔子是圣人,是至圣先师。孔子的学说和思想,成为秦汉以降中国文化的灵魂。在文化上我们是孔子的后裔,我们的血脉中流淌的是孔子的精神。如果说,"认识自己"依然是今天的中国人无法回避的责任,那么这种自我认识必须从认识或重新认识孔子开始。

一、孔子与孔子的时代

在《论语》中,有这样的一章:

> 长沮、桀溺耦而耕,孔子过之,使子路问津焉。长沮曰:"夫执舆者为谁?"子路曰:"为孔丘。"曰:"是鲁孔丘与?"曰:"是也。"曰:"是知津矣。"问于桀溺,桀溺曰:"子为谁?"曰:"为仲由。"曰:"是鲁孔丘之徒与?"对曰:"然。"曰:"滔滔者天下皆是也,而谁以易之?且而与其从辟人之士也,岂若从辟世之士哉?"耰而不辍。子路行以告。夫子怃然曰:"鸟兽不可与同群,吾非斯人之徒与而谁与?天下有道,丘不与易

---

① 本篇原载《兰州大学学报》(社会科学版)2013年第4期。

也。"(《论语·微子》)

分析孔子的感慨，不难看出：第一，在孔子自己看来，他既非长沮、桀溺认定的"辟人之士"，也非长沮、桀溺自诩的"辟世之士"，而是和天下人相与为生的一个人；第二，虽然孔子与长沮、桀溺之类"辟世"的隐者并不是一路人，但是对他们的基本立场表示认同，所谓"滔滔者天下皆是也"，也即"天下无道"；第三，如果当下的世界已然是一个好的理想的世界，也即"天下有道"，他孔丘也就犯不着栖栖惶惶周游列国要和世人一道来改变这个世界了。

关键在于，孔子所谓天下有道、无道的标准或确切含义究竟是什么？孔子说："天下有道，则礼乐征伐自天子出；天下无道，则礼乐征伐自诸侯出。自诸侯出，盖十世希不失矣；自大夫出，五世希不失矣；陪臣执国命，三世希不失矣。天下有道，则政不在大夫。天下有道，则庶人不议。"(《论语·季氏》)这里讲了三层关系：(1)"天下有道，则礼乐征伐自天子出"，这是就天子与诸侯的关系而言的；(2)"天下有道，则政不在大夫"，这是就国君与卿士的关系而言的；(3)"天下有道，则庶人不议"，这是就统治者与被统治者的关系而言的。需要进一步辨析的是，何以"礼乐征伐自天子出"就是"天下有道"，而"礼乐征伐自诸侯出"就是"天下无道"？如果"礼乐征伐自诸侯出"是为"天下无道"，那么造成"天下无道"的原因何在？如果已然"天下无道"，那么谁有能力以及如何才能改变它呢？正如桀溺所言："滔滔者天下皆是也，而谁以易之？"或者换个说法：孔子何以认为自己有责任和能力改变他生活其中的世界呢？

"天下有道"，不妨说是孔子的理想。这个理想既是针对现实的，也是指向未来的，但它的根据却是在过去。依照通常的说法，孔子针对的现实就是"礼崩乐坏"，这大体不虚，但如果把孔子的时代想象成民不聊生的乱世，恐怕是不确切的。

公元前770年，平王东迁，是为东周。其后的百年间，王权衰微，诸侯混战，周的封建秩序几近崩溃。与此同时，涣散的中原诸夏受到来自南北两个方面夷狄势力的渗透甚至武力威胁，一度出现了《春秋公羊传》所谓"南夷与北狄交，中国不绝若线"的危机局面，由西周奠定其基础、历数百年发展而蔚成规模的中国文化面临生死存亡的考验，以"尊王攘夷"为旗帜的春秋霸业由是而生。

公元前679年，齐桓公首霸诸侯，也即《左传·庄公十五年》所称："齐始霸也。"公元前661年，狄人伐邢，管仲向齐桓公进言："戎狄豺狼，不可厌也；诸夏亲昵，不可弃也。"（《左传·闵公元年》）这可视为齐桓公的霸政纲领。在中原地区完成一系列救援诸夏、攘击夷狄的行动后，公元前656年齐率诸夏联军南下伐楚，终于遏制住了多年来楚国北上扩张的势头。对此，《春秋公羊传》大加赞扬："桓公救中国而攘夷狄，卒怗荆，以此为王者之事也。"（《春秋公羊传·僖公四年》）虽然齐的霸主地位随着管仲和齐桓公的相继去世而被晋所取代，并由此形成晋、楚各为一方，南北相持、拉锯的对峙局面，但正是在这种对峙的局面中，中原诸夏获得了喘息的机会，周的文化得以存续、发展，并成为融周边及相与杂处的夷、戎、蛮、狄各族为一体的文化基础。对于齐桓公首创霸业挽诸夏于危亡的功绩，孔子是有深切体会并予肯定的："管仲相桓公，霸诸侯，一匡天下，民到于今受其赐。微管仲，吾其被发左衽矣。"（《论语·宪问》）——若不是管仲，恐怕连我们自己也变成夷狄了。

公元前546年，在宋国执政者向戌的倡议下，晋楚会同各国在宋都商丘盟会，达成弭兵盟约，史称"向戌弭兵"。此后近半个世纪，晋楚之间没有发生战争。争霸战争的中心由中原转至东南地区，在吴楚、吴越之间展开。普遍而相对持久的和平，是春秋中后期中原地区经济、文化得以恢复并得到繁荣发展的重要条件。

孔子生于公元前551年，正好生长在这个相对和平以及经济文化日益繁荣发展的时代。孔子自称"少也贱"，虽为殷商贵胄后裔，但因3岁丧父，幼年即随母过着贫寒的生活。作为一个在贫寒中长大而身份卑微的人，孔子依凭自身的聪颖和好学，年轻时就有"博学""知礼"的美誉。30岁左右，孔子开始收徒设教，开私人讲学之风。政治上，孔子早年曾做过掌管仓库和牧场的下层小吏，直到51岁才进入鲁国政坛，官至大司寇，终因对鲁国政治失望，于公元前497年55岁时离开鲁国，携弟子周游列国。周游列国期间，孔子先后到过卫、曹、宋、陈、蔡、楚等国，但不为诸侯所用，于公元前484年回到鲁国。公元前479年，孔子于回国后5年病卒，享年73岁。

孔子毕生致力于《诗》《书》《礼》《乐》《易》等文化典籍的整理、研究和教育，这些典籍加上据传是由他晚年编撰的鲁国史书《春秋》，成为中国古代文化赖以传承的最重要的经典，世称六经。六经，既是孔子创立的儒家学派的根本经典，也是先秦诸子百家共同的经典。因为，夏、商、周三代虽然有着不同的种族和文化渊源，但它们的前后相继不仅构成了中原地区中国古代文化连续发展的历史，而且通过周的文化创造并在周文化中凝结为一种共同的文化记忆。这个共同的文化记忆，就是六经。六经的定型和传承，为春秋战国时期的民族融合和最终实现政治统一，奠定了极其重要的文化认同的基础。正是在这个意义上，孔子无愧为中国文化的至圣先师。

孔子的一生及其成就和命运，就是他所处时代的最好的诠释。这是一个相对和平以及经济文化日益繁荣发展的时代，也是周的礼制文化逐渐下移和得到普及的时代。在西周，强大的王权是维系宗法封建秩序的保障。周天子直接控制着包括今陕西中部和河南西部地区在内的宗周和成周王畿，周天子的王位按照宗法原则由嫡长子世袭继承，这就从土地、综合实力和宗法原则等各个方面保障了周天子的大宗地位和至上王权；王畿以外是星罗棋布的诸侯国家，他们大多是周的同姓或姻亲，与周天子或为兄弟或为甥舅，其势力范围北抵燕代、南临荆楚、东达齐鲁，形成对王畿的拱卫或屏藩之势。周天子在王畿内建立以太保、太师为最高长官的中央行政体系，拥有包括宗周六师（西六师）和成周八师在内的王师也即中央军队，同时拥有征调诸侯军队、册命诸侯嗣君、任命诸侯卿士（大国的上中下三卿、中国的上中卿、小国的上卿，均由天子直接任命）等军政大权；与此相对应，诸侯则对周天子承担包括进贡、力役、兵役、朝聘等在内的封君义务。在这样的格局中，大凡军国要政皆出自王室，典章制度亦由王室掌管，孔子所谓"礼乐征伐自天子出"就是指此而言，通常所谓"学在王官"也是指此而言。

但是，随着周王室的衰微，在"南夷与北狄交"的危机面前，偏安洛邑的周天子不论其领地和经济、军事实力，都日益削弱，因此无力担当起领袖天下、抵御强虏的责任，也丧失了号令诸侯的权力。在这样的形势下，才有齐桓公和晋文公的霸政。霸政的兴起，虽然使周文化渡过了生死存亡的危机，但没有也不可能恢复西周的封建秩序。一方面，周天子的权力为霸主所僭越；但另一方面，不论哪一位霸主一时间都无法取代周天子的地位。这就在一定程度上造成了周天子的失位以及周天子与诸侯之间的权力真空，并同构衍生出诸侯国内部国君与卿大夫之间以及卿大夫与家臣之间的权力真空。这是一个权力下移的过程，首先是"礼乐征伐自天子出"的周王室权力为"礼乐征伐自诸侯出"的霸政所取代，接着是各诸侯国内部国君权力的陵替，出现了礼乐征伐"自大夫出"甚至"陪臣执国命"的局面。这个权力下移的过程，既为诸侯乃至各级贵族创造出相对独立的发展空间，同时也对他们提出了在相对独立的环境下进行典章制度建设的任务，而周的礼制文化无疑是最直接也是最现成的蓝本。因此，了解、学习周的礼制文化以服务于现实的典章制度建设，就成为一种普遍的需求。在这种需求的推动下，"好礼"成为时尚，而是否"知礼"则成为评价一个人的标准。公元前535年，鲁孟僖子随昭公出访楚国，"郑伯劳于师之梁，孟僖子为介，不能相仪。及楚，不能答郊劳"。孟僖子深以为耻，不仅自己发奋学习周礼，而且于临终前嘱托其二子（孟懿子与南宫敬叔）师从孔子学礼。《左传》载：

> 孟僖子病不能相礼，乃讲学之，苟能礼者从之。及其将死也，召其大夫，曰："礼，人之干也。无礼，无以立。吾闻将有达者曰孔丘，圣人之后也……我若获没，必属说与何忌于夫子，使事之，而学礼焉，以定其位。"故孟懿子与南宫敬叔师事仲尼。仲尼曰：

"能补过者，君子也。诗曰：'君子是则是效'，孟僖子可则效已矣。"（《左传·昭公七年》）

在如此理解和认识孔子所处时代特点的基础上，我们回到最初的问题上来：何以"礼乐征伐自天子出"就是"天下有道"，而"礼乐征伐自诸侯出"就是"天下无道"呢？

二、天下有道、无道辨

齐桓公称霸中原，孔子有一个评价："九合诸侯，不以兵车。"（《论语·宪问》）不以兵车者，不以武力相胁也。经济和军事实力无疑是称霸的基础，但齐桓霸政的要旨却在"诸夏亲昵，不可弃也"。《国语》载：

> 桓公忧天下诸侯。鲁有夫人、庆父之乱，二君弑死，国无嗣。桓公闻之，使高子存之。狄人攻邢，桓公筑夷仪以封之，男女不淫，牛马选具。狄人攻卫，卫人出庐于曹，桓公城楚丘以封之。其畜散而无育，桓公与之系马三百。天下诸侯称仁焉。于是天下诸侯知桓公之为己动也，是故诸侯归之。（《国语·齐语》）

在王室衰微、诸夏涣散、夷狄相侵的局面下，齐桓公的霸政成为团结诸夏的一面旗帜，不仅挡住了强虏，同时也遏止了诸侯之间弱肉强食的混战。看起来，齐桓公的霸政确有"一匡天下"、重建新的世界秩序、取周天子而代之的势头。正因为如此，周天子对兴起于东方的齐桓霸业保持着相当的戒惧，不仅不予支持，反而暗中阻挠。公元前655年，也即诸夏联军南下伐楚的第二年，齐与诸侯会盟于卫首止。"王使周公召郑伯，曰：'吾抚女以从楚，辅之以晋，可以少安。'"结果郑文公"逃归不盟"（《左传·僖公五年》）。公元前651年，齐与诸侯会盟于葵丘，周惠王"使宰孔赐齐侯胙"。宰孔提前回周，路遇晋献公，竟劝其不要参加会盟。《左传》载：

> 宰孔先归，遇晋侯，曰："可无会也。齐侯不务德而勤远略，故北伐山戎，南伐楚，西为此会也。东略之不知，西则否矣。其在乱乎！君务靖乱，无勤于行。"晋侯乃还。（《左传·僖公九年》）

这里有两点需要注意：第一，站在周王室的立场上，虽然齐桓公"隐武事，行文道，帅诸侯而朝天子"（《国语·齐语》），但齐毕竟为异姓，而郑和晋才是自家兄弟；第二，宰孔批评齐桓公"不务德"所举的三个例子，北伐山戎、南伐荆楚、西盟诸侯，恰恰正是齐桓公团结诸夏、攘击夷狄的壮举。

孔子对待霸政的立场与周王室有所不同，因为孔子的立场是文化的而不是族姓的。孔子说过："晋文公谲而不正，齐桓公正而不谲。"（《论语·宪问》）其褒贬臧否可谓旗帜鲜明，却与他们是否周的同姓或嫡系无关。这一点很重要。孔子虽为殷商后裔，但在文化上却站在周的一边。他自己说得很明白："周监于二代，郁郁乎文哉。吾从周。"（《论语·八佾》）孔子用"郁郁乎文哉"来说明自己"从周"的理由，这个"文"指的就是周的典章制度，或者用今天的话说，周的文化。在孔子看来，虽然夏、商、周各有渊源，但在文化上却是一个相因相革也即有所损益的发展过程。孔子说："殷因于夏礼，所损益可知也；周因于殷礼，所损益可知也；其或继周者，虽百世可知也。"（《论语·为政》）这就打破了狭隘的族姓界限，把夏、商、周共同纳入"礼"的文化视野。在这个视野下，周的文化和夏、商就是一脉相承的，是在借鉴夏、商文化的基础上日臻完备的结果。而一句"百世可知"，不仅表现了孔子对周文化的认同，也从更深的层次上传达出孔子的文化自信。钱穆曾做过这样的诠释："历史演进，必有承袭于前，亦必有所加减损益。观其所加减损益，则所以为变通者可知，而其不变而仍可通者亦可知。如是以往，虽百世三千载之久，其所因所变，亦复可知。""读《论语》，当知孔子之距现代，虽未及百世，亦已逾七十世。时不同，固不当拘其语，然仍当会其意，乃知孔子所谓百世可知，语非虚发。"①其说堪称精当。但是，如果停留于一般历史意义上的"不变而仍可通者"，而不进一步追问孔子在历史中抓住的那个"不变而仍可通者"究竟是什么，就无法解释何以孔子能够站在"吾从周"的立场上而有"百世可知"的自信，也无法解释何以中国文化至今没有走出"其或继周者"的宿命。

中国古代历史意识的自觉，是从周开始而由孔子完成的。在武王克商和周公二度东征取得胜利后，周在广大的被征服地区建立起前所未有的世界秩序——天下，并把自己"王天下"的合法性建立在"德"的基础上。"德"的逻辑十分简明：夏有德，因此受天命而有天下；商有德，因此代夏受天命而有天下；周有德，因此理所当然代商受天命而"王天下"。周创造性地用一个"德"把自夏、商到周的历史看成是一个连续和上升的过程，并把自己"王天下"的事业看成是夏、商历史运动的继续，这就把自己放在了一个由过去走向未来的历史进程之中。这是中国古代第一个具有人类眼界的历史纲要，因为它第一次试图站在人自身的立场上，把夏、商、周的历史纳入一个统一的逻辑，这个统一的逻辑就是"德"，是历史变迁中那个"不变而仍可通者"。因此，抓住"德"，就抓住了周文化的根本，也就抓住了中国历史的根本。

对于周人而言，"德"虽然和"天命"联系在一起，但它的指向却是"王天下"，因此其落脚点还是在人。"德"是周天子受天命而"王天下"的合法性根据，但不是一经获得就可以高枕无忧因而与周天子具体的思想和行为努力不相干的外在的根据。周天子受命于天，但他必须拥有"明德恤祀""祈天永命"的品格或能力。这个品格或能力就是"德"，拥有它，就是有德；不然，就是失德，就是桀纣之君。在"德"如此被打造成为周天子的伦理政治品格和对周天子的内在要求的同时，"德"也就有了通常所谓道德的意义，并泛化为一般意义上的人格或品性。考《尚书》《左传》《国语》等文献，其"德"的条目各式各样，从"二德""三德""四德"到"六德""七德""九德"，几乎皆能成说。其"德"的类别五花八门，有"帝德""王德""君德"，也有

---

① 钱穆：《论语新解》，生活·读书·新知三联书店，2002，第48、49页。

"民德";有"元德""大德",也有"小德";有"明德""盛德",也有"昏德""衰德";有"吉德""令德""懿德",也有"凶德""恶德""秽德";还有"政德""地德""旧德"以及"男德""女德"和"听德""酒德"等等,不一而足。在《论语》中,孔子也有"君子之德风,小人之德草"(《论语·颜渊》)的说法。

虽然如此,"德"的主旨依然是清晰的,就是"明德恤祀""祈天永命"。这一点亦为许多现代研究者所注重,并进而看到"德"与"祀"的内在联系。但因此而在文字考据上做文章,以求找到"德"与"祀"的原始渊源,却似乎有些迂曲和舍近求远。其实,对于发明了"德"的周人而言,"明德"就是崇德,也即彰显周德,其内涵就是"恤祀"和"祈天永命",也即祈请天的护佑永保周的宗庙、社稷不毁、不绝。"明德"也当名词使用,其内涵依然不出"恤祀"和"祈天永命"的范围。公元前506年,卫祝鮀追忆周初封建诸侯,认为"周公相土室,以尹天下,于周为睦",因此周公之后封于鲁,"以昭周公之明德"(《左传·定公四年》)。这里的"明德",显然是就周公辅佐王室、治理天下而有功于周的宗庙、社稷而言的。公元前715年,齐僖公通过斡旋促成宋、卫、郑三国媾和,消弭了三国之间的战争,齐派使通告鲁公,鲁隐公则派众仲答谢:"君释三国之图,以鸠其民,君之惠也。寡君闻命矣,敢不承受君之明德。"(《左传·隐公八年》)"图"者,宋、卫、郑三国彼此攻伐之图谋也;"鸠"者,集也,和也。齐为异姓,鲁隐公径称"明德",则是就齐僖公维护了"王天下"的封建秩序而言的。这就触及了"德"的实质。因为,"德"作为周最重要的文化创造,不论"明德恤祀"和"祈天永命",都是通过封建诸侯而落实下来的。

所谓周的文化,就是封建制,它是中国古代走向文明的进程中打造出来的一种独特的人类共同体,是一种特殊的文明形态。在世界历史的视野下,中国古代文明最突出的特点,就是没有走奴隶制的发展道路。古代奴隶制是战争和征服的产物,奉行的是战争的逻辑。在奴隶制度下,奴隶没有任何权利,因为奴隶不是人,是被剥夺了做人资格的活物，是主人的财产，和其他物的形态的财产并无二致。奴隶的来源，通常为战俘和被征服地区原住民，因为战争赋予胜利者生杀予夺的权利，沦为奴隶不过是战败者生存的代价。和奴隶制不同，由周人打造的封建制奉行的不是战争的逻辑，而是"德"，也即《左传》所说的"天子建德"。何谓"天子建德"？首先，从周人作为胜利者和征服者的立场说，就是要通过封建诸侯，在所征服的东方地区建立起捍卫周王室的支点，以保障周天子天下大宗的地位。作为天下大宗，唯有周天子才享有祭祀先王的权利，并负有维护周的宗庙、社稷不毁、不绝的责任。这是天子之德，是"天子建德"的一个方面。其次，封建诸侯不仅是建立捍卫周王室的支点，同时也是赋予受封之君建国立宗的权利。作为一国之君，诸侯可以通过进一步分封，建立拱卫公室的卿大夫之家，以保障自己在封国范围内大宗的地位。作为大宗，唯有国君才享有祭祀先君的权利，并负有维护其宗庙、社稷不毁、不绝的责任。这是诸侯之德，是"天子建德"的另一个方面。祝鮀所谓"昔武王克商，成王定之，选建明德，以蕃屏周"（《左传·定公四年》），就是指这两个方面而言的。不仅如此，对于被征服的殷和其他东方部落而言，封建诸侯并没有摧毁他们原有的部落共同体。他们是新的诸侯国内的"国人"，他们的传统得以保留，并继续享有祭祀先祖和建功立德的权利。这是庶民之德，当然也是"天子建德"的一个方面。曾子说："慎终追远，民德归厚矣。"（《论语·学而》）传达的就是这层意思。关于周的封建制，《孔子家语》有一个说法可为总结："天下有王，分地建国，设祖宗，乃为亲疏贵贱多少之数。""古者祖有功而宗有德，谓之祖宗者，其庙皆不毁。"（《孔子家语·庙制》）所谓"祖有功"，是指先祖创业立宗；所谓"宗有德"，是指宗子尊祖恤祀；所谓"庙皆不毁"者，"明德"是也。

在人类历史上，周的封建制无疑是一个创举，也是一个奇迹。因为，它是这样的一个独特的人类共同体：它在古老的东方文明所及的广大区域内建立了统一的世界秩序，这个世界秩序的权力中心所依凭的，既不是中央驻军，也不是垂直的官僚体系，而是基于对祖先的文化认同，以及通过对祭祀祖先权利的划分所确立的大小宗尊卑等级及其相应的礼仪制度。关键在于，这个独特的人类共同体竟然保持了三百年的正常运转。它的持续存在，塑造了中国人所特有的生存样式，中国人的文化基因也因此在这里定型。对于以后的中国人，它是一个范式，一个理想，一个迄今也没有被逾越的理想。孔子"百世可知"的文化自信，以及中国文化至今没有走出"其或继周者"的宿命，其根源就在于此。当然，孔子所谓"天下无道"的根据也在于此。

孔子说："为政以德，譬如北辰，居其所而众星共之。"（《论语·为政》）这无疑是对周的封建制的总结，是"礼乐征伐自天子出"的另一个说法，也是他心目中"天下有道"理想的写照。但是，现实的情况却相反，不仅"礼乐征伐自诸侯出""自大夫出"，甚至出现了"陪臣执国命"的混乱局面。很显然，原因只有一个：天子失德。可是，孔子"吾从周"的文化立场，使他没有也不可能提出像孟子那样的"诛一夫"的革命主张，只能从周的文化中寻找救世良方。

三、"仁"的哲学

孔子的救世良方就是他的"仁"的哲学。孔子哲学的出发点是做人，做一个好人，做一个品格高尚的人，也即做一个"君子"。做人的最高境界就是"仁"。每一个人都应该也有能力做一个好人，朝着"仁"的方向努力，但要达到"仁"的境界却不容易，甚至可以说很难。虽然很难，却必须从切近处入手，这个切近处就是"忠恕"。《论语》中有这样的材料：

子曰："参乎，吾道一以贯之。"曾子曰："唯。"子出。门人问曰："何谓也？"曾子曰："夫子之道，忠恕而已矣。"（《论语·里仁》）

子贡曰："如有博施于民而能济众，何如？可谓仁乎？"子曰："何事于仁，必也圣乎，尧舜其犹病诸。夫仁者，己欲立而立人，己欲达而达人。能近取譬，可谓仁之方也已。"（《论语·雍也》）

仲弓问仁。子曰："出门如见大宾，使民如承大祭。己所不欲，勿施于人。在邦无怨，在家无怨。"仲弓曰："雍虽不敏，请事斯语矣。"（《论语·颜渊》）

按照通行的解释，这里的"己欲立而立人，己欲达而达人"就是"忠"，"己所不欲，勿施于人"就是"恕"。"忠"是从正的也即积极进取的方面讲做人。"立"即有所成，"达"即通达，也有显达于世的意思。人人都想有所成，人人都想显达于世。如果一个人能够从自己的"欲立""欲达"想到他人的"欲立""欲达"，进而去"立人""达人"，他就是在朝着"仁"的方向努力。"恕"则是从负的也即有所约束的方面讲做人，就是不要把自己的"不欲"施加于他人。不论"忠"和"恕"，关键都在"能近取譬"，反求诸己，推己及人。

通过以上对"忠""恕"的释读，我们得到三个基本的概念："己"（我或自己），"人"（他人），"欲"。在这三者中，"欲"具有特殊的地位和意义，"欲"是联系"己"和"人"的桥梁，是反求诸己、推己及人的中介。如果抽掉了"欲"，"己"和"人"就失去了内涵，成为空泛的概念。在"己""人""欲"三者的结构中，"欲"是核心，是进一步解读"己"和"人"的起点。所谓"欲"，也即人的意愿。人有意愿，可以按照自己的意愿选择生活和未来，可以按照自己的意愿而活着。这是人之为人的根本，也是人的基本权利。但是，人必须生活在一定形式的人类共同体或群之中，必须生活在"己""人""欲"三者的结构中。正是在这个结构中，人作为一个意愿者碰到了做人的难题。

在孔子看来，做人的起点就在于：按照自己的意愿活着的人，必须想到他人也有自己的意愿，必须允许他人也按照自己的意愿活着。这就是"忠"。所谓"忠"，就是站在自己的立场上真诚地对待他人，把他人视为和自己一样的意愿者，这就是"爱人"，也即通常所谓"把人当人看"。基于这一点，一些人不无道理地给孔子和孔子的哲学贴上"人道主义"或"人本主义"的标签。但孔子哲学并不止步于此。所谓"把人当人看"，也就是承认每个人都有自己的意愿，每个人都有权按照自己的意愿活着。正是从这里，产生了做人的难题。因为，当"己"和"人"同时作为意愿者而发生关系，势必产生意愿与意愿的冲突。冲突的结果，就是霍布斯所谓"人对人是狼"的战争状态。当然，孔子没有也不可能像霍布斯一样走向"契约论"，而是走了一条更为艰苦的哲学之路，一条属于中国人自己的哲学之路。

面对冲突，人作为意愿者陷入两难的境地。这个两难的境地就是"惑"。关于"惑"，《论语》中有这样的材料：

> 子张问崇德、辨惑。子曰："主忠信，徙义，崇德也。爱之欲其生，恶之欲其死，既欲其生，又欲其死，是惑也。"（《论语·颜渊》）

这就把"欲"放在了生与死的冲突这样的极端形式下，对人作为一个意愿者进行拷问。孔子称自己"四十而不惑"，可以视为孔子哲学达到成熟的标志。但孔子作为思想者和教师，毕生都没有放弃解惑的努力。所谓"发愤忘食，乐以忘忧，不知老之将至云尔"（《论语·述而》）。

孔子解惑的入手点，就是"恕"。在一定意义上，"恕"可以看作是对"忠"的补充和修正。所谓"己所不欲，勿施于人"，就是每当自己的"欲"念动处，都要扪心自问：如果这是他人之所"欲"，自己是否能够坦然面对并欣然接受。这个内省的功夫就是"修身"，也即《中庸》所谓"慎其独"。如果说"忠"是待人如己，也即把他人当作和自己一样的意愿者来看待，那么"恕"就是视己若人，也即把自己当作一个他人来拷问。把这样的内心拷问落实到日常的生活中，就可以防微杜渐，泯恶欲邪念于未发，从而达到内省不疚、不忧不惧的境界。《论语》载：

> 司马牛问君子。子曰："君子不忧不惧。"曰："不忧不惧，斯谓之君子已乎？"子曰："内省不疚，夫何忧何惧？"（《论语·颜渊》）

这样的境界很难，也非常人所能及。所以《论语》中有这样的记载：

> 子贡曰："我不欲人之加诸我也，吾亦欲无加诸人。"子曰："赐也，非尔所及也。"（《论语·公冶长》）

虽然"忠"和"恕"可以这样被视为做人的两个方面，但二者并不是彼此分离的，它们是一致和统一的。"忠"和"恕"的一致和统一，就是"己"和"人"彼此所欲和不欲的尺度和界限，是人作为意愿者在共同体中应该遵守的规则，也即做人的标准。这个规则或标准就是"礼"。正因为如此，"礼"不同于"刑"，因为它不是诉诸强权，而是诉诸人的内心认同。孔子说过这样的话："道之以政，齐之以刑，民免而无耻；道之以德，齐之以礼，有耻且格。"（《论语·为政》）但是，不能因此就认为，"礼"产生于个人苦修基础上"己"和"人"彼此权利的让渡和协约。"礼"是由圣人制定的，是圣人承天道、尽人性的产物，是先于一切个人的。

因此，对于个人而言，"礼"必须通过"学"才能习得。孔子以"好学"自诩，更以"好学"律己和教人。孔子说："不学礼，无以立。"（《论语·季氏》）又说："不知礼，无以立也。"（《论语·尧曰》）因为"礼"是共同体的规则，"学礼"并进而"知礼"是个人获得共同体承认并自立于共同体的条件，是做一个合格的共同体成员的资格，也即做人的资格。可是，对于必须生活在"己""人""欲"三者结构中的意愿者而言，"礼"却带来了双重的困难。

首先，就"己"和"人"的关系而言。如果"己"和"人"都"好礼""知礼"，自然相安无事；但如果有人"非礼"呢？很显然，在这里只讲"忠恕"是不够的。《论语》中有这样的记载："或曰：'以德报怨，何如？'子曰：'何以报德？以直报怨，以德报德。'"（《论语·宪问》）"或曰"者，设问也。看起来，孔子是知道这里的理论困难的。孔子的回答是"直"，就是坚持原则不妥协。但坚持原则有两种选择，一是针锋相对进行斗争；一是我行我素独善其身。孔子通常是不主张斗争哲学的。他说:"攻其恶,无攻人之恶,非修慝与?"(《论语·颜渊》)"修慝"者,去恶也。管好自己就行了,因为做人是自己的事情,而不是和他人的是非争辩。设若"己"和"人"都以他人为"非礼"呢?在这种情况下,"攻人之恶"就失去了依据,甚至会陷入"己"和"人"各以其是非为是非的怪圈。辩,不是孔子哲学的方向。那么,是非好恶就不要了吗?这就要看一个人所达到的做人的境界。如果达到了"仁"的境界,就可以明是非而行好恶。孔子说:"唯仁者能好人,能恶人。"(《论语·里仁》)其意即在于此。

其次,就"欲"和"礼"的关系而言。人作为意愿者,"欲"是他的天性,可以说分分秒秒、念念皆"欲"。"学礼"的目的就是要约束人的意愿,以使"欲"和"礼"合节,是为"知礼"。孔子说:"君子博学于文,约之以礼,亦可以弗畔矣夫。"(《论语·雍也》)所谓"弗畔",也即不使"欲"逾越"礼"的尺度和界限。可是,既然"礼"是先于一切个人的,就是凌驾于"欲"之上甚至是和"欲"相对立的,又怎么可能使"欲"和"礼"在在合节呢?看起来,这确实是极其困难的,甚至是不可能的。但从更深的意义上看,正因为"礼"是圣人承天道、尽人性的产物,所以"礼"和人本来就是一致的,或者不妨说,"礼"就是人的本性。因此,只要坚持"克己复礼"而不怠,就能使"礼"最终成为自己内心的准则,在"视""听""言""动"等各个方面达到"欲"和"礼"的统一,达到"从心所欲不逾矩"的境界。这种境界就是"仁"。《论语》中有这样的材料:

> 颜渊问仁。子曰:"克己复礼为仁。一日克己复礼,天下归仁焉。为仁由己,而由人乎哉?"颜渊曰:"请问其目。"子曰:"非礼勿视,非礼勿听,非礼勿言,非礼勿动。"颜渊曰:"回虽不敏,请事斯语矣。"(《论语·颜渊》)

> 子曰:"吾十有五而志于学,三十而立,四十而不惑,五十而知天命,六十而耳顺,七十而从心所欲不逾矩。"(《论语·为政》)

这是孔子哲学之路的总结，也是他"求仁而得仁"生命历程的写照。孔子说："仁远乎哉？我欲仁，斯仁至矣。"（《论语·述而》）"求仁"的路并不邈远，它就在每个人的脚下。曾子说："士不可以不弘毅，任重而道远。仁以为己任，不亦重乎？死而后已，不亦远乎？"（《论语·泰伯》）"求仁"的路很艰苦，也很漫长，因为做人是每个人终身的事业。

四、"仁"何以可能

从《论语》看，孔子极少许人以"仁"。即使最得意的弟子颜回，在孔子眼里也只是"三月不违仁"而已。但是，当有弟子问及管仲并批评管仲"未仁"时，孔子却破天荒把"仁"给了他。《论语》记载：

> 子路曰："桓公杀公子纠，召忽死之，管仲不死。"曰："未仁乎？"子曰："桓公九合诸侯，不以兵车，管仲之力也。如其仁，如其仁。"
>
> 子贡曰："管仲非仁者与？桓公杀公子纠，不能死，又相之。"子曰："管仲相桓公，霸诸侯，一匡天下，民到于今受其赐。微管仲，吾其被发左衽矣。岂若匹夫匹妇之为谅也，自经于沟渎而莫之知也。"（《论语·宪问》）

一连两个"如其仁"，可见孔子态度之坚决。这并不奇怪，因为"仁"是孔子的救世良方，是要付诸实施而行诸天下的。能行"仁"于天下，是"仁"而"王"者，也即"天下有道"。这是孔子的理想，也是孔子的抱负。孔子说："文王既没，文不在兹乎？"（《论语·子罕》）又说："如有用我者，吾其为东周乎？"（《论语·阳货》）这里有孔子的文化自信，也有孔子的政治自信。"为东周"者，行王者之事也。但孔子是信命也"知命"的，不径称"为东周"，而婉言"如有用我者"，以待王者也。孔子说："如有王者，必世而后仁。"（《论语·子路》）在这个意义上，孔子称管仲"相桓公"而许以"仁"，正可谓

"夫子自道"。但是，孔子周游列国凡十三年，终不为诸侯所用。理想与现实，自我认同与社会认同出现了巨大的反差。面对这种巨大的反差，孔子作为一个"仁者"又该如何自处？《论语》载：

> 子曰："笃信好学，守死善道。危邦不入，乱邦不居。天下有道则见，无道则隐。邦有道，贫且贱焉，耻也；邦无道，富且贵焉，耻也。"（《论语·泰伯》）

这是孔子的教诲，也是孔子作为"仁者"的自勉。但孔子所谓"无道则隐"，并非一无所为。孔子不是隐者，而是"知其不可而为之"的圣人，是"圣之时者"。孔子说："虞仲、夷逸，隐居放言，身中清，废中权。我则异于是，无可无不可。"（《论语·微子》）又说："君子之于天下也，无适也，无莫也，义之与比。"（《论语·里仁》）所谓"义"，就是做自己应该做的事情。孔子毕生都没有放弃追求和努力，做自己应做和能做的事情，不论从政、施教还是整理典籍。他相信，周的文化必将因他的传承而盛行于天下。因为，"道"就在周文化的精神中，这个精神就是"仁"。人对于"仁"的需要有甚于人对于水火的需要，不可须臾离，"仁"行天下也即"天下有道"可期而待。正唯如此，孔子相信，"其或继周者，虽百世可知也"（《论语·为政》）。

那么，"道"究竟是什么呢？其实就是周的封建制，以及这种制度下人的生存样式。《论语》载："或问禘之说。子曰：'不知也。知其说者之于天下也，其如示诸斯乎。'指其掌。"（《论语·八佾》）所谓"禘之说"，也即禘之精义。所谓"不知"者，孔子的托词而已。孔子把"禘之说"抬到如此高度，是有深刻原因的。"禘"，周天子和诸侯祭祀祖先的一套礼制，虽然其细节已不可确考，但其要无非有二：第一，确定祖先的地位，在制度性的祖先祭祀中实现个人对宗法共同体的文化认同；第二，规定祭祀者的权利，在祖先祭祀的差异性中划分个人在宗法共同体中的尊卑地位。封建制的实质和核心就在于此，古代中国人生活的意义也在于此。古希腊的城邦民主制塑造了希腊人的生存样式，赋予希腊人作为城邦公民的生活意义。亚里士多德说："人是自由的，他为自己而不是为了别的什么而存在。"①周的封建制则塑造了中国人的生存样式，赋予古代中国人作为封建秩序下或为子孙或为祖宗的生活意义。对于每个人而言，他既是列祖列宗的孝子贤孙，同时也是后代子孙的或祖或宗；他仿佛是为祖先和子孙后代而活着，但同时也因祖先和子孙后代而获得意义；他通过认祖归宗找到自己的生存位置，也通过建功立业、光宗耀祖而确证自己的生存价值。在这样的由祖先祭祀建立和维系的世代传承中，生命超越个人生死，在天地间永垂而不朽。这是古代中国历史意识的自觉，也是古代中国人对自身生命价值的自觉。这种自觉，是由孔子站在周文化的基础上并通过对周文化进行总结而实现和完成的。这是孔子留给后世中国人最为厚重的文化遗产。

如果说，在古希腊人眼里，自由是天经地义的，那么，对于活在祖先祭祀中的古代中国人而言，上下尊卑的等级秩序也是本之于天而不可移易的。这种上下尊卑的等级秩序作为人的生存样式，既为人道，同时也就是天道。中国人从自身切近处讲人道，但人道并不简单，因为它的根在天；中国人也从高深处讲天道，但天道并不遥远，因为它就在人的伦常日用之中：无声无臭，无处不在。在伦常日用中体认天道，发现并确证自身生命的价值，这是孔子的哲学，也是属于中国并为中国人所特有的哲学。在古希腊，哲学的原意是"爱智"；在中国，哲学的真谛就是"求仁"。只有站在这样的高度，才能理解中国的智慧："天人合一"。

孔子的哲学，开启了中国古代历史上思想活跃和自由的时代，形成诸子并存、百家争鸣的学术局面。诸子是春秋战国历史变动的产物，服务于重建世界秩序的需要，形成诸子百家的思想运动。这场思想运动的可贵处在于，它围绕着建立合理的人类共同体并针对着共同体的规则而展开，因此透漏出一股自由的气息。但是，诸子运动没有产生自由的理论和自由思想家。在诸子百家中，孔子及其儒家没有成为主

---

① Aristotle：*Metaphysics*（《形而上学》），中央编译出版社，2012，第7页。

流，甚至被边缘化。由孔子开启的时代，抛弃了孔子和孔子的哲学。

秦汉帝国的建立，是春秋战国历史变动的结果，在一定意义上也是诸子百家思想运动的成果。但是，诸子百家却终结于汉帝国大一统的文化策略。在"罢黜百家，独尊儒术"的鼓噪声中，孔子第一次受到官方的青睐，"仁"行天下也即"天下有道"的理想仿佛获得了实现的可能和条件。但是，不论汉和唐都没有也不可能实现孔子的理想，这就引起了宋代重新诠释孔子的学术冲动，以及"回向三代"的政治努力。在这个过程中，孔子被抬到吓人的地位，成为占统治地位的意识形态，成为禁锢中国人思想和灵魂的桎梏。在明清两代的专制帝国中，孔子的理想最终成为泡影。辛亥革命推翻帝制，给中国人带来新的希望。伴随着西学东渐的新风，五四新文化运动喊出"打倒孔家店"的口号，孔子和孔子的哲学再次被一个时代所抛弃。

由五四新文化运动开启的那场思想运动，其成就和缺点是多方面的。不论我们今天如何评价它，有一点都必须看到：它是站在中国人何以为人的高度对全部中国历史和文化的一次批判性思考和反省。当鲁迅把几千年中国文化概括为"吃人"的时候，当他把全部中国历史归结为"想做奴隶而不得的时代"和"暂时做稳了奴隶的时代"的时候，他是站在这样的高度上；当一批人在20世纪30年代的人权运动和40年代的宪政运动中奔走呐喊的时候，他们也是站在这样的高度上。鲁迅说："实际上，中国人向来就没有争到过'人'的价格，至多不过是奴隶，到现在还如此，然而下于奴隶的时候，却是数见不鲜的。"① 这似乎是一种否定的声音。罗隆基说："努力起来争回人权，已为中国立志做人的人的决心。人权运动，事实上已经发动，他的成功是时间的问题。"② 这多少可以看作是一种肯定的声音。

五四新文化运动对待传统的态度可以也应该讨论，但中国文化的未来之路不应该也不可能简单回到传统。传统是每个时代的人都必须

---

① 鲁迅：《坟》，人民文学出版社，1998，第206页。
② 罗隆基：《论人权》，载《中国近代启蒙思潮》下卷，社会科学文献出版社，1999，第64页。

面对的，但人只能回答自己时代的问题，因此传统又是每个时代的人都要努力突破的。这是一个传承传统和突破传统的过程，也是一个不断创造新的传统的过程。五四新文化运动既是对传统文化的批判否定，同时也开创了一种新的文化传统——自由。这个新传统还很脆弱，因为自由并没有落实到积极的文化建设中去，还没有成为可以实施的操作原则。在革命年代，自由是革命党批判旧制度的武器，却没有成为执政党建设新制度的纲领。我们对自由的理解才刚刚起步，我们从西方文化中拿来了自由，但一直处在学习、消化和介绍西方的水平。自由的主张受人诟病，很大程度上和这种现状有关。在批评自由的人看来，照搬西方的自由解决不了当代中国人的问题，这是正确的。因为，这也正如照搬希腊的自由解决不了近现代西方人的问题一样。并且，即使就西方近现代文化而言，不同民族和国家走过的道路也是各不相同的。我们面对的西方自由，并不是一个单一的对象。摆在我们面前的，是多个西方民族走过的不同的自由之路。我们今天所需要的，不是在这些不同的自由之路中进行选择，而是站在自己的历史和现实条件的基础上，面对我们自己的困惑和问题，坚定不移走自己的自由之路。

　　历史走到今天，我们再次回到孔子，重新认识孔子的精神，还孔子哲学家的本来面目。我们问：孔子的"求仁"之路是可能的吗？如果说，孔子作为真正意义上的中国哲学家，他的追求代表了人类追求光明和未来的理想与努力，那么孔子的哲学之路就是我们今天应该坚持和继续的，就是可能的。走孔子的哲学之路，并不是简单回到孔子。我们要抓住孔子的问题，理解孔子的关怀，同时更要认清孔子的局限和困难，站在中国人自己的哲学立场上，回答今天的问题，写出真正属于我们自己的关于"自由"问题的中国答卷。这样，我们作为孔子精神的传人，才无愧于我们的民族，也无愧于伟大的中华文化，一个充满仁爱而自由的新中国就不仅是可以期望的，也是可以身体力行努力去追求的。

　　"仁远乎哉？我欲仁，斯仁至矣。"二三子，勉哉。

论韩非[1]

今天的中国，比任何时候都更加需要对自己的历史和文化进行审视。在这种自我批判中，孔子无疑是重要的对象。但还有一个人是不能被忽视的，他就是韩非。经过汉帝国"罢黜百家，独尊儒术"的学术和思想运动，孔子及其代表的儒家被打造成为官方意识形态。但这个官方意识形态更多的只是一面旗帜、一套宣传的口号。韩非及其代表的法家才是秦汉以后大一统中央集权制国家的政治纲领，是上至帝王下至底层奉行的信条。

一、"务为治者"与"战国"

包括法家在内的先秦诸子百家，是西周封建制遭遇危机的产物，也是中国古代文明在西周封建制崩溃后寻求重建的产物。司马谈《论六家要指》所谓"务为治者"，其意即在于此。在司马谈看来，虽然诸子皆"务为治者"，但其理论路径各不相同，"直所从言之异路"。因此，"有省不省耳"——各有其所是，亦各有其所不是罢了（《史记·太史公自序》）。

西周封建制塑造了古代中国人的基本生存样式，也奠定了中国文化的基因。但

---

[1] 本篇原载《国学论衡》（第七辑），社会科学文献出版社2018年版。

是，在外在的军事压力和内在的制度缺陷的双重挤压下，西周封建制不可避免地走向崩溃。自公元前770年平王东迁建立东周，到公元前679年齐桓公始霸诸侯，近100年的时间内，以诸夏为主干的中国古代文明经历了"南夷与北狄交，中国不绝若线"（《春秋公羊传·僖公四年》）的生死危机。由齐桓公开启的春秋霸政挽救了中国古代文明，却没有恢复西周的封建制度，而是开创出一种新的文明形式——战国，或用现代术语来表达——一种新型的领土国家及其国际关系。这种新的文明形式并没有持存下来，最终被大一统的中央集权制帝国所取代，"战国"让位于新的"天下"。那么，"战国"作为一种不同于西周的文明形式究竟意味着什么？它为什么不能在古代中国持存下来？

我们的探讨从风行于各国的"变法"开始。

春秋到战国，各国纷纷变法。比较彻底的变法，公认是商鞅在秦国实行的变法。商鞅前后两次变法，目的很明确，就是"强秦"。商鞅变法，是秦国走向强盛的起点，也奠定了秦国最终兼并六国、实现天下一统的基础。商鞅变法，被认为是中国历史上成功进行政治、经济改革的典范。商鞅变法后秦国的面貌，司马迁有一个描述："行之十年，秦民大说，道不拾遗，山无盗贼，家给人足。民勇于公战，怯于私斗，乡邑大治。"（《史记·商君列传》）这是国内的景象。至于国际上，按照司马迁的描述："秦人富强，天子致胙于孝公，诸侯毕贺。"（《史记·商君列传》）周天子赐祭肉，诸侯都来祝贺，可谓"无敌于天下"而"立威诸侯"（《史记·范雎蔡泽列传》）。但在秦国强盛的背后，却是对中国古代文明历经夏商周三代积淀起来的文化成果和价值观的否定。在商鞅看来，所谓"礼乐""诗书""修善""孝悌""贞廉""仁义"等等，就像寄生在人体上的虱虮一样，是为"六虱"，是应该清除的。而清除"六虱"最有效的手段就是战争。商鞅说得简单而明确："国贫而务战，毒生于敌，无六虱，必强；国富而不战，偷生于内，有六虱，必弱。"（《商君书·靳令》）在这种以战争为手段的策略下，商鞅推出一系列行之有效的"强秦"主张。对商鞅的这些主张，特别是其中的一些极端主张，如通过弱民而强国①，任用奸民而不是良民、善民来治理国家②，等等，多有学者站在现代立场上予以剖析。但对于我们而言，问题的关键还在于：历经夏商周三代的发展而达到"郁郁乎文哉"的文明成就，经过以孔子为代表的儒家学派整理、传承而成为诸子百家共同文化经典的"六艺"及其蕴含的价值观，怎么就成了应该清除的"六虱"呢？

由春秋霸政开创的新的领土国家并没有催生出新的理想，"王天下"，这个由西周封建制打造出来的文化理想，依然是中国古代文明在几近毁灭中重新站起来并寻求重建的目标。而西周封建制留下的教训却是刻骨铭心的，这个教训就是：一个受制于国人、贵族和诸侯势力的王权不可能担当起"王天下"的历史责任。在新的领土国家成长起来的过程中，这个教训越来越成为那些获得独立发展机会和条件的诸侯们的自觉意识，并成为各诸侯国旨在建立绝对君权的经济和政治改革运动（所谓"变法"）的重要推动力量。随着几个大的诸侯国在兼并战争中脱颖而出，称王就成为这些拥有强大经济和军事实力的领土国家的不二选择。

称王，宣告了"王天下"的目标和王者的野心，也宣告了新的领土国家作为一种文明形式不可能在中国古代持存下来。因为，"王天下"本身就是对各自独立的领土国家的否定。在"王天下"的理想下，战国注定了只是一个过渡，各领土国家不过是为了达成目标和实现野心的临时战车，既不具备成长为彼此独立的主权国家的条件，甚至也不具备成长为一个完整意义上的国家，也即全面、综合、均衡发展经济、文化和民生的人类共同体的条件。这样的领土国家，只有一个单一的任务，就是战争。虽然耕战并举，但耕只是服务于战争的手段，

---

① 商鞅主张："民弱，国强；国强，民弱。故有道之国务在弱民。"（《商君书·弱民》）

② 商鞅主张："章善则过匿，任奸则罪诛。过匿则民胜法，罪诛则法胜民。民胜法，国乱；法胜民，兵强。故曰：以良民治，必乱至削；以奸民治，必治至强。"（《商君书·说民》）

是战争的经济基础。

在这样的领土国家中,古代中国人的基本生存样式发生了重大变化。首先,在西周封建制度下,共同体成员是拥有"私田"因此也拥有相应权利的"国人"。在新的领土国家中,兼并战争极大地扩充了诸侯国的领土,不仅产生出按地域划分并由国君直接掌控的行政单位——郡或县,也使严格划分"公田"和"私田"的封建土地制度转化为以土地国有为基础的授田制度。在新的授田制度下,各领土国家都经历了一个被称为"体国经野"的过程,传统意义上的"国人"和"野人"的界限被泯灭,"国人"变成了没有权利也没有差别的"黎民"或"黔首"。其次,在西周封建制度下,共同体赖以维系的纽带是共同体成员对祖先的文化认同,以及通过对祭祀祖先权利的划分所确立的大小宗尊卑等级及其相应的礼仪制度。礼仪制度赋予封建秩序下每一个人各安其所的身份及其意义,同时也建立起个人和共同体之间的血肉联系。在新的领土国家中,随着郡县制取代封建制,一方面,君权通过剥夺世袭贵族的权利而日趋集中和强大;另一方面,个人与共同体之间那种以血缘宗法为基础的天然联系也被摧毁。对于个人而言,共同体不再和他休戚相关,而是外在于他的属于别人的东西。

生存样式的变化,使得建立在传统生存样式之上、以"德"为核心的西周文化失去了基础,也使得孔子总结西周文化而建构的、以"六艺"为经典的"仁"的哲学和价值观失去了意义。面对日益残酷的兼并战争,各国君主以及掌握实权、厉行"变法"的政治家们(也即通常意义上所谓"法家"),唯一看重的就是"富国强兵"。因为,只有"富国强兵"才能赢得战争的胜利,才能最终实现"王天下"的目标。"富国强兵"成为战国的时代精神和主旋律。在这个主旋律面前,凡是无益于"富国强兵"甚或有害于"富国强兵"的东西,包括"礼乐""诗书""修善""孝悌""贞廉""仁义"等等,一概都成了如商鞅所鄙弃的"六虱"。

那么,如何才能做到"富国强兵"呢?用一个字来概括,就是"治"。商鞅说过:"国治必强。"(《商君书·开塞》)在这个意义上,

"治"是"富国强兵"的条件。"治"是和"乱"相对的。"乱"就是没有秩序，而"乱"的顶点就是王权的崩溃和共同体的解体，所谓天下大乱。因此，"治"就是秩序，就是绝对的王权和共同体的稳定。不论是相对于西周"溥天之下，莫非王土；率土之滨，莫非王臣"的封建秩序而言，还是相对于"战国七雄"竞相称王的目标——"王天下"而言，战国都堪称乱世。称王，就是要结束战国乱世重建王权，从天下大乱走向天下大治。在这个意义上，"治"又是"富国强兵"的目标，因为在这里"治"直接就是"王天下"。由此看来，司马谈所谓"务为治者"，确实抓住了问题的关键。

司马谈《论六家要指》开篇即援引《易大传》，明确提出自己的论域就是"天下"：

> 《易大传》："天下一致而百虑，同归而殊涂。"夫阴阳、儒、墨、名、法、道德，此务为治者也，直所从言之异路，有省不省耳。(《史记·太史公自序》)

"天下"，是中国文化特有的一个概念，虽然常常被诠释为"世界（world）"，但"天下"既不同于西方文化中的"world"，也不能和"world"的中文翻译"世界"画等号。在中国文化中，"天"是和"人"相对而言，是在人之外和人不能左右的，进而言之，是在人之外和人不能左右的一切，也就是说，凡是在人之外和人不能左右的都可以称为"天"。很显然，"天下"并不是"天"。既然不是天，就只能是人，是包括人、人的活动以及人的活动所产生的结果在内的一切。用中国的传统术语来表达，就是人间；用现代术语来表达，就是人的社会。人只能在大地上生存，人的活动产生的结果也只能存在于大地之上。因此，从直观的角度看，"天下"也是一个地域概念，即凡是有人或人的活动所至的地方的总称。在这个意义上，"天下"大体上相当于"世界"。但是，"天下"的含义并不止于此。既然叫"天下"，就和"天"有关，是和天相通、相应、相副，冥冥之中受天的制御因而体现天的气运和定数的。天的气运和定数就是"天道",这个"天道"通过人和人的活动在人间或人的社会体现出来,就是人间的秩序和社会的典章制度,就是"人道"。人间秩序和社会典章制度符合天道,就是"天下有道",就是"王天下",就是"治"。

司马谈进而以"天下"为论域,从"务为治者"的角度,对阴阳、儒、墨、名、法、道等各家的"省"与"不省"一一进行论述。司马谈对各家的具体看法不是我们这里关注的重点,我们感兴趣的是以下两点:(1)司马谈"务为治者"的道家立场;(2)司马谈"务为治者"的"人主"立场。司马谈写道:

> 道家使人精神专一,动合无形,赡足万物。其为术也,因阴阳之大顺,采儒墨之善,撮名法之要,与时迁移,应物变化,立俗施事,无所不宜,指约而易操,事少而功多。儒者则不然。以为人主天下之仪表也,主倡而臣和,主先而臣随。如此则主劳而臣逸。至于大道之要,去健羡,绌聪明,释此而任术。夫神大用则竭,形大劳则敝。形神骚动,欲与天地长久,非所闻也。(《史记·太史公自序》)

司马谈显然是心仪于道家的,因此把道家看成是总结了前面五家"省"与"不省","因阴阳之大顺,采儒墨之善,撮名法之要",集众家之所长的致治之说。汉初尚黄老,司马谈心仪道家并不奇怪。但我们知道,作为先秦法家集大成者的韩非,竟然也是从老子的道家思想中寻求"务为治者"的哲学基础。那么,在中国文化中,玄虚缥缈的"道"究竟是怎样成为"治"的哲学基础的?这是我们下面讨论韩非必须回答的。

至于司马谈的"人主"立场,从他超出一般意义上的"省"与"不省"而专门针对儒家的批评看得很清楚。在司马谈看来,儒家"以为人主天下之仪表也",希望"人主"成为人间表率、社会楷模,事事躬亲、时时带头。但如果像这样"主劳而臣逸","人主"就会因为

"神大用""形大劳"而精力衰竭、形体凋敝，最终非累死不可，又怎么谈得上"治"呢？司马谈写道："神者生之本也，形者生之具也。不先定其神［形］，而曰'我有以治天下'，何由哉？"（《史记·太史公自序》）这就透漏出一个信息：在司马谈眼里，"治"只是专对"人主"而言的，所谓"务为治者"也只是为"人主"服务的。更为重要的是，司马谈并不认为这是他的私见，而是诸子百家的共识。那么，"务为治者"的"人主"立场果真就是诸子百家的共识吗？这也是我们在下面讨论韩非要努力回答的。

二、韩非的学说和主张

韩非被公认是法家的集大成者。但和其他法家人物不同，韩非并不是一个掌握实权的政治家、实践家。他是一个思想家，一个关心现实政治的学者。

韩非（约公元前280年—公元前233年），战国时期韩国贵族。据司马迁记载，韩非口吃，不善言谈而长于著述。这大概是韩非虽多次向韩王进谏，却不为所用的原因。据说，秦王政（秦始皇）看了韩非的书很是赞赏，但当韩非代表韩国出使秦国时，却正当壮年而客死在秦国的监狱中。司马迁感叹："韩非知说之难，为《说难》书甚具，终死于秦，不能自脱。""余独悲韩子为《说难》而不能自脱耳。"（《史记·老子韩非列传》）虽然秦始皇杀了韩非，却在秦的政治实践中贯彻了韩非的学说和主张，使之成为秦帝国以及继秦以后大一统中央集权制国家的理论基础。

和成功实行变法的商鞅不同，韩非的著述并不是为了"强秦"，而是因痛恨韩国的衰败而作。因此，在他的著述中，并不见政治家的自恃和夸耀，而多有对历史和现实政治的反省、批判，以及深入的辨析和寻根究底的思考。现存《韩非子》55篇，其中或有伪作，但大体出自韩非之手，是讨论韩非可靠的一手资料。下面，我们就依据《韩非子》来讨论韩非的学说和主张。

（一）奸佞和庸主

不论从历史和现实的角度，韩非最为痛恨的，就是奸佞当道和人主昏庸。在《韩非子》书中，几乎所有篇章都不乏对奸佞和庸主的批判。《八奸》和《十过》两篇，则比较集中地分析、批判了奸佞和庸主形形色色的伎俩和类型。

韩非列举了八种奸佞的伎俩：同床、在旁、父兄、养殃、民萌、流行、威强、四方。所谓"同床"，就是通过贿赂夫人宠姜，蛊惑人主；所谓"在旁"，就是拉拢倡优侏儒、亲信侍从，蒙骗人主；所谓"父兄"，就是勾结公子贵胄、大臣廷吏，干扰人主；所谓"养殃"，就是用宫室台池、倩女狗马淫乱人主；所谓"民萌"，就是散发公财取悦百姓，提高个人声誉，遮蔽人主；所谓"流行"，就是搜罗辩士和能言善说的人，用巧文之言、流行之辞坑害人主；所谓"威强"，就是豢养剑客死士，恐吓群臣和百姓，威逼人主；所谓"四方"，就是阴结大国、强国，借外力胁迫人主。在韩非看来，正常健康的政治生态本来应该是：

> 贤材者处厚禄，任大官；功大者有尊爵，受重赏。官贤者量其能，赋禄者称其功。是以贤者不诬能以事其主，有功者乐进其业，故事成功立。（《韩非子·八奸》）

但现实却是一派亡国之风：

> 今则不然，不课贤不肖，不论有功劳，用诸侯之重，听左右之谒。父兄大臣上请爵禄于上，而下卖之以收财利，及以树私党。故财利多者买官以为贵，有左右之交者请谒以成重。功劳之臣不论，官职之迁失谬。是以吏偷官而外交，弃事而亲财。是以贤者懈怠而不劝，有功者隳而简其业，此亡国之风也。（《韩非子·八奸》）

造成这样的原因，除了奸佞当道，当然还有人主的昏庸。韩非列举了人主昏庸的十种类型：

> 十过：一曰行小忠，则大忠之贼也。二曰顾小利，则大利之残也。三曰行僻自用，无礼诸侯，则亡身之至也。四曰不务听治而好五音，则穷身之事也。五曰贪愎喜利，则灭国杀身之本也。六曰耽于女乐，不顾国政，则亡国之祸也。七曰离内远游而忽于谏士，则危身之道也。八曰过而不听于忠臣，而独行其意，则灭高名，为人笑之始也。九曰内不量力，外恃诸侯，则削国之患也。十曰国小无礼，不用谏臣，则绝世之势也。（《韩非子·十过》）

这十种过失，除了第一种"行小忠"是用公元前575年晋楚鄢陵之战中，楚军司马子反因为侍从谷阳"行小忠"敬酒，子反酒醉不能紧急应召，致使楚军不得不星夜败退，子反自杀身亡的故事，警示做人主的不要因为臣下的愚忠而妨害军国大事，所谓"行小忠，则大忠之贼也"；其余九种，均是取自历史和现实政治中，各国君主因为昏庸而导致身败名裂、亡国绝世的真实事例。

那么，如何才能杜绝奸佞、矫正庸主呢？

(二)"法术之士"和"当涂之人"

韩非提出"法术之士"的概念。"法术之士"是"智术之士"和"能法之士"的合称，所以也称"智术能法之士"。什么是"智术能法之士"？韩非说：

> 智术之士，必远见而明察，不明察不能烛私；能法之士，必强毅而劲直，不劲直不能矫奸。（《韩非子·孤愤》）

"智术能法之士"的对立面是"重人"，也即握有重权的奸佞之人，所以也称"当涂之人"：

> 重人也者，无令而擅为，亏法以利私，耗国以便家，力能得其

君,此所为重人也。(《韩非子·孤愤》)

"智术能法之士"或"法术之士"与"重人"或"当涂之人",是势不两立、你死我活的仇敌:

> 智术之士,明察听用,且烛重人之阴情;能法之士,劲直听用,且矫重人之奸行。故智术能法之士用,则贵重之臣必在绳之外矣。是智法之士与当涂之人,不可两存之仇也。(《韩非子·孤愤》)

可是,"法术之士"要和"当涂之人"宣战,却是极其危险的。因为,"当涂之人"有"五胜之资",而"法术之士"却处"五不胜之势":

> 法术之士操五不胜之势,以岁数而又不得见;当涂之人乘五胜之资,而旦暮独说于前。故法术之士奚道得进,而人主奚时得悟乎?故资必不胜而势不两存,法术之士焉得不危!其可以罪过诬者,以公法而诛之;其不可被以罪过者,以私剑而穷之。是明法术而逆主上者,不僇于吏诛,必死于私剑矣。(《韩非子·孤愤》)

韩非所谓"五胜"和"五不胜"具体是指:(1)"以疏远与近爱信争","法术之士"不能取胜;(2)"以新旅与习故争","法术之士"不能取胜;(3)"以反主意与同好争","法术之士"不能取胜;(4)"以轻贱与贵重争","法术之士"不能取胜;(5)"以一口与一国争","法术之士"不能取胜。而形成"法术之士"和"当涂之人"的这种态势,主要责任却是在人主。对于人主而言,"当涂之人"是很少不被信任和宠爱的。因为迎合人主,投其所好,本来就是"当涂之人"得以晋升和掌握重权的途径。至于"法术之士",既不会阿谀谄媚,又不会拉帮结派,甚至还要"以法术之言矫人主阿辟之心",想要得到人主的信任

和重用,可以说是难上加难。其结果,"法术之士"只能急流勇退,以求保全自己的性命而已。韩非写道:

> 今人主不合参验而行诛,不待见功而爵禄,故法术之士安能蒙死亡而进其说?奸邪之臣安肯乘利而退其身?(《韩非子·孤愤》)

况且,世上人主大多喜怒无常,即使同样的行为在不同的时候和情境下,也会有决然相反的结果。春秋时期卫国的嬖大夫弥子瑕受卫灵公宠信,按卫国法令,私驾君车论罪当处刖刑。弥子瑕母亲病了,弥子瑕得知后假托君命夜驾君车而出。卫灵公听说后,称赞他孝顺,为了母亲竟然以身犯险。等到弥子瑕失宠,卫灵公却旧事重提,以假托君命私驾君车加罪于弥子瑕。弥子瑕私驾君车是同一个行为,之所以一时被称赞一时又获罪,只是因为卫灵公自己的爱憎发生了变化。韩非警告那些靠近人主,试图向人主进谏的"说者":

> 夫龙之为虫也,柔可狎而骑也;然其喉下有逆鳞径尺,若人有婴之者,则必杀人。人主亦有逆鳞,说者能无婴人主之逆鳞,则几矣。(《韩非·说难》)

龙这种动物,温顺的时候甚至可以戏耍它、骑它,但如果触碰到了它喉下的那块逆鳞,它是会杀人的;人主也有逆鳞,若是触碰到了人主的逆鳞,则难免杀身之祸。

(三) 圣主和贤臣

奸佞当道,人主昏庸,贤能者慑于淫威,只能退避三舍、明哲保身。这是韩非面对的政治现实,也是韩非穷毕生精力想要破解的一道难题。或许有人会想,只要人主圣明,能够任用能干的贤臣,问题就迎刃而解了。但纵观历史和现实,哪里又有几个圣明的人主?而即使圣主当世,贤臣就一定能被认识、被任用吗?按照通常的标准,商汤算得上是圣主了,而伊尹也是公认的贤臣,但商汤和伊尹的相识又是

何其之难:

> 上古有汤至圣也,伊尹至智也;夫至智说至圣,然且七十说而不受,身执鼎俎为庖宰,昵近习亲,而汤乃仅知其贤而用之。故曰:以至智说至圣未必至而见受,伊尹说汤是也。(《韩非子·难言》)

进而言之,纵然圣主和贤臣的结合,确能使问题迎刃而解,可究竟何为圣主,何为贤臣?对于韩非来说,这是不能不辨析清楚的。

1. 尧舜圣贤,矛楯之说也

尧舜是公认的圣贤,却逃不过韩非的辨析和质疑。当舜还是尧的臣子的时候,历山一带的农夫"侵畔"(相互侵占田界),舜就到那里去种田,一年后"甽亩正"(田界恢复正常);黄河边的渔民"争坻"(抢夺水中高地),舜就到那里去打鱼,一年后"让长"(礼让长者);东夷的陶工"器苦窳"(陶器粗糙低劣),舜就到那里去制陶,一年后"器牢"(陶器结实)。韩非发问:当舜行德化之时,尧不是天子吗?既然如此,要么肯定尧为圣王而否定舜,要么肯定舜的德化之功而否定尧,这二者是不能同时成立的。韩非写道:

> 圣人明察在上位,将使天下无奸也。今耕渔不争,陶器不窳,舜又何德而化?舜之救败也,则是尧有失也。贤舜则去尧之明察,圣尧则去舜之德化,不可两得也。楚人有鬻楯与矛者,誉之曰:"吾楯之坚,物莫能陷也。"又誉其矛曰:"吾矛之利,于物无不陷也。"或曰:"以子之矛陷子之楯,何如?"其人弗能应也。夫不可陷之楯与无不陷之矛,不可同世而立。今尧、舜之不可两誉,矛楯之说也。(《韩非子·难一》)

并且,在韩非看来,舜的"德化"也实在不值得称道:以舜的品德和能力,竟然要亲自去耕、渔、陶三年,才纠正了三个微不足道的过失。天下之大,像这样的过失可以说没有穷尽,舜又怎么"德化"

得过来呢？正可谓："舜有尽，寿有尽，天下过无已者，以有尽逐无已，所止者寡矣。"（《韩非子·难一》）

2. 文王囚于羑里，非智也

周文王是儒家尊奉的圣王，自然也逃不过韩非的辨析和质疑。还在殷纣王的时候，周文王遭到纣王的厌恶，于是就将洛水西边、赤壤地方方圆千里的土地进献给纣王，并请求废除炮烙酷刑。这件事让天下人都很高兴。孔子以文王"轻千里之国而请解炮烙之刑"赞其仁，以文王"出千里之地而得天下之心"称其智。韩非却不以为然：

> 仲尼以文王为智也，不亦过乎？夫智者，知祸难之地而辟之者也，是以身不及于患也。使文王所以见恶于纣者，以其不得人心耶？则虽索人心以解恶可也。纣以其大得人心而恶之，己又轻地以收人心，是重见疑也。固其所以桎梏囚于羑里也。（《韩非子·难二》）

3. 孔子之对，亡国之言也

韩非更对孔子的政治主张进行辩难。叶公子高问政，孔子答："政在悦近而来远。"鲁哀公问政，孔子答："政在选贤。"齐景公问政，孔子答："政在节财。"对于孔子的回答，韩非批评道："仲尼之对，亡国之言也。"为什么？针对孔子的解释，韩非一一进行驳辨，并在批判孔子的同时提出自己的政治主张。

（1）关于"悦近而来远"

孔子的解释是："叶都大而国小，民有背心。"韩非辨析道：

> 叶民有倍心，而说之"悦近而来远"，则是教民怀惠。惠之为政，无功者受赏，而有罪者免，此法之所以败也。法败而政乱，以乱政治败民，未见其可也。（《韩非子·难三》）

韩非提出自己的政治主张：

> 有功者必赏,赏者不得君,力之所致也;有罪者必诛,诛者不怨上,罪之所生也。民知诛罚之皆起于身也,故疾功利于业,而不受赐于君。(《韩非子·难三》)

韩非在这里以"法"和"惠"相对,主张赏有功、诛有罪,皆是依法而行,受赏者不用感恩,受诛者罪有应得,不论赏罚都和君王是否"悦"民没有关系,因为"民"直接面对的是"法"。这正是韩非关于"法"的基本主张。

(2)关于"选贤"

孔子的解释是:"鲁哀公有大臣三人,外障距诸侯四邻之士,内比周而以愚其君。"韩非辨析道:

> 此非功伐之论也,选其心之所谓贤者也。使哀公知三子外障距内比周也,则三子不一日立矣。哀公不知选贤,选其心之所谓贤,故三子得任事。(《韩非子·难三》)

韩非提出自己的政治主张:

> 明君不自举臣,臣相进也;不自贤,功自徇也。论之于任,试之于事,课之于功,故群臣公正而无私,不隐贤,不进不肖。然则人主奚劳于选贤?(《韩非子·难三》)

鲁哀公的问题恰恰在于,仅凭个人的意愿和私见选拔贤臣,因此才会形成"三桓"把持鲁国内政和外交的局面。在韩非看来,人主不凭个人意愿提拔臣子,臣子自会争相进用;不凭个人私见判定贤人,立功的人自会随之而来。以臣子的职任鉴别他们,以臣子的工作测试他们,依据臣子取得的成绩考核他们,群臣就会公正而无私,不隐瞒贤人,不推荐不贤的人。既然这样,人主又何必劳于选贤呢?这正是韩非循名责实的主张,是法家所谓"术"的要义所在。

(3)关于"节财"

孔子的解释:"齐景公筑雍门,为路寝,一朝而以三百乘之家赐者三。"韩非辨析道:

> 是使景公无术以享厚乐,而独俭于上,未免于贫也。有君以千里养其口腹,则虽桀、纣不侈焉。齐国方三千里而桓公以其半自养,是侈于桀、纣也;然而能为五霸冠者,知侈俭之地也。(《韩非子·难三》)

韩非提出自己的政治主张:

> 为君不能禁下而自禁者,谓之劫;不能饰下而自饰者,谓之乱;不节下而自节者,谓之贫。明君使人无私,以诈而食者禁;力尽于事,归利于上者必闻,闻者必赏;污秽为私者必知,知者必诛。然故忠臣尽忠于公,民士竭力于家,百官精克于上,侈倍景公,非国之患也。(《韩非子·难三》)

齐景公用百乘之家进行赏赐,一掷千金,看似奢靡无度,但作为拥有方三千里国土的人主,哪怕拿一半国土的所出用于享乐,也是天经地义的。孔子规劝齐景公要厉行节约,无非是要人主眼睁睁看着下面的臣子尽享荣华富贵,而自己却在上面苦苦地勤俭节约,实在是大谬不然。在韩非看来,人主不能禁止臣下而只能约束自己,叫作灾难;不能整饰臣下而只能规范自己,叫作混乱;不能节制臣下而只能检点自己,叫作贫困。人主要做的是禁绝所有人的私心和奸诈,使他们一心为公,一心向主,闻公必赏,知私必诛。这样的人主,纵然数倍于齐景公的奢靡,也不会成为国家的祸患。这就完全站在人主的立场,把整个国家乃至天下视为供人主享用的个人私产。而人主之所以享有这样的权力,只是因为他是"人主",拥有超乎一切的威势。这就是韩非所谓"势"。

通过对包括尧、舜、文王、孔子等世所公认的圣贤的辨析，韩非摧毁了传统意义上的圣贤观。在韩非看来，人主想要实现"王天下"的目标，既不能幻想从历史中寻求可以为楷模的圣王，那样的圣王是不切实际的，也不能奢望在现实中找到可以为辅佐的忠臣，那样的忠臣是靠不住的。因为，人主和臣下之间，既无父子之亲，也无兄弟之情，联系他们的纽带只有一个"利"字。韩非写道：

> 今学者之说人主也，皆去求利之心，出相爱之道，是求人主之过父母之亲也，此不熟于论恩诈而诬也，故明主不受也。圣人之治也，审于法禁，法禁明著则官治；必于赏罚，赏罚不阿则民用。民用官治则国富，国富则兵强，而霸王之业成矣。霸王者，人主之大利也。人主挟大利以听治，故其任官者当能，其赏罚无私。使士民明焉尽力致死，则功伐可立而爵禄可致，爵禄致而富贵之业成矣。富贵者，人臣之大利也。人臣挟大利以从事，故其行危至死，其力尽而不望。此谓君不仁，臣不忠，则可以霸王矣。（《韩非子·六反》）

摒弃了仁义忠信的人主，唯一可以依凭的只有他自己。孤独的人主，才是名副其实的人主。因为，他无需他求，只要参透并接受像韩非这样的"法术之士"的理论，自觉地集"法""术""势"于自身，操生杀"二柄"而毋使权力旁落，他就是至高无上的人间秩序的缔造者。他自己就是"圣王"。

（四）"法""术""势"和"二柄"

在先秦法家中，商鞅重"法"，申不害重"术"，慎到重"势"。韩非对商鞅、申不害和慎到的学说进行批判和总结，把"法""术""势"三者统一起来，认为三者皆是人主之"具"和人主之"资"，不可偏废。是为先秦法家集大成者。

1."法"和"术"

韩非《定法》篇专门讨论了商鞅和申不害，对他们只重"法"和

"术"的一方而忽视另一方的缺失提出批评。韩非设问：商鞅和申不害二者究竟谁更契合人主的需要？韩非回答：这是不能比较的，正像人不吃饭就会饿死、不穿衣就会冻死，但不能问吃饭和穿衣究竟哪一样对人的生命更重要。韩非说：

> 君无术则弊于上，臣无法则乱于下，此不可一无，皆帝王之具也。（《韩非子·定法》）

在韩非看来，申不害辅佐韩昭侯变法，虽取得重要成就，但片面推行"术"治，疏于"法"治，忽略了"法"的稳定性、一致性和连续性。韩由"三家分晋"而来，但申不害在晋的旧法没有废止的情况下，却急于颁行新法，致使"故新相反，前后相悖"。其结果，"申不害虽十使昭侯用术，而奸臣犹有所谲其辞矣。故托万乘之劲韩，七十年而不至于霸王者，虽用术于上，法不勤饰于官之患也"。商鞅在秦成功实行变法，虽然厉行"告相坐而责其实，连什伍而同其罪，赏厚而信，刑重而必"等良法，使秦国迅速"国富而兵强"，但是不懂得"术"治，"无术以知奸，则以其富强也资人臣而已矣"。其结果，"商君虽十饰其法，人臣反用其资。故乘强秦之资数十年，而不至于帝王者，法虽勤饰于官，主无术于上之患也"（《韩非子·定法》）。

更进一步，韩非对商鞅和申不害本身在"法"和"术"的理解和运用上存在的不足，也提出批评，认为"二子之于法术皆未尽善也"。在韩非看来，商鞅的军爵法，是不切实际和错误的。阵前杀敌斩首就升官晋爵，正如同让一介莽夫去做工匠和医生一样是荒唐的，因为"治官者，智能也"。至于申不害，虽然重"术"，却说出"治不逾官，虽知弗言"这样的话。韩非批评说："人主以一国目视，故视莫明焉；以一国耳听，故听莫聪焉。今知而弗言，则人主尚安假借矣。"（《韩非子·定法》）

商鞅和申不害之所以"之于法术皆未尽善"，是因为他们并没有理解"法"和"术"作为"帝王之具"的奥秘。韩非说：

> 人主之大物，非法则术也。法者，编著之图籍，设之于官府，而布之于百姓者也。术者，藏之于胸中，以偶众端，而潜御群臣者也。故法莫如显，而术不欲见。（《韩非子·难三》）
>
> 术者，因任而授官，循名而责实，操杀生之柄，课群臣之能者也，此人主之所执也。法者，宪令著于官府，刑罚必于民心，赏存乎慎法，而罚加乎奸令者也，此臣之所师也。（《韩非子·定法》）

其实，关于"法""术"及其关系和统一，韩非在其著述中不厌其详也不厌其烦，从多方面、多角度和多层次予以阐释，而他自己则显然是以"法术之士"而自诩。这是因为，在韩非心目中，唯有"法""术"并重，才是人主"王天下"的不二法门。作为高居于权力顶峰的人主，一方面必须维护自己的最高权力不受侵犯，一方面又必须任用臣属以实现对"天下"的统治。任用臣属就意味着权力下放，就会导致权力的分散、旁落乃至失控。而失控的权力，既是滋生奸佞的温床，也是"乱"的渊薮。那么，如何才能既维护最高统治权不使旁落和失控，又实现对"天下"的有效统治呢？在韩非看来，"法"和"术"的统一，或"法""术"一体，就是对这个困扰人主的千古难题的解答。

"法"，是人主布于"天下"，让所有人遵守的，也是各级臣属据以行使权力的公开的依据。"法"的特点是"显"，所以为"公法"。既为公法，则"法不阿贵，绳不挠曲。法之所加，智者弗能辞，勇者弗敢争"，就能杜绝各级臣属的"私曲""私行"，而"能去私曲就公法者，民安而国治；能去私行行公法者，则兵强而敌弱"（《韩非子·有度》）。"公"的另一层也是更重要的含义是，它是出自人主"王天下"的公心，而非出自任何其他个人或方面的私欲。这就不仅保证了"法"的唯一性，也保证了"法"和最高统治权的一致和统一。

"术"，是人主藏于胸、秘不示人的，是人主统御臣属的手段，也即驭人之术。"术"的特点是"潜"，所以喜怒哀乐不形于色，所谓"术不欲见"也。虽然"术不欲见"，却并非阴术。之所以喜怒哀乐不形于色，是因为人主只有通过赏或罚才能实行对臣属的统御，而赏罚的根据却不是人主一时的好恶或诸如喜怒哀乐的情绪，而是"法"或"公法"。并且，人主的好恶，会成为臣属谄媚逢迎或彼此倾轧的导引；人主喜怒哀乐情绪的变化，会成为臣属出入进退的根据；甚至人主的政治倾向和政治抱负，也会成为臣属妄自猜度并据以贪功冒进或以身试法的筹码。因此，人主必须心扉紧闭，深藏不露，神龙见尾不见首。这是人主作为孤独者的更深一层含义。

"法"和"术"的统一，或"法""术"一体，不啻是人主雄踞天下的一把利剑，而"法"和"术"则不过是这把利剑的两刃或两个方面。人主要拿起这把利剑却并不困难。他无需把自己塑造成为至仁至义的圣王，也无需等待旷世的贤能忠臣，他只需下定决心一断于法，把自己的好恶和喜怒哀乐乃至宏伟的抱负深藏于心，就能负阴而抱阳、守内而御外、处虚而务实、以静而制动，以其无为而无不为，以一人而"王天下"。这里蕴含着中国古代最深刻的智慧。这或许就是中国古代帝王最傲慢的自称，之所以为"孤"、为"寡"、为"一人"或"余一人"的原因所在。韩非写道：

> 释法术而任心治，尧不能正一国；去规矩而妄意度，奚仲不能成一轮；废尺寸而差短长，王尔不能半中。使中主守法术，拙匠守规矩尺寸，则万不失矣。君人者能去贤巧之所不能，守中拙之所万不失，则人力尽而功名立。（《韩非子·用人》）

2. "势"

"势"指的是人主所处的位势，也就是他拥有的最高统治权或绝对权力。很显然，韩非关于"法""术"一体的学说，是建立在人主拥有最高统治权的基础上。"势"，是韩非学说和主张的逻辑前提。如果这个前提遭到质疑，韩非的全部学说和主张也就垮台了。这一点，作为论辩高手的韩非是清楚的，所以专门写了《难势》讨论这个问题，以确立"势"作为自己学说和主张的逻辑前提和基础。

《难势》首先引出慎到关于"势"的主张，然后从质疑和反质疑两个层次上进行辨析，类似于黑格尔哲学中的正题、反题和合题。

（1）正题

韩非引慎到的主张：

> 飞龙乘云，腾蛇游雾，云罢雾霁，而龙蛇与螾蚁同矣，则失其所乘也。贤人而诎于不肖者，则权轻位卑也；不肖而能服于贤者，则权重位尊也。尧为匹夫不能治三人，而桀为天子能乱天下。吾以此知势位之足恃，而贤智之不足慕也。（《韩非子·难势》）

（2）反题

韩非以"应慎子曰"质疑，实际上是当时流行的一种政治主张。质疑从两个层面展开。首先，质疑者认为，龙蛇能腾云驾雾是因为龙蛇自身具备腾云驾雾的条件；螾蚁不能是因为自身不具备这样的条件，就像桀纣虽然"南面而王天下"，却依然搞得天下大乱，是因为桀纣不具备"王天下"的才能一样。质疑者由此提出：

> 夫释贤而专任势，足以为治乎？则吾未得见也。（《韩非子·难势》）

其次，尧舜和桀纣所依凭的"势"是一样的，结果却不一样。这说明"势"和"治""乱"并没有必然的关系，"尧舜得势而治，桀纣得势而乱"。然而，世上"贤者寡而不肖者众"，"势"往往就成了"养虎狼之心而成暴乱之事者"，是为"天下之大患"。"势"不过是达到"治"的一个因素，好比天下是一驾马车，"势"是拉车的马，而人主则是驾车的驭手。如果驭手是尧舜，则天下"治"；如果驭手是桀纣，则天下"乱"。因此，"释贤而专任势"想要天下"治"是不可能的。

（3）合题

韩非以"复应之曰"反质疑，实际上就是韩非自己的主张。韩非首先提出"自然之势"和"人之所设"两个概念，认为质疑者说的不过是"自然之势",是就尧舜或桀纣"生而在上位"而言的。所谓"尧舜得势而治",是说尧舜"生而在上位",则"贤"本身就是"势",是为"势治";所谓"桀纣得势而乱",是说桀纣"生而在上位",则"不肖"本身就是"势",是为"势乱"。不论"势治"和"势乱",都是人无可奈何的。如果"势"是"人之所设",是一种由人主动建立起来的绝对权力,那么"势"和"贤"就是不可两立的"矛楯之说"。韩非说:

> 以为不可陷之楯与无不陷之矛,为名不可两立也。夫贤之为势不可禁,而势之为道也无不禁,以不可禁[之贤与无不禁]之势,此矛楯之说也。夫贤势之不相容亦明矣。(《韩非子·难势》)

韩非进而针对质疑者"贤者寡而不肖者众"的论据,提出不论尧舜和桀纣都是"千世而一出",世上的人主大都不过是才质平平的"中者"。所谓"人之所设",既不是为了尧舜,也不是为了桀纣,而是为"中者"所设。韩非写道:

> 中者,上不及尧舜而下亦不为桀纣,抱法处势则治,背法去势则乱。今废势背法而待尧舜,尧舜至乃治,是千世乱而一治也;抱法处势而待桀纣,桀纣至乃乱,是千世治而一乱也。(《韩非子·难势》)

韩非是雄辩家,层层设问,又层层辨析,似乎天衣无缝,无懈可击。然而,如果"自然之势"必须待尧舜千世一治,而韩非所谓"势"既是"人之所设",又是可以"去"和"废"的,那么,废去了"势"将会怎样呢?难道没有了人主的最高统治权或绝对权力,就一定如韩非所说,"去势则乱"吗?韩非没有也不可能从这样的角度提出问题。这是"务为治者"的人主立场使然。当然,不仅韩非,中国古代绝大多数思想家也没有从这样的角度提出问题。这同样是"务为治者"的人主立场使然。

3. "二柄"

韩非强调"法""术""势"并重，不可偏废。但从政治实践的角度看，"术"却因为其操作性而成为人主不可或缺的能力。在某种意义上，"术"最突出地体现了中国古代帝王的秉性。"术"的主要内容就是"二柄"。韩非说：

> 术者，因任而授官，循名而责实，操杀生之柄，课群臣之能者也。（《韩非子·定法》）
>
> 明主之所导制其臣者，二柄而已矣。二柄者，刑德也。何谓刑德？曰：杀戮之谓刑，庆赏之谓德。（《韩非子·二柄》）

而执行"二柄"的程序或规则就是"循名而责实"，就是"形名参同"或"审合刑名"。韩非说：

> 有言者自为名，有事者自为形，形名参同，君乃无事焉，归之其情。（《韩非子·主道》）
>
> 君臣不同道，下以名祷。君操其名，臣效其形，形名参同，上下和调也。（《韩非子·扬权》）

所谓"有言者"就是进言的臣下，自然会拿出自己的主张（名），所以说"下以名祷"；所谓"有事者"就是履职的臣下，自然会达成一定的功效（形），所以说"臣效其形"；人主依据臣下的主张（"君操其名"），看他实际的功效是否和他的主张相一致，就叫"形名参同"或"审合刑名"。一致就赏，不一致就罚。韩非说：

> 人主将欲禁奸，则审合刑名者，言与事也。为人臣者陈而言，君以其言授之事，专以其事责其功。功当其事，事当其言，则赏；功不当其事，事不当其言，则罚。故群臣其言大而功小者则罚，非罚小功也，罚功不当名也；群臣其言小而功大者亦罚，非不说于大

功也，以为不当名也，害甚于有大功，故罚。(《韩非子·二柄》)

言大功小受罚，是人之常情，但言小功大也罚，则超出了一般人的常识。韩非举例，过去韩昭侯喝醉酒睡着了，掌帽官担心他冷就给他盖上了衣服。韩昭侯睡醒后很高兴，就问左右："是谁盖的衣服？"左右回答："掌帽官。"韩昭侯便同时处罚了掌衣官和掌帽官。处罚掌衣官，是因为掌衣官失职；处罚掌帽官，是因为掌帽官越权。韩昭侯并非喜欢寒冷，而是因为越权的危害超过了寒冷。这就是人主的"术"，是申不害辅佐韩昭侯留下的遗产。

韩非生活于战国末期，他的学说和主张是战国"富国强兵"时代精神的产物，也服务于战国特定历史时期"务为治者"的政治需要。但是，由于韩非并没有成为掌握实权的政治家，这个缺点——如果是缺点的话，反倒使他与那些游走于各诸侯国之间，靠兜售一些似是而非的方略以换取个人荣华富贵的纵横家有着根本的区别。他批评纵横家，"国利未立，封土厚禄至矣；主上虽卑，人臣尊矣；国地虽削，私家富矣。事成，则以权长重；事败，则以富退处"(《韩非子·五蠹》)，可谓直击要害。他的学说和主张，也比那些参与现实政治的法家更深刻。在他的学说和主张背后，饱含着对历史和人以及天道和人道的反思。这使他成为一个哲学家。在一定意义上，韩非并不属于他的时代，因为他的学说和主张并不能成为那些竞相称王的野心家的行动指南。不妨说，他的学说和主张是属于不久以后的未来，是为实现了"王天下"目标的皇帝准备的。他死在秦王政的监狱中，但他的学术和主张却成为秦始皇打造中国历史上第一个大一统集权制帝国的政治纲领。这是他无法逃脱的宿命，而他的个人命运就是他的学说和主张的最好的诠释。

三、韩非的哲学

韩非把天下治乱托付给"人主"，但这个高居于一切权力和人之上的"人主"，是需要根据和理由的。这个根据和理由，既要从历史和现实中去寻求，也要超出人和人的活动之外，向"天"而求。从历史的变迁中把握现实，由"天道"而求"人道"或"人主之道"，构筑人主及其统治的合理性根据，是韩非哲学的起点，也是韩非哲学的终点和目标。正如太史公司马迁所言："究天人之际，通古今之变，成一家之言。"（《史记·太史公自序》）如果说，孔子哲学的出发点和目标是做人，做一个好人，那么，韩非哲学的出发点和目标，就是做一个合乎"天道"的人主，也即"有道之君"或"有道之主"。

（一）"古今异俗"与"好利恶害"

中国古代文化的一个突出特点，就是重史。这个特点，由于孔子整理和传承"六艺"并使之成为华夏文明共同的文化经典而得到加强，也使华夏文明有了可以依凭的思想资源。孔子讲三代相因而有所损益，抓住的是历史变迁中代代相因而不变的东西，并把它升华为"仁"的哲学。韩非从历史中看到的首先是变，是"古今异俗"，因此主张"新故异备"。备者，应对之策也。

关于"古今异俗"，韩非有一个简单而明确的判语：

> 上古竞于道德，中世逐于智谋，当今争于气力。（《韩非子·五蠹》）

韩非把历史划分为"上古之世""中古之世""近古之世"和"今世"。在韩非眼中，今世为乱世，几乎乏善可陈。因此，人们总想从过去的历史中寻求解决今世问题的灵丹妙药。看起来，不论上古、中古和近古，似乎都有可称道、可为今世典范的圣贤及其英雄业绩和高尚品格。上古之世，因为人少而禽兽众，人们苦于禽兽的侵扰，有人"构木为巢，以避群害"，就被奉为圣人而使"王天下"，是为"有巢氏"；又因为吃的都是生猛野食，人们苦于腥臊腐臭所带来的疾病，有人"钻燧取火，以化腥臊"，也被奉为圣人而使"王天下"，是为"燧人氏"。中古之世，有鲧禹决渎治水；近古之世，有汤武征伐桀纣之暴。这些都是古代圣贤了不起的英雄业绩。但是，如果有人在鲧禹面前夸耀拘木钻燧，在汤武面前夸耀决渎，那是一定会被耻笑的。至于仁义、礼让、不争等等，这些被人们称颂的古代圣贤的高尚品格，也是需要讨论而很值得怀疑的。古代的不争，是因为人少而生活资源丰厚，所以无需争；今世的争，是因为人多而生活资源匮乏，所以不得不争。古代的礼让，是因为即使贵为天子其所享用也比不过今世的一个看门仆役；今世的贪恋，是因为即使区区一介县令也有供子孙后代享用的荣华富贵。韩非写道：

> 是以古之易财，非仁也，财多也；今之争夺，非鄙也，财寡也。轻辞天子，非高也，势薄也；重争士橐，非下也，权重也。（《韩非子·五蠹》）

虽然"古今异俗"，有争与不争和让与不让的区分，但古之人与今之人并不因此就有"仁""鄙""高""下"的不同。作为人，他们是一样的，有着相同的行为倾向——"情"，或相同的意愿——"心"。这个相同的行为倾向或意愿也即"情"或"心"，就是"好利恶害"，就是"欲利"。韩非说：

> 夫安利者就之，危害者去之，此人之情也。（《韩非子·奸劫弑臣》）
>
> 好利恶害，夫人之所有也。（《韩非子·难二》）

而"好利恶害"或"欲利"，是人的生存需求使然。韩非说：

> 人无毛羽，不衣则不犯寒。上不属天，而下不着地，以肠胃为根本，不食则不能活。是以不免于欲利之心。（《韩非子·解老》）

因为是生存需要使然，所以人的行为不论其外表看起来是多么高尚或卑下，毫无例外都是出于"利"的考虑，是"利"的意愿也即

"欲利"使然。韩非写道：

> 故王良爱马，越王勾践爱人，为战与驰。医善吮人之伤，含人之血，非骨肉之亲也，利所加也。故舆人成舆，则欲人之富贵；匠人成棺，则欲人之夭死也。非舆人仁而匠人贼也，人不贵则舆不售，人不死则棺不买，情非憎人也，利在人之死也。（《韩非子·备内》）

有人从人性论的角度，把韩非的这种看法说成是一种主张"性恶"的人性理论，或许不无道理。但韩非在这里并不涉及善恶问题，因为在他的哲学中所谓善恶是另有标准的。抛开性善、性恶不谈，当韩非把人的一切行为都视为"欲利"或由"利"所驱动，并以此为基点来理解历史和现实，那么每一个人就都是一个具有不同意愿或不同利益取向的行为者或行为主体，而如何协调这些具有不同意愿或不同利益取向的行为者或行为主体就成为头等重要的问题。孔子是承认"欲"的，但他是在"己""人""欲"三者的关系或结构中，在承认每一个人都是一个意愿主体的基础上，提出"己所不欲，勿施于人"的"仁"的哲学。韩非却不同，他的目标是"务为治者"，而"务为治者"的主体只有一个，就是人主。因此，如果同样从"己""人""欲"的关系来看，那么在韩非的哲学中，所谓"己"就是"人主"，一个唯一正当的意愿主体或利益主体。正是从这里，韩非提出"公利"的概念。

（二）"公利"与"私便"

所谓"公利"，就是人主的"欲利"或意愿，之所以为"公"，是因为它出于人主"务为治者"的公心。所谓"私便"，就是除人主以外包括各级臣属和黎民百姓在内的所有其他人的"欲利"或意愿，之所以为"私"，是因为它是出于狭隘或封闭的个人，是一己之私，是与人主的"公利"相背或正相对立的。韩非说：

> 匹夫有私便，人主有公利。不作而养足，不仕而名显，此私便

也；息文学而明法度，塞私便而一功劳，此公利也。(《韩非子·八说》)

古者苍颉之作书也，自环者谓之私，背私谓之公。公私之相背也，乃苍颉固以知之矣。今以为同利者，不察之患也。(《韩非子·五蠹》)

既然"公""私"不同利，那么站在人主的立场上，就要兴"公"灭"私"，是为大公无私。但是，即使是匹夫的"私便"，也是出于人的生存需要，所以想要灭绝是不可能的。因此，比较客观和现实的办法是利用和引导。而利用和引导的具体途径和手段就是"法""术""势"和"二柄"。至于那些不能利用和无法引导的冥顽不化者也即"不令之民"，就只能采取极端的办法"除之"。韩非说：

夫见利不喜，上虽厚赏无以劝之；临难不恐，上虽严刑无以威之。此之谓不令之民也。(《韩非子·说疑》)
势不足以化则除之。(《韩非子·外储说右上》)
赏之誉之不劝，罚之毁之不畏，四者加焉不变，则除之。(《韩非子·外储说右上》)

"不令之民"也称"奸伪无益之民"，有六种：（1）畏惧死亡，远离危难，本是投降败逃的罪人，世人却赞誉他们为"贵生之士"。（2）学道求仙，传授方术，本是违反法令的骗子，世人却赞誉他们为"文学之士"。（3）云游四方，衣食丰足，本是不劳而获的流民，世人却赞誉他们是"有能之士"。（4）歪理邪说，诡辩巧智，本是虚伪奸诈的奸人，世人却赞誉他们是"辩智之士"。（5）佩剑行侠，好勇斗狠，本是凶残危险的暴徒，世人却赞誉他们是"磏勇之士"。（6）包庇强盗，藏匿奸贼，本是该处极刑的死囚，世人却赞誉他们是"任誉之士"。

和这六种人相反，也有六种"耕战有益之民"：（1）勇赴国难，献身人主，本是舍生取义的"死节之民"，世人却蔑称他们是"失计之民"。(2) 孤陋寡闻, 服从法令, 本是捍卫法令的"全法之民", 世人却蔑称他们是"朴陋之民"。(3) 努力耕作, 自食其力, 本是创造财富的"生利之民", 世人却蔑称他们是"寡能之民"。(4) 敦厚老实, 单纯朴实, 本是正派善良的"整谷之民", 世人却蔑称他们是"愚戆之民"。(5) 遵从指令, 办事敬畏, 本是敬畏人主的"尊上之民", 世人却蔑称他们是"怯慑之民"。(6) 打击恶贼, 遏制奸佞, 本是辅弼人主的"明上之民", 世人却蔑称他们是"谄谗之民"。韩非写道:

> 名赏在乎私恶当罪之民, 而毁害在乎公善宜赏之士, 索国之富强, 不可得也。(《韩非子·六反》)

人主之"利"在于"治", "治"就必须铲除"不令之民"或"奸伪无益之民"。要做到这一点, 就必须出重拳、用重刑。韩非和商鞅一样, 是主张轻罪重罚的。看起来, 重刑是严酷的, 但要达到"治"的目标, 却非用重刑不可。这就好比洗澡和治病, 洗澡要掉发, 治病就有剜疮之痛和服药之苦, 但如果想要身体洁净健康, 就必须舍得几根爱发, 忍住剜疮和服药的痛苦。在韩非看来, 虽然主张轻刑的人打着仁爱的旗号, 但其实是"为民设陷", 其结果是在更大程度上"伤民"。相反, 唯有"重刑少赏", 才是真正的"爱民""利民"。韩非说:

> 今轻刑罚, 民必易之。犯而不诛, 是驱国而弃之也; 犯而诛之, 是为民设陷也。是故轻罪者, 民之垤也。是以轻罪之为民道也, 非乱国也, 则设民陷也, 此则可谓伤民矣。(《韩非子·六反》)

> 重刑少赏, 上爱民, 民死赏; 多赏轻刑, 上不爱民, 民不死赏。利出一空者, 其国无敌; 利出二空者, 其兵半用; 利出十空者, 民不守。重刑明民, 大制使人, 则上利。行刑重其轻者, 轻者不至, 重者不来, 此谓以刑去刑。(《韩非子·饬令》)

虽然人的一切行为都是出于"欲利"之心，但人主站在"公利"的立场上，既可以利用人的"欲利"，使之为善，也可以否定人的"欲利"，除之以恶。而裁定人的"欲利"究竟为善还是为恶的标准，就是人主的"公利"。或者不妨说，人主作为唯一正当的意愿主体或利益主体，本身就是善恶的标准。而人主之所以拥有这样的权力，是因为他的"公利"，以及他的使之为善和除之以恶，都是依"道"而行、据"理"而为，所谓"缘道理以从事者"（《韩非子·解老》）。这就进到了韩非哲学的思辨部分。

（三）"道""理"与"人主之道"

韩非哲学的思辨部分，主要体现在他的《解老》篇。对于中国哲学，我们一直都习惯于依傍某种既定的哲学概念进行解构，而少有从哲学家自身的思想逻辑解读他们。对于中国古代的某些哲学家或思想家，因为他们并没有专门的哲学论著或成系统的论述，这样的方法或许是可以理解的。但对于韩非这样的哲学家，恐怕就说不过去了。下面，我们主要依据《解老》篇自身的逻辑来解读韩非的思辨哲学[①]。

1."德"与"仁""义""礼""智"及其批判

韩非哲学的目标是要构筑"人主"及其统治的合理根据，但流行的"仁""义""礼""智"等概念，并不能适合这个需求。相反，这些流行的概念因为是西周封建制文化的产物，恰恰是韩非要批判和破除的。

一篇《解老》，从"德"开始。所谓"德"，是指人这个生命体得以为人的东西，也即作为人这样一个生命体而活着的条件，表现为诸如"聪明睿智"等天生的资质或能力。"德"源于"道"，是从"道"而来。或者说，"德"是"道"在人这个生命体上的体现，也可以说是"道"体现在人这个生命体上的一种功效。所以说："德者道之功。"相对于"道"而言，"德"是外显的，可以说是一种"外"。但人不仅有"德"，还有外在的形体以及为了生存而不得不努力获得的诸如衣食住行和荣华富贵等各种条件，这些条件都是从人之外后天获得的。就人

[①] 以下引文，凡未注明出处者，均引自《韩非子·解老》。

这个生命体而言，相对于外在的形体以及那些从人之外后天获得的条件，"德"也可以被称为"神"或"精神"。"德"作为"神"或"精神"，是天生的和内在于人的。所以说："德者，内也；得者，外也。"

"德"既为人得以生存的资质或能力，是需要爱护和增进的。获得一定的外在条件是爱护和增进"德"所必需的，因此适度追求外在条件也可以说是一种"德"。但过分追求外在条件（所谓"神淫于外"）却适得其反，会因为过度耗费人的"精神"反过来伤害"德"。所以说："德则无德。"因此，正确的办法就是不要过分追求外在的条件（所谓"神不淫于外"），虽然在一定程度上限制了"德"，似乎是"不德"，却是真正爱护和增进了"德"，所以说："不德则有德。"这才是"德"的最高境界也即"上德"，所以说："上德不德，是以有德。"

不过分追求外在的条件，就是要做到"无为""无欲""不思""不用"。用一个字来概括，就是"虚"。"虚"，就是内心空阔而了无挂碍，不执着于任何外在的东西而受其制约，所谓"意无所制也"。拿这个立场去看流行的所谓"仁""义""礼""智"就会发现，它们或者是不现实而难于实行的，或者是引起纷争而产生祸乱的，或者是耗精费神而危及自身的。一句话，都是不懂得"虚"而只知向外追求的结果，因此是背道而驰、应该摒弃的。

"仁"是发自内心的一种"爱人"的良好愿望，是真心希望他人得到幸福而不希望他人遭受灾祸。既然是发自内心，那么"仁"就来源于"德"。但既是一种愿望，也就还没有成为现实，甚至还没有具体要做的行为或事情，所谓"上仁为之而无以为也"，就好像是"德"发出的一线亮光，所以说："仁者德之光。"正像光总有要照亮的地方，"仁"也有应该去做的行为或事情。"义"也即"宜"，就是按照"仁"的愿望应该去做的行为或事情。这些行为或事情包括"臣事君""下怀上""子事父""贱敬贵"以及"知交朋友之相助""亲者内而疏者外"等等，所谓"上义为之而有以为也"。所以说："义者仁之事。"当人们在做这些行为或事情的时候，本来是怀着一种敬畏和依恋之情，却往往难以表达出来；本来是怀着一颗爱慕之心，却往往无法让对方了解知道。因此，就借助于一些仪式化的动作（"疾趋卑拜"）和语言（"好言繁辞"）来表达，这就是"礼"。虽然是一些看似虚华的动作和语言，却是用来表达内心的真情实感，就像许多事物也有外表华丽的纹饰一样。所以说："礼者事之文。"

以上所谓"仁""义""礼"，是韩非按照流行的观点也即孔子儒家学派的原义所做的诠释。虽然人们纷纷举着"仁""义"的旗帜，但真正落实到行为和实事上来的还是"礼"。这就把批判的矛头和焦点集中到"礼"上面来。在韩非看来，如果一种所谓的真情实感需要虚华的动作和语言来装饰和表达，那就说明它并不是什么真情实感，本身就是虚假甚至是丑恶的。"夫恃貌而论情者，其情恶也；须饰而论质者，其质衰也。"当然，主张"仁""义"的"君子"应该是出于真情实感而"为礼"，但毕竟"君子"有限，而凡夫俗子才是大多数。因此，虽然"君子"神情专一而把"礼"看得唯此为大，但大多数凡夫俗子却不以为然并不响应，即使响应也是心猿意马，敷衍了事。此所谓"上礼为之而莫之应"。不仅如此，当"礼"成为一种虚饰，"礼"或"非礼"往往就成为人们相互指责的借口，成为引起纷争和祸乱的导火索，所以说："夫礼者，忠信之薄也，而乱之首乎。"

批判了"仁""义""礼"，韩非进而对"智"进行辨析。人们在向外追求时，往往因为渴望成功而期盼对事情的结果有所预见，所谓"前识"。但"前识"不过是毫无根据的胡乱猜想，"无缘而妄意度也"，哗众取宠罢了。看似"智"，其实是愚，愚不可及，所以说："前识者，道之华也，而愚之首也。"但是，人们却不愿放弃自己的愚蠢，总是打着"仁""义"的旗号，借着"礼"的名义，怀着"前识"的侥幸，拼命地向外追求。虽然耗精费神，结果却适得其反，灾祸频仍，危及自身。"人莫不欲富贵全寿，而未有能免于贫贱死夭之祸也。"其原因一个是"欲"，一个是"迷"。人有欲望，就会心智混乱；心智混乱，就会引起更大的欲望；更大的欲望，就会产生不顾一切的邪心恶念；受邪心恶念的驱使，就会无视规则铤而走险；铤而走险，就会酿成无可预见的灾祸。所谓"人有欲则计会乱，计会乱而有欲甚，有欲甚则邪心胜,邪心胜则事经绝,事经绝则祸难生"。虽然如此,自古至今的人们却欲壑难填,像迷途的羔羊一样在祸福相倚相伏的循环中乐此不疲。之所以如此,是因为人们看不到祸福相倚相伏的背后,是玄远高深的"道"和万事万物都无法逃脱的"理"。此之谓"迷"。唯一的出路就是迷途知返,回到"道"和"理","缘道理以从事",就能无往而不成功。对于普通人而言,可以轻易得到卿相将军的赏赐俸禄;对于人主而言,则可以成就"王天下"的伟业。韩非感叹:"众人之轻弃道理而易妄举动者,不知其祸福之深大而道阔远若是也。"所以说:"孰知其极。"

2."道"与"理"

"理"概念的提出,且"道""理"并举,是韩非的首创。韩非写道:

> 道者,万物之所然也,万理之所稽也。理者,成物之文也;道者,万物之所以成也。故曰:"道,理之者也。"物有理,不可以相薄;物有理不可以相薄,故理之为物之制。万物各异理,万物各异理而道尽。稽万物之理,故不得不化;不得不化,故无常操。无常操,是以死生气禀焉,万智斟酌焉,万事废兴焉。

这是韩非关于"道"和"理"的一个概论,也可以说是韩非"道论"或"道理论"的一个总纲。解读韩非"道论"或"道理论"的难点,在于对"万理之所稽"的理解。"稽"的词义很单纯,就是稽查、核实、核准的意思。初看起来,以"稽"的这个词义来解释"道",难以通达。因此,有人尝试用"汇集"或"总汇"的意思来解释。"道是万理的总汇",文意倒是显得通畅了,但把"稽"理解为"总汇",却总是让人觉得生硬而缺乏根据。韩非首创性地提出了"理"的概念,而"理"在韩非整个"道论"或"道理论"中的作用非常重要,是韩非"道论"或"道理论"独树一帜的关键所在。"道"是万物之成为万物的根据("之所然"或"所以成"),这并不难理解,但人面对的是万物，而不是"道"本身。人要了解"道"，窥探"道"的奥秘，必须从万物入手。但在万物中是看不见"道"的，而只能看见"道"在不同事物中的不同的显现或功效，这个显现或功效就是"理"。"理"可以说是万物和"道"之间的一座桥梁，也是人据以了解、窥探"道"的奥秘的一个中介。这个中介是看得到的，就像事物的纹饰、纹理一样，所以说："理者，成物之文也。"但是，"文"毕竟只是一个比喻，因为"理"不仅是事物表现出来的类似于纹饰、纹理之类的特性，而且是或者更重要的是，使物成为那个特定的物的东西，是一物之所以成为那个物的规定性。一物有一物的规定性，使物与物相互区别而不混淆。"理"作为规定性，也可以看作是一物作为那个特定的物的界限或限制，所以说："理之为物之制。"在这个意义上，所谓"理"就有了使动的含义，仿佛是一个使物成为那个特定的物的动作或一个过程，所以说："道，理之者也。"也就是说，"道"作为万物的根据，是通过"理"这个使物成为一个特定的物的动作或过程来实现的。既然是通过"理"这个动作或过程来实现的，就要对它进行稽核或核准，所以说："道者，万物之所然也，万理之所稽也。"在这里，"稽"是一个动作，更是一种主动的行为，这和下文中的"化""操"等同样是表达主动行为的语词是一致的。"化"是指变化，更确切地说，是使变化。在韩非这里，可以理解为创生万物。"操"就是掌握、掌控，也即掌握着万物的变化。"道"对万理进行稽核，也就是创生万物并掌握着万物的变化。万物各不相同，万理殊异，"道"在把握万物变化的时候就不能也不会墨守成规，所以说："无常操。"

"道"是不可见的，是抓不住、摸不着而玄虚缥缈的。"道"没有固定的形式，也没有任何规定性。"道"无时不在，无物不在，在不同的时间和不同的事物中通过不同的"理"而得到显现，所以说："不制不形，柔弱随时，与理相应。"和"道"相比，"理"是看得见的，是抓得住、摸得着而实实在在的。"理"就是方圆、短长、粗靡、坚脆等等，是事物确定的规定性。事物必须有自身确定的规定性才能体现"道"的功效，所谓"得道"，所以说："理定而后物可得道。""理"作为事物确定的规定性,也可以称为"定理"。正因为是"定理",就有存亡、有生死、有盛衰,虽为"定理"却不是恒常不变的,所以说:"不可谓常。"唯有"道",虽然"稽"万理而"无常操",却既存在于天地万物之中,又不随天地万物而衰亡,是恒常不变的,是为"常",是为永恒。

在这样的框架中,"理"也可以称为"道理",是万物由"道"所"化"、由"道"所"操"而体现在不同事物中的"理",也即由"道"所"稽"的"理"。这样一来,玄虚缥缈的"道"就通过"理"或"道理"而成为抓得住、摸得着并可以认知和遵循的,所谓"缘道理以从事者",就落到了实地上。把"缘道理以从事者"落到实地上,就是"人主之道"。

3. "人主之道"

"人主之道"的起手处是"重积德",因为"德"就是"道"体现在人这个生命体中的"理"。事物"得道"为"定理",人主"得道"就是"有德"。

天下之人何其多,是为芸芸众生。虽为芸芸众生,但每一个体都是人,一个特定的作为人的生命体。既为人的生命体,就会受人的生存需要驱使而努力追求生存的条件,就会努力追求人世间的荣华富贵。但芸芸众生不能节制自己的欲望,因为"不知道理"而"迷",迷失在祸福相倚相伏的循环中兀自挣扎,不能自觉。既不肯主动学习,"问知而听能",也不愿接受教化,甚至站在一己之私也即"私便"或"私利"的立场上,对教化心生怨恨。面对这样的境况,人主如果期望以一己之力教化天下芸芸众生,不仅是不切实际的,甚至也是危险的,无异于"与天下为仇,非全身长生之道也"。并且,芸芸众生的"私便""私利"和"迷",其实就是芸芸众生得之于"道"的"理",此所谓"道与尧舜俱智,与接舆俱狂,与桀纣俱灭,与汤武俱昌",是无可奈何的。人主的正确态度,就是摒弃"仁""义""礼""智"等枉费精神的教化幻想,"行轨节而举之",是为"治人"。"治人",就是人主的"德",是人主"重积德"的一个方面。

人主"重积德"的另一个方面，是"事天"。所谓"事天"，就是要珍惜并爱护上天的赐予，珍惜并爱护人作为一个独特的生命体，得之于"道"的天生的资质或能力，这些资质或能力就是"德"。人的听力、视力和智力都是天生的，但如何运用它们却是人自己的事情，所谓"聪明睿智天也，动静思虑人也"。过度或不正确地使用听力、视力和智力，就会失聪、失明乃至精神错乱。懂得这个道理，"不极聪明之力，不尽智识之任"，就是"事天"。所谓"不极""不尽"，是指懂得节制而运用得当，仿佛是因为珍爱而舍不得用，这就是"啬"。所以说："治人事天莫如啬。"因为"啬"，所以不像芸芸众生，即使祸乱已经降临也不懂得退缩和节制，而是在祸乱降临之前，就已经"服从于道理"而"思虑静""孔窍虚"，因此就能避免祸乱的发生，这就叫"早服"。"思虑静"，天生的"聪明睿智"就不会受到损害；"孔窍虚"，就能每天都接受新的有益的东西，所谓"和气日入"，所以说："早服是谓重积德。"

人主"重积德"，因为"德"是人主上承天道、下御群臣的枢纽。在《扬权》篇中，韩非把这个意思说得更加明白：

> 夫道者，弘大而无形；德者，核理而普至。至于群生，斟酌用之，万物皆盛，而不与其宁。道者，下周于事，因稽而命，与时生死。参名异事，通一同情。故曰：道不同于万物，德不同于阴阳，衡不同于轻重，绳不同于出入，和不同于燥湿，君不同于群臣。凡此六者，道之出也。道无双，故曰一。是故明君贵独道之容。（《韩非子·扬权》）

这就是韩非的"人主之道"，是韩非"道论"或"道理论"的另一个版本。和前面那个版本不同的是，这里的主角是人主，是"得道"而"有德"的"有道之主"。因此，在这个版本中，人主以及他的"德"俨然就具备了"道"的地位。正如"道"是"稽"万理并通过万理而"下周于事""与时生死"，"德"（或人主）也是"核理而普至"

并通过"参名异事"而"通一同情"。所谓"参名异事",不过是"形名参同"或"循名责实"的另一个说法,虽然"名"与"事"各异,却可以把它们放在一起进行参验。所谓"通一同情",不过是"一断于法"的另一个说法,就是要将人主的意志贯彻到一切事情之中。至于"群生"也即芸芸众生,则不过"斟酌用之"而已。所谓"斟酌用之",一方面是从"道"而言,也即不同的个人都会不同程度地得道,从而获得恰如其分的资质,成为智愚万殊的芸芸众生。这和《解老》篇中所谓"万智斟酌焉",说的是同一个意思。另一方面是就"德"而言,人主根据芸芸众生的智愚不同,恰如其分地给予赏、罚或除之,而不论赏、罚或除之,都无不是人主"德"被天下的恩泽。所谓"核理而普至",其要义就在于此。既然是"斟酌用之",那么就类同于万物;既然是"群生",那么又不能等同于万物。"万物皆盛",自然而自在,此所谓"宁";"群生"则不同,必须"斟酌用之"而不能任其自然而自在,所以说:"不与其宁。"韩非巧妙地通过类比,以证明"君"或人主与群臣的关系就像"道"与万物的关系一样,由"道"的"一"推出"明君贵独道之容"的论断。"容"者,仪容也。王先慎《韩非子集解》说:"道以独为容。"恐怕不确。"道"是无形的,没有任何规定性,何谈"容"?此处所谓"容",只能是人主的"容",是人主凌驾于一切之上也即"独道"的威容。

四、余论

韩非的学说和主张以及他的哲学,确如司马谈《论六家要指》所言,是"务为治者"。但司马谈以为诸子皆"务为治者",并把"务为治者"的人主立场视为诸子百家的共识,却未必符合实际。起码庄子可以算作一个例外。庄子继承了老子的哲学传统,但是在和韩非相反的方向上发挥了老子的智慧。庄子主张"逍遥游",在两个层面上提出了一种以自己也即以个人为中心的活命哲学。庄子和韩非一样,大抵是把自己所处时代看作是乱世的。庄子哲学的核心问题,是一个作为人的生命体如何在乱世中活下去。在理论的层面上,庄子提出"齐物论"，主张齐物我、等生死、去是非，追求一种无我无人、与天为一的自由境界，这个境界就是"逍遥游"。在实践的层面上，庄子主张无用之用，认为一个人要想在乱世生存，就必须把自己变成无用的人，不仅在形体上变成无用之人（"支离其形"），还要在精神上变成无用之人（"支离其德"）。这样就可"以无厚入有间，恢恢乎其于游刃必有余地矣"（《庄子·养生主》），混迹于乱世。这样的哲学，恐怕很难说是"务为治者"，也很难归于"人主"一党。并且，像庄子"逍遥游"所主张的"至人""神人"或"圣人"，按照韩非的标准恐怕是要"不与其宁"而"除之"的。

孔子创立的儒家学派，其后学难免混迹于政客的行列，或流落为人主的"帮忙""帮闲"。但孔子的"仁"的哲学，虽然是以"天下有道"为己任，却不能归于"人主"一党。孔子主张"君君，臣臣，父父，子子"，是包含了双方的权利和义务在内的，正如他的"己所不欲，勿施于人"所谓"己"和"人"指的是所有人、每一个人一样。至于孟子，当他站在每一个人的立场上，追求作为人的生命体个人的人格完美的时候，他几乎就完全站在了"人主"立场的对立面。孟子主张："民为贵，社稷次之，君为轻。"（《孟子·尽心下》）因此，在孟子思想中有极其鲜明的"诛一夫"理论。孟子站在人的立场上，提出人禽之别，认为："人之有道也，饱食暖衣，逸居而无教，则近于禽兽。"（《孟子·滕文公上》）因此，一个人的首要责任是完善自己，做一个立于天地之间的"大丈夫"、一个"君子"。在这样的责任面前，其他一切甚至包括"王天下"的理想，都显得黯然失色。孟子说出这样的话："君子有三乐，而王天下不与存焉。"甚至放言："弃天下犹弃敝蹝也。"（《孟子·尽心上》）堪称千古绝唱。

人的自觉，也即自觉到自己是与其他物类有别的一个特殊的类，是人类文明发展历程中最重要的成果。站在这种自觉的基础上，以一个人的姿态探寻宇宙、万物、人及其历史和存在的根据，面向未来追问究竟什么样的人和什么样的人的共同体才是好的和应该努力去实现的，是人类自有哲学以来全部哲学的核心。雅斯贝斯认为，人类几大文明几乎都在公元前500年前后，达到了对自身存在和历史的自觉，并且表现为最具代表性的伟大哲人的思想。毫无疑问，孔子和孟子是站在这样的伟大哲人的行列中的。不论何时何地，人都不能忘记自己作为一个人的责任，都不能放弃对于什么是好或善，以及什么是坏或恶的思考和追问。不然，我们就会失去作为一个人应有的最起码的底线和尊严，就会沦落为禽兽，甚至禽兽不如。这是孟子"人禽之辨"的意义，也是韩非哲学所缺失的。韩非似乎是站在人的立场上，但当他把"人主"设定为唯一正当的意愿主体或利益主体的时候，"人"在他的哲学中就被阉割了。

孟子的哲学没有成为他的时代的"显学"。他的"民贵君轻"的思想以及他追求和倡导的"君子"品格，就像一道亮光，虽然夺目却被淹没在"富国强兵"和竞相称王的喧嚣之中。在长达一千多年的时间里，孟子成为"绝学"。相反，韩非的影响却是实实在在的。当然，韩非的影响也是隐晦的。韩非的影响是通过秦始皇创建"郡县制"大一统集权制帝国而实现的，但秦的骤兴和遽亡及其留下的"暴秦"的恶名，却使韩非难以成为此后历朝集权统治者公开的旗帜，无法成为名正言顺的官方意识形态。虽然如此，韩非的影响依然是深远的，他的学说和主张以及他的哲学，成为秦汉以后中国古代政治乃至普通人日常生活中奉行的信条，就仿佛是一个难以驱除的阴魂。

汉尊儒术，但跳不出"务为治者"的圈子，不过是在韩非的基底上涂脂抹粉而已，所以才有"内法外儒"或"儒表法里"的说法。董仲舒以后，儒家被打造成为官方意识形态，几近自杀式地走上了经学的道路，虽然轰轰烈烈，但其最高成就不过是在皇帝的统御下编纂了一部钦定的教科书《白虎通》。在轰轰烈烈的经学背后，潜藏着的是从汉初黄老之学演变而来的庄子传统。等到汉帝国走向末路，作为官方意识形态的经学失去支撑而风光不再，庄子一转身就以玄学的面貌在魏晋粉墨登场。魏晋名士看起来风流倜傥，但庄子的逍遥游是没有力量和韩非的人主对抗的，至多不过是半蹲半跪的一群醉汉，靠装疯卖醉躲得了一时，终于逃不脱"不与其宁"和"除之"的命运。

唐为盛世，强大而自信，该作秀就作秀，该整肃就整肃，该务实就务实。唐代经学发达，科举成形，儒学作为官方意识形态虽说只是作秀，但依然风生水起，一派学术繁荣的景象。唐代佛教兴盛，官民共尊，佛教作为来自异域的宗教虽然引人入胜，但在加强管理上毫不含糊。唐代政治作风务实而硬朗，"尽制郡邑，连置守宰"，是秦以后彻底贯彻郡县制、实行大一统中央集权制的朝代，所以有柳宗元对郡县制的公开辩护。柳宗元宣称："公天下之端自秦始。"（《封建论》）这就完全站在了韩非的人主立场上，几乎是公开打出了"韩非主义"的旗帜。

宋学的兴起，掀起了中国古代思想史上的一场革命。宋是从五代十国的混乱中走出来的。检讨原因，宋学把矛头直指汉唐，认为汉制从一开始就是"袭秦之余"。这仿佛意味着，宋学从一开始就站在了秦汉以来大一统集权制帝国的反面。但实际上，不论理学和心学，包括后来的阳明心学，都没有能够跳出重整人间秩序也即"务为治者"的圈子。宋学不得不面对"得君行道"的现实，只能期盼"得君行道"的恩遇。除了几次以失败而收场的变法，宋学在政治实践上乏善可陈。虽然在立场上站在汉唐帝制的反面，向往"三代"，但宋学并没有否定现实的大一统集权制度，甚至不能在理论上发起一场关于"封建"与"郡县"的辩论。其中的原因很简单，因为不论是理学家还是心学家，几乎都是这个制度中的衮衮高官。更要命的是，他们无一不是出自布衣，并没有恢复封建制的勇气和资格。在学术传承上，宋学自觉地以继承孟子绝学为己任。宋学把《孟子》和代表思孟学派的《大学》《中庸》抬高到经的地位，但很难说他们理解并抓住了孟子的灵魂。宋学并没有沿着孟子的道路向前多走哪怕是一步，甚至可以说他们从来就没有达到过孟子的高度。不论他们把"仁"或"理"归结为天还是人心，在他们的"天理"或"良心"的背后，始终都有一个被他们视为人之为人的根据因而"无所逃于天地之间"的君臣大伦，都有一个无可逾越甚至连想都没有想过要逾越的"人主"。当他们树立起一个高高在上的"天理"，高唱什么"存天理，灭人欲"的时候，其实就已经掉进了韩非"公利"与"私便"的泥淖。

韩非哲学的致命处,是折断了中国人的脊梁。中国人要重新挺直脊梁,除了批判和反思,也必须从自己的文化传统中,找到自立于天地之间的思想资源。要把这项工作做起来,恐怕还只能像宋学一样,从孟子开始。

读庄[1]

秦汉以后，尤其魏晋以降，中国的读书人不读庄子恐怕是很少的。这是因为，在中国思想史上，庄子是为数不多的能够直面人的生存并进行思考和追问的哲学家。庄子的哲学是深刻的，庄子的影响也是深刻的，但庄子的哲学和影响对于中国文化和包括今天在内的中国人而言却是致命的。庄子哲学不仅为秦汉以后的中国人提供了治乱循环生存环境下活着的理由和智慧，其实它本身也是这种生存环境的营造者。庄子就好像是一面镜子，正如不同的人都可以在镜子中照见自己，读庄也是可以有不同的方式的，可以读出许许多多面目各异的庄子。这些不同面目的庄子，不过是各各不同的读庄者也即我们自己，是通过庄子这面镜子映现出的千姿百态的不同的人生和人生态度。很自然，下面的这篇文字断不敢以读庄的正确方式自居，不过是我们的一隅之见，当不得规范的。

一、"逍遥游"

最能彰显庄子特色的，是他的"逍遥游"。一篇《逍遥游》从寓言开始，写鲲鹏的大气磅礴，写蜩、学鸠和斥鴳的渺

---

[1] 本篇原载《国学论衡》（第九辑），社会科学文献出版社2021年版。

小、自负和无知。笔锋一转，一句"此小大之辩也"引出正题：大鹏和斥鴳，宋荣子、列子和"知效一官，行比一乡，德合一君而征一国者"，虽有霄壤之别，终究不过是小和大的关系，其实并没有什么区别，因为他们"犹有所待者"。庄子写道：

> 若夫乘天地之正，而御六气之辩，以游无穷者，彼且恶乎待哉？故曰：至人无己，神人无功，圣人无名。（《庄子·逍遥游》）

"待"，是我们理解庄子"逍遥游"的起手处。按照目前通行的《庄子》注译，"待"即有所依凭、有所依赖，或如有些学者进一步引申的，有所束缚，这似乎成为一种不言而喻的释读。但使我们感到困惑的是，这种释读很难找到汉语言文字学上的依据，也使我们无法通解《庄子》的原文。列子"御风而行"，"虽免乎行，犹有所待者"，也即依然有所"依凭"，这似乎是说得通的；可"乘天地之正，而御六气之辩"，怎么就"恶乎待"也即"无待"或没有"依凭"了呢？如果列子的"犹有所待"，指的是他的"御"和所御之"风"，那么"乘天地之正，而御六气之辩"的"乘"和"御"及其所乘和所御，就应该也是"犹有所待"，而不是什么"恶乎待"。看起来，这里的"犹有所待"并非指列子的"御风"，而是另有所指。那么，这另有所指的究竟是什么呢？这就必须弄明白庄子所谓"待"的含义。

"待"的词义很简单，并没有什么歧义，就是期待、等待，以及对待。我们以为，在庄子这里，"待"的含义就是"期待"，稍稍引申一下，也即人的愿望、欲念以及人执意想要的东西或目标。按照这样的理解去读《逍遥游》，庄子的思想也就清晰起来。大鹏"怒而飞，其翼若垂天之云"，"水击三千里，抟扶摇而上者九万里"，气象之大自不必说；但在庄子看来却是"犹有所待"，因为它的目标很明确，就是"徙于南冥"。宋荣子虽然"于世未数数然也"，可谓荣辱不惊，但在庄子看来还是"犹有未树"也即"犹有所待"，因为他的目标也很明确，就是要"定乎内外之分，辩乎荣辱之境"。列子"于致福者未数数然也"，自然是看淡了也超越了人间的福祸，但在庄子看来依然是"犹有所待"，因为他把能够"免乎行"也即"御风而行"看得太重了，成了他执意追求的目标，所谓"泠然善也"。进而言之，不论大鹏和宋荣子、列子，他们的"犹有所待"就是他们自己，是他们执意要成为的那个自己。反过来说，他们之为大鹏、宋荣子和列子，正是他们期待的结果。他们执意于"抟扶摇而上者九万里"的"徙于南冥"，以及"于世未数数然"的"荣辱之境"和"于致福者未数数然"的"御风而行"，从而成就了作为大鹏、宋荣子和列子的他们自己，可谓功成名就。但这正是庄子"逍遥游"不以为然的，因为"逍遥游"的要义就在于"无己""无功""无名"。

"无己""无功""无名"，就是庄子所谓"恶乎待"也即没有期待。如何才能做到"恶乎待"也即没有期待呢？庄子的回答是"游无穷"。

在现代科学和数学中，无穷作为可以定义和讨论的对象，虽然存在理解上的分歧，有所谓实无穷和潜无穷之辩，还有因为无穷概念而产生的几乎危及现代科学和数学的理论基础的悖论，但无穷已经成为现代科学和数学的概念体系中一个有意义的范畴。可是，不论现代科学和数学对无穷问题的研究取得怎样的进展，都没有也不可能终止人类因为面对无穷而产生的对于自身存在和生命的终极关怀和追问。人作为有限的存在和生命，发现或意识到并直面无穷，是人的自觉的重要起点和标志。当人最初面对无穷，就仿佛是突然站在了一个无底的深渊面前，它带给人的恐惧和无助是无与伦比的。在宛如黑洞的无穷面前，人认清自己是一个有限的也即有死的存在。因此，直面无穷就是直面死亡。直面无穷追问自己的存在，直面死亡追问生命的意义，是人类的终极关怀，也是人类达到自觉后能够持续进步的动力。人总是在面对无穷时，才会对自己孜孜以求的目标产生怀疑。而正是这种来自生命底层的怀疑，才促使人类不断去寻求并确立新的目标。

发现或意识到无穷，始于人的历史自觉。当人有能力超出自己的有限存在，把思维指向过去和未来，无穷的梦魇就开始了。关于无穷，庄子是这样表述的：

> 有始也者，有未始有始也者，有未始有夫未始有始也者。有有也者，有无也者，有未始有无也者，有未始有夫未始有无也者。（《庄子·齐物论》）

当人把思维指向过去，一直指向那仿佛不能再向前也即一切开始的地方，姑且就把它叫作"开始"，所谓"有始也者"。但这是不可思议的，因为人无法在思维中把这个"开始"固定下来。人的思维必定要进一步追问，在这个"开始"之前是什么呢？姑且把它叫作"没有'开始'"，所谓"有未始有始也者"。但这依然是不可思议的，因为人同样无法在思维中把这个"没有'开始'"固定下来。人的思维必定要进一步追问，在这个"没有'开始'"之前又是什么呢？那就是"没有'没有开始'"，也即庄子所谓"有未始有夫未始有始也者"。像这样的追问可以一直进行下去，永远没有尽头。这就是无穷，用科学或数学的概念来表达，它是一个已经实现了的"实无穷"。因为，虽然我们永远也无法到达那个无穷的起点，但站在我们开始追问的当下的时点上，它却是已经完成了的一个过程。换一个角度，所谓"开始"也即是"有"，"有"之前就是"无"，"无"之前就是"没有'无'"，"没有'无'"之前就是"没有'没有无'"。这同样是一个没有穷尽的向前推移的过程。

关于无穷，庄子还有另一个表述：

> 天地与我并生，而万物与我为一。既已为一矣，且得有言乎？既已谓之一矣，且得无言乎？一与言为二，二与一为三。自此以往，巧历不能得，而况其凡乎！故自无适有，以至于三，而况自有适有乎！无适焉，因是已。（《庄子·齐物论》）

"天地与我并生，而万物与我为一"是当时著名的论题之一。庄子借这个论题发起自己的论辩：既然万物与我已经"为一"，又怎么还会有"言"呢？既然已经把万物与我说成是"一"，又怎么会没有"言"

呢？在庄子看来，万物与我是"一"，把万物与我说成是一则是"言"，"一"与"言"是"二"，"二"与"一"则是"三"。既然从"无"到"有"一下就到了"三"，更何况从"有"到"有"一直类推下去呢。在庄子看来，像这样类推下去是不会有结果的，永远也无法到达那个最后的终点，所以说"无适焉"。"适"，到达之谓也。庄子这里表述的也是一种无穷，一种指向未知或未来、永远也无法到达和实现的"潜无穷"。

人作为有限而有死的生命存在，在这样的无始无终的无穷面前，该如何自处呢？庄子的回答是"因是已"。"因"，顺也，因任、顺因的意思。可以看作是"游无穷"的另一个说法。

"游无穷"或"因是已"，首先是一种对待人间也即"天下"的方式。庄子《逍遥游》在提出"无己""无功""无名"之后，紧接着讲了四个寓言。这四个寓言并没有什么不好理解，不过是对"无己""无功""无名"的进一步说明。前两个寓言都和尧有关，其一是说"尧让天下于许由"而许由不受，其二是说藐姑射山的神人，连尧见过后也会一时间忘记了自己的天下，所谓"窅然丧其天下焉"。"天下"，无疑是人间最高的功名，竟然也是可以不受和忘记的，这里当然表达了庄子淡泊功名的思想。但从更深的意义上说，庄子就是要摧毁以尧舜为代表的"天下"及其赋予人的生存价值。尧舜，是人间的榜样、做人的典范，是无以复加的自我实现者和成功者，但在庄子看来，神人的"尘垢秕糠"，"将犹陶铸尧舜者也"。至于尧舜"治天下之民，平海内之政"，虽然被世人视为丰功伟绩，但在庄子眼里就如同"宋人资章甫而适诸越"，实在是无用和多余的。我们曾经说过，庄子和韩非一样，大抵是把自己所处时代看作是乱世的。但庄子不同于韩非的地方就在于，他并不把"务为治者"看作是拨乱反正的救世良方，而是从人的生命和存在的意义上，对春秋战国以降"务为治者"的时代潮流予以鄙弃。《逍遥游》的另外两个寓言，说的是惠子和庄子关于"瓠"和"樗"的两次辩论。惠子以百无一用的大葫芦和大树设喻，反讽庄子的主张"大而无用，众所同去"。庄子则认为，惠子之所以视大葫芦和大树为无用，不过是囿于世俗所谓"用"的成见，以为并且期待葫芦必能盛水、树木必能成材,是心有茅塞,所谓"犹有蓬之心也",也即"犹有所待者也"。庄子的反诘轻松而洒脱:既然大葫芦不能盛水而大树也不能成材,干吗不把大葫芦系在腰间到江湖上去漂游,把大树种在"无何有之乡"而躺在大树下逍遥呢?当然,如果执着于庄子的"逍遥游"就是所谓"无待"也即没有依凭,那么本来比较简明的寓言反倒让人摸不着头脑。人们一定会感到奇怪:既然"逍遥游"就是没有任何依凭,为什么庄子会认为把大葫芦做成"大樽"而"浮乎江湖"就是"逍遥游"呢?难道"抟扶摇而上者九万里""背负青天而莫之夭阏"的大鹏不比腰间系个葫芦更逍遥吗?

"游无穷"或"因是已",更重要的是一种对待死亡的方式,其要就在于勘破生死。所谓勘破生死,是从人作为一个生命体的自我认识开始的。

(一)"吾丧我"

人的生命是从哪里来的?人为什么会成为他所是的这个样子?是人类追问自身存在的终极问题,这两个问题最终归结为一个永恒的追问:我是谁?这个永恒的追问,在古希腊人那里,就是写在德尔菲神庙里的那句箴言:"认识你自己";在庄子这里,就是《齐物论》南郭子綦所谓:"吾丧我"。

1. "人籁""地籁""天籁"

《齐物论》开篇即提出"人籁""地籁""天籁":"人籁"就是人用中空的竹管制作的各种乐器,所谓"比竹是已";"地籁"就是旷野中形状大小各异、风吹过后发出不同声响的窍穴,所谓"众窍是已";究竟什么是"天籁",庄子似乎没有给出明确的回答,令千百年来的读庄者聚讼纷然。但从庄子对"天籁"的扼要说明以及紧接下来对人生百态的描述,我们以为"天籁"就是人,就是具有不同的欲念、期盼和筹划,因此每天都在演绎着不同的人生,没有任何两个人可以完全一样的芸芸众生。因为,每一个人都像是一件可以发出独特音色的乐器,每一个人都像是一个可以发出不同声响的窍穴,此所谓"天籁"也。看看庄子对"天籁"的说明:

夫吹万不同，而使其自己也。咸其自取，怒者其谁邪？（《庄子·齐物论》）

像这样能够演绎万千种不同的人生（所谓"吹万不同"）而全凭自己（所谓"使其自己"）的存在者，不是人还能是什么呢。庄子发问：怒者其谁邪？虽然是全凭自己（所谓"咸其自取"），可使每一个人的人生如此不同的又是什么呢？怒者，使怒者也，正如风就是"万窍怒号"的使怒者一样。在对人生百态进行描述后，庄子不无感慨地写道：

喜怒哀乐，虑叹变慹，姚佚启态；乐出虚，蒸成菌。日夜相代乎前，而莫知其所萌。已乎已乎！旦暮得此，其所由以生乎！（《庄子·齐物论》）

芸芸众生的欣喜、愤怒、悲哀和欢乐，还有他们的忧虑、哀叹、无常和恐惧，以及他们的浮华轻佻、放荡纵佚、恣意张狂和惺惺作态，就像是连绵不绝的乐声从虚空的竹管中发出，又像是地气蒸腾而生生不已的菌菇。似这样的人生百态，日夜不停地在我们面前交替上演，却没有人知道它们是从哪里和为什么萌生。在庄子看来，一旦找到千姿百态的人生是从哪里和为什么萌生，也就找到了人的生存的依据或根源。

2．"非彼无我，非我无所取"

这个依据或根源不是别的，就是使每一个人成为他所是的那个样子的东西，就是我们无时无刻不在说到和想到的"我"。可要把这个人人都习以为常的"我"弄明白，却并不容易。庄子写道：

非彼无我，非我无所取。是亦近矣，而不知其所为使。若有真宰，而特不得其眹。可行已信，而不见其形，有情而无形。百骸、九窍、六藏，赅而存焉，吾谁与为亲？汝皆说之乎？其有私焉？如是皆有，为臣妾乎？其臣妾不足以相治也，其递相为君臣乎？其有真君存焉。如求得其情与不得，无益损乎其真。(《庄子·齐物论》)

如果没有上面说的人生百态（所谓"彼"），也就谈不上"我"或没有"我"。任何一个"我"，都只能存在于一种实实在在的人生之中，在形形色色的人生之外，并没有一个另外的、独立的"我"。反过来，如果没有"我"，上面说的人生百态也就都不存在。任何一种人生，无一不是某个特定的"我"的人生，无一不是由某个特定的"我"所取舍。在庄子看来，这是显而易见的，所谓"是亦近矣"。近者，浅近也。虽然是显而易见的，却并没有说明白究竟什么是"我"，因为我们依然不知道使每一种人生之所以成为它所是的样子的那个"所为使"，究竟是什么。正是从这里，庄子提出"真宰"或"真君"的概念。这个概念显然是从现实生活中借用而来，无非是指那可以主宰不同的人生的东西，就像可以主宰芸芸众生的命运的官长或君王一样。之所以在前面冠以一个"真"字，似乎是因为要强调，和现实生活中的官长或君王相比，它才是真正主宰人的命运的东西。

在庄子看来，如果有一个"真宰"或"真君"，我们就一定能找到它存在的端倪。因为，从每一个特定的"我"都有一个同样是特定的人生来看，其中有一个"真宰"或"真君"在发挥作用，是确定无疑的。但是，这个"真宰"或"真君"，并不是一个独立于"我"之外的有形的存在，虽然有发挥作用的"情"（庄子所谓"情"或"人之情"，特指人的是非、好恶，下文将专门讨论），却没有看得见、摸得着的形体。所谓"可行已信，而不见其形，有情而无形"。

既然是没有形体的存在，"真宰"或"真君"就不能是人的形体或其中的任何一个部分。在庄子看来，人的形体也即百骸、九窍、六藏，虽然它们的完整存在（所谓"赅而存焉"）构成了"我"的存在的基础，但它们并不等同于"我"，只是由"我"所驱使，仿佛是"我"的臣妾一般。而臣妾是不能相互支配的，更不可能相互交替成为君臣。

这就意味着，在由百骸、九窍、六藏构成的"我"的存在中，必定有一个"真宰"或"真君"在发挥作用，不论"我"是否意识到它的存在，它都是"我"的人生的主宰。

那么，这个"真宰"或"真君"究竟是什么呢？

3．"随其成心而师之"

在庄子眼里，人的一生是这样的：人一旦禀受自己的形体，他就在外形上成为一个可以辨识并和其他所有人区别开来的特定的人。这个形体是千万个彼此不同的"我"的标志，是专属于"我"的，并伴随"我"的一生直至死亡。所谓"一受其成形，不亡以待尽"。有着专属于自己的形体的人，从一开始就处在和他物"相刃相靡"的关系中，在这种"相刃相靡"的关系中衰败并走向死亡。走向死亡的进程是如此迅疾，就像是奔驰的快马，没有任何办法让它停止下来。所谓"行尽如驰，而莫之能止"。在走向死亡的进程中，每一个人都是"终身役役而不见其成功，苶然疲役而不知其所归"。当死亡来临，一个人的形体消亡，心也跟着一起消亡，"我"也就不复存在。面对这样的人生，庄子发出"不亦悲乎""可不哀邪""可不谓大哀乎"的慨叹。庄子提出疑问："人谓之不死，奚益？"如果人的一生就是这样，纵然不死又有什么意义呢？庄子进一步追问：

人之生也，固若是芒乎？其我独芒，而人亦有不芒者乎？（《庄子·齐物论》）

人的一生，本来就像这样糊涂吗？还是只有我才这样糊涂，其他人也有不糊涂的呢？"芒"，就是看不到人生的意义而稀里糊涂地活着，"不芒者"就是能够看到人生的意义而明明白白地活着。那么，什么样的人才可以看到人生的意义，并把自己活出一番价值来呢？或许有人会以为，那些聪明的有心人就是"不芒者"。他们能够认清"日夜相代乎前"的人生百态，知道用心去取舍，所谓"知代而心自取者"，因此活出一个符合自己心愿的有意义的人生。这个知道取舍的心，就是庄

子所谓"成心"。聪明人依照自己的"成心"而选择人生,所谓"随其成心而师之",可又有谁的人生不是自己选择的呢?庄子写道:

> 夫随其成心而师之,谁独且无师乎?奚必知代而心自取者有之?愚者与有焉。(《庄子·齐物论》)

愚笨的人,和那些聪明的人一样,无不是"随其成心而师之"。"成心",是所有人选择人生的依据,是"吹万不同"的"怒者",是"日夜相代乎前"的"所萌",是"非彼无我,非我无所取"的"所为使"。"成心"就是"真宰"或"真君"。

这个主宰所有人的"成心",其实也就是人人都有的是非之心。这无异于说,"成心"或是非之心,就是人成为他所是的样子的原因或根源,不论这个"人"是作为类还是作为个人。这一认识,和孟子的"无是非之心非人也"(《孟子·公孙丑上》),是一致和相同的。但是,庄子达到的这一认识,不论在深度和向度上,都和孔孟儒家不同。正如我们前面所说,庄子面对着宛如黑洞的无穷,站在无穷的深渊面前,对人的生存发出追问;或如我们下文将要讨论的,庄子追求的是"与造物者为人",也即直面造物者做一个人。这和孟子"人皆可以为尧舜"(《孟子·告子下》)的愿望,实在是大异其趣。孟子是要在包括"是非之心"在内的"四端"或人性的基础上,构建一个以尧舜为典范的理想人间,而庄子却是要破除人的"成心"或是非之心。因为,对于庄子而言,不论是面对无穷的恐惧和无助,还是身处乱世的失望和无奈,都使他把人的"成心"或是非之心看成是人间一切苦难的渊薮。而所谓破除人的"成心"或是非之心,也就是摒弃人作为"我"的欲念、期盼和筹划。这正是庄子"吾丧我"的要义所在。

(二)"物化"

作为有限的生命存在,人最大的是非就是生死。人的种种欲念、期盼和筹划,都是围绕着生死而展开,是由这个最大的是非生发出来的。破除"成心"或是非之心,关键就在于勘破生死。生无喜乐,死无悲哀。人的生和死，不过是宇宙大化中应时而来、顺势而去的一次短暂旅行。庄子称之为"帝之悬解"。

1. "帝之悬解"

《养生主》中有一个寓言，讲的是秦失吊唁老聃的故事。老聃死了，秦失以老聃为勘破生死的知己，前往吊唁。进去后，见有形形色色的哭者，有像老者哭子，也有像少者哭母。秦失不以为意，认为之所以有这些虚情假意的哭者，是因为老聃生前一定也有过"不蕲言（唁）而言（唁），不蕲哭而哭"的时候，于是号哭了三声就出来了。庄子借秦失之口，说出自己对生死的看法：

> 适来，夫子时也；适去，夫子顺也。安时而处顺，哀乐不能入也，古者谓是帝之悬解。（《庄子·养生主》）

这一看法，庄子在另一个地方则是借子舆之口说出：

> 得者时也，失者顺也，安时而处顺，哀乐不能入也。此古之所谓悬解也，而不能自解者，物有结之。且夫物不胜天久矣。（《庄子·大宗师》）

这里有几个要点：第一，悬解是对一种束缚或刑罚的解脱。悬，也即倒悬、倒挂，或许是一种古老而原始的刑罚，所以说"古者谓是帝之悬解"。但在庄子时人们对这种刑罚并不陌生，所以拿来设喻，和庄子大体同时的孟子也有"犹解倒悬"（《孟子·公孙丑上》）的说法。第二，既然是一种刑罚，这个悬或倒悬就不是由人施加给自身的，而是来自人以外的某种力量。从以上引文看，这个人以外的力量一说是"帝"，一说是"天"。但"帝"和"天"其实都是指这个人以外的力量而言，只不过《养生主》是直接引用了古人的原话，而《大宗师》则使用了当时流行的概念。第三，悬或倒悬不仅是由天施加给人的，也不能由人自己来解脱。这一点，庄子说得很清楚，"不能自解者，物有结之"。结的意思,是用绳索绑缚,或用绳索绾成的疙瘩。人的生命,不论来和去、得和失,都是受之于天也受制于天的,就像是被绳索牢牢绑缚住,又像是由绳索绾成的死结,是不能由自己解开的。寻求自解,不论是期望长生不死也即庄子所谓"益生",还是因为厌世而轻生,都是企望逃脱天的刑罚,是逆天而为,"是遁天倍情,忘其所受,古者谓之遁天之刑"(《庄子·养生主》)。

2."指穷于为薪,火传也,不知其尽也"

这是庄子在《养生主》中提出的著名的薪火之喻,既是对"帝之悬解"的诠释,也是庄子留下的一句千古名言。千百年来,关于它的释读很多,得其精神者却很少,最大的障碍就在于对"指"的理解。"指"本是名家的常用概念,之所以成为障碍,是因为秦汉以后名家消亡,其著述也大多失传,仅有的几篇《公孙龙子》传世,却令后世学者难以卒读。尤其《指物论》,短短两百多字几乎成为无解的天书。近代以来,多有学者从逻辑学的角度对《指物论》进行释读。虽有成果,但因为简单拿一些现代概念进行比附,往往对其讨论的问题和旨趣不得要领。虽然名家以辩者著称,但名家讨论的问题却并非纯粹的概念游戏,而有其深刻的现实关怀。例如,有著述传世的公孙龙子,记叙他事迹的传文中就说他:"疾名实之散乱,假物取譬,谓白马为非马也。"(《公孙龙子·迹府》)正如我们下文将要讨论的,庄子在《齐物论》中关于彼此、是非以及有物、无物的那些思辨,也不是纯粹的概念游戏。

"指"的含义并不复杂,其本义就是手指,引申为指向,也即用手去指的动作。名家则进一步引申为对一个有形存在也即具体的物的"指谓",以及那个被指谓的物,也即"所指"。因此,对于名家而言,所谓"指"就有了"指谓"和"所指"两重含义,《指物论》的辨析也就围绕着"指"的这两重含义展开。《指物论》开篇即称:"物莫非指,而指非指。"按照"指"的上述含义进行释读,其意无非是说,凡物无不是可以被指谓的,但对一物的指谓并不就是所指的那个物。这里需要注意的是,《指物论》讨论的虽然也是当时诸子百家关注的名实问题，但比泛泛的名实讨论更深入了一层。在一般的名实讨论中，"名"是包括抽象概念在内的，甚至往往更注重那些具有重要现实意义的抽象概念，如"仁"，如"法"，如"爱"和"兼爱"，等等。"指"则不同，是特指那些有形的存在以及对它们的指谓。

我们再来看看庄子的薪火之喻。庄子这里所谓"指"，就是包括所有作为个体的人和作为实体的物在内的有形存在。这个"指"用得很传神，因为能"穷于为薪"的，只能是那些有形存在的、可以被指谓的人和物。

有了以上对"指"的辨析，我们尝试着对庄子的薪火之喻进行这样的释读：包括人在内的一切有形存在（所谓"指"）无不作为薪柴而在宇宙之火中燃尽，宇宙之火在薪柴的燃烧中传下去，却不知宇宙之火有没有穷尽的时候。虽然庄子的"指"包括人和物在内，但他更关心的还是人。之所以用"指"而不用"人"，是因为在无始无终的无穷或宇宙之火面前，人和物一样，不过是永恒的宇宙之火中微不足道的一根薪柴，是宇宙大化中的一粒尘埃。

3. "造适不及笑，献笑不及排，安排而去化"

在《大宗师》中，庄子讲了子祀、子舆、子犁和子来四位朋友的故事，他们相聚并放言：谁能把"无"当作头，把"生"当作脊，把"死"当作尻，谁能知晓生死存亡本为一体，我们就和他做朋友。四人相视而笑，莫逆于心，共同成为朋友。子来病了，子犁去看望他，子来临死前说出一番话：

> 夫大块载我以形，劳我以生，佚我以老，息我以死。故善吾生焉，乃所以善吾死也。今之大冶铸金，金踊跃曰"我且必为镆铘"，大冶必以为不祥之金。今一犯人之形，而曰"人耳人耳"，夫造化者必以为不祥之人。今一以天地为大炉，以造化为大冶，恶乎往而不可哉？（《庄子·大宗师》）

说完这番话，子来死了。"成然寐，蘧然觉。"就像是安详地睡过去了,又仿佛在另一个地方欣然醒过来。这里表达了勘破生死的超然,同时也说出了人作为一个有限的生命存在,在宇宙大化中的位置。庄子借子来的话设喻,把天地比作冶金的熔炉,把造化比作冶金的大师,而人则是熔炉中不知下一刻将要被冶铸成什么器物的一块金属。这里的关键在于,人作为被冶铸的金属,是不能对自己将要成为什么有所期盼的,也不能对已经成形(也即前面所谓"一受其成形")的自己感到欣喜和有所贪恋。庄子的寓言很生动:如果被冶铸的金属从熔炉中跳起来高呼:"我必须成为镆铘宝剑!"冶金的大师(大冶)必定认为这是不祥的金属;同样,如果一旦得到人的形象就欣喜若狂地高呼:"成人了!成人了!"造化者也一定会认为这是不祥的人。在庄子看来,我们不过是在宇宙大化中偶然获得了人的形象,是不值得欣喜和贪恋的。这是在更深一层的意义上,也即把人放在无始无终的宇宙大化中,对"犹有所待"和"恶乎待"的诠释。

同样是在《大宗师》中,庄子借孔子之口把这一思想表达得更明确。孟孙才的母亲死了,他并不感到悲戚,颜回觉得不可思议。孔子却认为,孟孙才的表现堪称完美,因为他并不想明白为什么生,也不想明白为什么死,既不贪生,也不求死。就像是宇宙大化中的一物,只是等着那不知是什么的东西来"化"自己而已。所谓"若化为物,以待其所不知之化已乎"。孔子对颜回说出这样的话:

> 相与吾之耳矣,庸讵知吾所谓吾之乎?且汝梦为鸟而厉乎天,梦为鱼而没于渊,不识今之言者,其觉者乎,梦者乎?造适不及笑,献笑不及排,安排而去化,乃入于寥天一。(《庄子·大宗师》)

人们在相互交往中总是以"我"自称("吾之"),却并不明白我所谓"我"("吾所谓吾之")究竟是什么。人做梦变成鸟便在天上飞翔,做梦变成鱼便在深渊潜游,不知道今天在这里说话的你和我,究竟是清醒的人呢,还是梦中人呢?偶然被造物赋予一个自以为合适的形象（所谓"造适"）却来不及欢笑，因为要把欢笑表现出来（所谓"献笑"）甚至赶不上宇宙大化的推移（所谓"排"），也即来不及把欢笑表现出来就在宇宙大化中变成另外一个形象了。安于宇宙大化的推移（所谓"安排"），而随着宇宙大化俱往（所谓"去化"），就能进入寂寥与天为一的境界。

这使我们不由得想到著名的"庄周梦蝶"。它的寓意简单而深刻：每一个活着的人，不论是自以为得志的成功者还是颠沛潦倒的失意者，也不论是自以为聪明的智者还是浑浑噩噩的愚人，其实都一样，不过是在无始无终的宇宙大化中连"献笑"都来不及的有限的存在，永远也无法知道当下的"我"究竟是谁，甚至不知道这个"我"究竟是清醒的还是在梦中，就像"自喻适志"的梦中蝴蝶和自以为醒来而"蘧蘧然"的庄周一样。这就是庄子所谓"物化"。

（三）"江湖"

作为有形存在的人，不过是"物化"中的一环。但这个有形存在的人终究还是人，是生活在现世人间、和其他人相与为生的存在。相与为生，是人的现实。这个现实是人可以改变或超越的吗？还是人无可逃遁的宿命呢？

1．"相忘以生"

子桑户、孟子反、子琴张三人结交为朋友，他们提出一个相与为友的标准：

> 孰能相与于无相与，相为于无相为？孰能登天游雾，挠挑无极，相忘以生，无所终穷？（《庄子·大宗师》）

乍一看，这个标准很玄，所谓在没有相互交往中相互交往，在没有共同努力中实现共同努力。说白了其实很简单，就是彼此用不着见面，更用不着共事，只要心心相印，就可以成为神交的朋友，也就有了共同的理想和目标。这里的要点是"相忘以生"，一方面不得不作为一个人而活着，同时又渴望彼此相忘。可问题在于，相与为生的人为什么要彼此相忘,还要"无所终穷"直至永远呢?这恐怕就和庄子面对的人的现实生存状态有关了。

庄子直面的究竟是怎样的人生呢?第一,是像蝼蚁一样活着的芸芸众生。他们自以为有一个既定的人生目标,却不过是怀抱着一己私见,以其"成心"为是非,彼此钩心斗角、尔虞我诈、相互攻讦乃至相互损伤。这从《齐物论》对人生百态的描述可见一斑。庄子写道:"其发若机栝,其司是非之谓也;其留如诅盟,其守胜之谓也。"(《庄子·齐物论》)相与为生的人,成了相与为敌的仇寇。第二,是手握生杀大权而高居人上的统治者或"人主"。他们专横、自私、无耻而凶残,为达目的无所不用其极。这从《人间世》对卫君的描述可见一斑。庄子写道:"卫君,其年壮,其行独。轻用其国,而不见其过。轻用民死,死者以国量乎泽若蕉,民其无如矣。"(《庄子·人间世》)所谓"死者以国量乎泽若蕉",是说死的人遍及国中多得就像大泽中漂浮的草芥一样。第三,是中国古代社会自春秋战国以降形成的、以打造"人主"的绝对权力为目标的、"务为治者"的时代潮流。正是这个势不可挡因而不给人任何其他希望的时代潮流,让庄子对他直面的人生感到悲哀、绝望乃至憎恶。

这就是庄子之所以渴望"相忘以生"的原因。可是,相与为生的人又怎样才能"相忘以生"呢?

2. "与造物者为人"

只有相与为生,才是人。人必须在由人组成的现实的人间生存,这一点庄子是清楚的。因此,庄子所谓"相忘以生",并不是要跑到深山老林做一个离群索居的人,而是既要生活在人间,又无视人间的是非、善恶,不遵循世俗的礼仪和规则,不按照世所公认的标准做人。就像发愿要"相忘以生"的子桑户、孟子反和子琴张,子桑户死了,孟子反和子琴张却不按照世俗的礼仪为他办理丧事,而是在那里"临尸而歌",对着子桑户的尸体唱些"而已反其真,而我犹为人猗",世人以为不伦的疯话。庄子借孔子之口,对这些在世俗看来是"畸人"的"相忘以生"者,进行了这样的评价:

> 彼方且与造物者为人，而游乎天地之一气。彼以生为附赘县疣，以死为决疣溃痈。夫若然者，又恶知死生先后之所在。假于异物，托于同体。忘其肝胆，遗其耳目。反复终始，不知端倪。芒然彷徨乎尘埃之外，逍遥乎无为之业。彼又恶能愦愦然为世俗之礼，以观众人之耳目哉。（《庄子·大宗师》）

这里有两个要点：其一是"与造物者为人"；其二是"游乎天地之一气"。

先说"与造物者为人"。这里的"为人"说的就是做一个人，也只能做一个人。但"为人"的方式却可以不同，做一个普通的人，也就是"与人为人"，即面对和自己一样的芸芸众生做一个人；做一个超然脱俗的人，也就是"与造物者为人"，即直面造物者做一个人。只有直面造物者，才能认清自己不过是无始无终的"物化"中的一个环节，不过是造物者用一些乱七八糟的东西做了一个人的形体而已（所谓"假于异物，托于同体"），才能"忘其肝胆，遗其耳目"，忘掉自己作为一个人的有形存在，从而摒弃世俗的是非、善恶以及种种的礼仪和规则。这也就是庄子所谓"相忘以生"。

再说"游乎天地之一气"。这里的难点，是对庄子所谓"气"的理解。关于"气"，庄子在《人间世》中有一个说法：

> 一若志，无听之以耳而听之以心，无听之以心而听之以气。听止于耳，心止于符。气也者，虚而待物者也。唯道集虚。虚者，心斋也。（《庄子·人间世》）

"心斋"，是相对于"祭祀之斋"而言的。斋者，洁也。祭祀之斋，就是通过沐浴、素食等方式达到身体的洁净。"心斋"，则是通过排除心中的一切而达到心的洁净。心的洁净，就是"虚"。这是一个由感官（比如耳）到心，再由心到"气"的过程。耳能做到的是听见声音，心能做到的是以心中之物与万物相对应（所谓"符"），而"气"则是

"虚而待物"。所谓"虚而待物",就是心中没有任何东西,也即心中无物。当一个人达到心中无物的境界,包括他的形体在内的万物乃至他的心本身,就都不存在了,天地间剩下的只是"一气"而已,也即"天地之一气"。这个"天地之一气",既是他自己,同时也就是生命本身,就是宇宙大化也即无穷。"道"也就在其中了,所谓"唯道集虚"也。

这样看来,庄子所谓"与造物者为人,而游乎天地之一气",就是通过"虚而待物"回到自身的生命存在,直面造物而随宇宙大化俱往,"反复终始,不知端倪"也。这也正是庄子《逍遥游》所谓"乘天地之正,而御六气之辩,以游无穷者"。

3."鱼相忘乎江湖,人相忘乎道术"

"与造物者为人"并不是逃离,因为相与为生的现实是人无法逃离的。庄子继续借孔子之口,说出这样的道理:

> 鱼相造乎水,人相造乎道。相造乎水者,穿池而养给;相造乎道者,无事而生定。故曰,鱼相忘乎江湖,人相忘乎道术。(《庄子·大宗师》)

"造"的本义是到达某个地方、去到某个地方,引申为造访、成就,进一步引申为制作、使成为。庄子讲"造物",就是"使成为物"。"造乎水""造乎道",是说造物使鱼成为鱼并且只有在水中才成为鱼,使人成为人并且唯有人才能"闻道"和"得道"。"相造",却不能理解为相互或彼此使成为,因为使成为鱼或使成为人的,只能是造物。"相造",在这里只能理解为相遇、共成,也即相与为鱼、相与为人。鱼在水中才成为鱼并相与为鱼,人能"闻道"和"得道"才成为人并相与为人。"无事",也即无为。说得通俗一点,就是不要惹是生非,去做那些"宋人资章甫而适诸越"的事情。"相造乎水"的鱼,挖个水池就足以在其中生存;"相造乎道"的人,虚静无为(所谓"无事")就能天下太平(所谓"生定")。可现实的人间就是有那么多的人为的苦难,这就产生了逃离现实的愿望。庄子在这里设喻:鱼可以逃离水池到大江、大湖里去,那里有更为广阔的生存空间,可以既自足地活着又彼此相忘;但人不是鱼,只有一个现实的生存空间,除此之外并没有另一个实实在在的生存空间,是无处可逃的。所以说,鱼可以相忘于江湖,而人却只能相忘于"道术"。"道术"并不是"道",而是人"闻道""得道"的进程以及"闻道""得道"后达到的人生境界。

庄子虽然拿人和鱼对举,但并不是简单类比,似乎人和鱼只是生活在两种不同的环境中而已。"造乎水"和"造乎道",是不能相提并论的,因为"道"并不是类同于"水"的另一种生存环境。庄子破除"成心",把人的有形存在看作不过是宇宙之火中的一根薪柴,不过是宇宙大化中的一粒尘埃,并不是要泯灭人作为一个人的存在,而是要说明人作为一个人的存在,并不在于他的形体和有形存在,甚至不在于使他成为"我"的"成心"。人作为人的存在就在于,人"造乎道"并能"闻道"和"得道"。

"江湖",是一个形象的比喻,暗示着不同于当下的另一个地方或另一个世界。在这另一个地方或另一个世界中,人仿佛可以逃离当下的苦难而把自己藏起来。"江湖"是人向往和期盼的,可滔滔者天下皆是,人又能藏到哪里去呢?

4. "藏天下于天下"

《大宗师》讲了一个关于"藏"的寓言。有人将船藏在山壑里,又将山藏在大泽里,可以说是很牢靠了。然而半夜里有个大力士将它们背着跑了,藏东西的人却并不知道。在庄子看来,所藏的东西不论大小,不论藏得如何牢靠,也总会丢失。如果藏天下于天下,那还有什么可丢失的呢?庄子写道:

> 若夫藏天下于天下而不得所遁,是恒物之大情也。特犯人之形而犹喜之,若人之形者,万化而未始有极也,其为乐可胜计邪!故圣人将游于物之所不得遁而皆存。善妖善老,善始善终,人犹效之,而况万物之所系,而一化之所待乎?(《庄子·大宗师》)

"藏天下于天下而不得所遁"，就是不藏。所谓"恒物之大情"，是相对于人之情而言。人之情，就是彼此、是非和好恶；"恒物之大情"，就是没有彼此、是非的永恒存在。人的彼此、是非和好恶，其根源在于人对自己的形体或有形存在的执着或珍爱（所谓"喜"或"乐"）。在庄子看来，人的形体或有形存在，是不值得珍爱的。庄子说得很诙谐：偶然获得了"人之形"就特别地珍爱，可在宇宙大化的推移过程中（所谓"万化"），像这样的、可以获得的"人之形"是无可计量的，又怎么珍爱得过来呢？究竟哪一个才是值得珍爱和舍不得放弃的呢？这和前面所谓"造适不及笑，献笑不及排"，说的是一个意思。只因为珍爱和舍不得当下的"人之形"就向往和期盼"江湖"，希望逃离现实而把自己藏起来，这和"藏舟于壑，藏山于泽"一样，是逃不了也藏不起来的。

人能做的，就是不逃也不藏，"善夭善老，善始善终"。这是人应该努力达到的一种境界（所谓"人犹效之"），却不是"造乎道"的人的最高境界。人的最高境界，也即庄子心目中的"圣人"，"将游于物之所不得遁而皆存"。达到这个境界，就能融入包括人在内的万物的永恒存在，与万物为一体，所谓"万物之所系"也；并进而直面宇宙大化，所谓"一化之所待"也。"系"，连属、关联、联结，也即万物由此而联结为一个整体。"待"，对待、面对，也即由此而直面宇宙大化并随宇宙大化俱往，和前面所谓"安排而去化"说的也是一个意思。需要进一步说明的是，"一化"是和"万化"相对而言的。"万化"是指有形之物的形成、变化和毁灭，"一化"则是形成、变化和毁灭本身，也即造化本身。所谓"一化之所待"，也即和"一化"相对待，也就是"与造物者为人"，直面造物者做一个人。

直面造物者做一个人，是多么豪迈的一种境界。当我们读到庄子的"与造物者为人"，在受到震撼的同时也深感遗憾，因为庄子并没有像我们期待的那样继续向前，为古代也为今天的中国人挺立起一个在直面无穷中为了做更好的自己而永不放弃批判和创造的自由人格。

二、"道"

庄子是道家的重要代表人物，"道"在庄子哲学中具有重要乃至核心的地位。但"道"作为一个哲学范畴，并不专属于道家，而是诸子百家都以为核心的。孔子说："朝闻道，夕死可矣。"（《论语·里仁》）这应该是中国古代学人广为认同的一种学术精神和情怀。就春秋战国的现实而言，所谓"天下有道"和"天下无道"更是诸子百家回避不了的。庄子在《人间世》中，也借楚狂接舆之口说出"天下有道，圣人成焉；天下无道，圣人生焉"。庄子不同于诸子的地方在于，诸子把"道"引为正是非、辨真伪的根据，而庄子则认为恰恰在是非、真伪的争胜中"道"被遮蔽了。这是其一。其二，诸子论"道"是服从于"务为治者"的时代潮流，甚至把塑造一个有道之君作为毕生的事业，包括孔孟在内的贤达之士无不为游说诸侯而周旋于列国。庄子则不然，他所谓"道"是服务于人的生存，是人直面无穷、勘破生死和最终认清自己的途径和方法，是人可以通过努力而追求的一种生存态度或境界。

（一）"道"是什么？

关于"道"，庄子有一段比较集中的论述，是我们理解庄子所谓"道"的切入点。庄子写道：

> 夫道，有情有信，无为无形。可传而不可受，可得而不可见。自本自根，未有天地，自古以固存。神鬼神帝，生天生地。在太极之先而不为高，在六极之下而不为深，先天地生而不为久，长于上古而不为老。（《庄子·大宗师》）

在这里，庄子确实给我们描述了一个"自本自根""自古以固存"的"道"。这个"道"是从老子而来，但似乎又和老子不同。韩非子解老，把"道"理解为"万物之所以成"，是万物之成为万物的根据，因此体现在包括人在内的万物之中，所谓"道与尧舜俱智，与接舆俱狂，与桀纣俱灭,与汤武俱昌"(《韩非子·解老》)。这种理解,看起来既符合老子原义,也为一般人所认同。庄子后学就有把"道"看作"无所不在"甚至"在屎溺"的认识(《庄子·知北游》)。但是,庄子的一句"可得而不可见",却令我们心生疑惑:如果庄子所谓"道"就像通常理解的那样,是存在于万物之中、使万物成为万物的根据,说"道"的得或不得又有什么意义呢?

为了解决这个疑惑,我们不妨把上面关于"道"的这段引文放回到《大宗师》的文本中去,看看庄子在《大宗师》中通篇表达了一个什么样的思想,或许有助于我们更准确地理解上面的这段引文,从而更准确地理解庄子所谓"道"究竟是什么。

所谓"大宗师",就是最值得尊崇而堪为师表者。它就是"道"。这个"道"虽然"自古以固存",但它自己却并不作为,也没有具体的存在形式,所谓"无为无形"。人之有"成心"和"是非",物之有成毁,以及作为物之总体的宇宙大化,并不是"道"存在于其中发挥作用的结果。不论人和神,"闻道""得道"都是努力的结果。努力的方式就是"知",既要知天,也要知人。一篇《大宗师》就从这里开始:

> 知天之所为,知人之所为者,至矣。知天之所为者,天而生也;知人之所为者,以其知之所知,以养其知之所不知,终其天年而不中道夭者,是知之盛也。虽然,有患。夫知有所待而后当,其所待者特未定也。庸讵知吾所谓天之非人乎?所谓人之非天乎?(《庄子·大宗师》)

在庄子看来,知天之所为者,是天生的,也即那些掌管日月星辰、夜旦之常和大山河流的神;知人之所为者,则是不断由所知向所不知进发而终身不辍的人。问题在于,知必有其对象(所谓"待"),如果对象不确定,连什么是天、什么是人也弄不明白,所谓知也就落空了。正是从这里,庄子提出"真人"的概念,以为"且有真人,而后有真知"。什么是真人?也就是其知能达到"道"的境界的人,所谓"知之能登假于道者"。"真人"是庄子虚拟的理想的人或真正的人,也即"造乎道"而能"闻道""得道"的人,落实到人间就是"圣人"。不是世所认为的如尧舜那样的圣人,而是庄子心目中或庄子所期盼的"圣人"。关于"真人"和"圣人"的具体内涵及其意义,我们在后面还会专门讨论。

虽然"知"能"登假于道",但对于人而言,其"闻道"和"得道"依然有所限制,有其无法超越的界限。这就是庄子所谓"命"和"天"。庄子说:

> 死生,命也;其有夜旦之常,天也。人之有所不得与,皆物之情也。彼特以天为父,而身犹爱之,而况其卓乎!人特以有君为愈乎己,而身犹死之,而况其真乎!(《庄子·大宗师》)

人的生和死,是命,是天加给人的刑罚,是不能由人自己来解脱的。不论是以为自己的身体是天父所赐而倍加珍爱,还是以为君王比自己更尊贵而不惜舍身赴死,都是因为不知命,也不懂得比珍爱自己的身体和为君王舍身赴死更重要的是"闻道"和"得道"。夜旦之常,是天,是人不能干预和改变的,所谓"人之有所不得与,皆物之情也"。人之情,是彼此、是非;物之情,则是势由天定,人无可奈何的。不仅如此,人之为人必须生活在人和人相与为生的人间,也是人无可逃脱的。因此,庄子在这里提出著名的"江湖"之喻以及"藏天下于天下"的思想,以为人不可能像鱼一样逃向"江湖"并"相忘乎江湖",人只能生活在相与为生的人间,通过努力达到自己所能达到的"游于物之所不得遁而皆存"和"万物之所系,而一化之所待"的理想境界。这个境界,就是庄子所谓"知之能登假于道者"。

经过这样的讨论和辨析,庄子提出自己关于"道"的看法。很显然,庄子所谓"道",既不是包括人在内的万物的创生者,也不是存在于万物之中、使万物成为万物的根据,而是不论人和神,都必须以其"知"努力去"闻"和"得"的对象。庄子在提出自己关于"道"的看法后,即列举了如狶韦氏、伏羲氏、维斗、日月、堪坏、冯夷、肩吾、黄帝、颛顼、禺强、西王母、彭祖和傅说等一批得道的神和人,并通过南伯子葵和女偊的对话讲述了人闻道的方法和路径,又以寓言的形式展现了如子祀、子舆、子犁、子来、子桑户、孟子反、子琴张、孟孙才和许由等一批"知之能登假于道"的生动的人物形象。这些得道、闻道的神和人,就是庄子所谓"道"的"情"和"信",是"道"存在的证据。至于"神鬼神帝,生天生地",则不过是说,不论鬼、帝、天、地,皆是因为"得道"才成为它们所是的超凡神奇的鬼和帝,以及"无私覆"和"无私载"的天和地。

庄子所谓"道",是为了人或服务于人的,是人为了达到自觉而必须努力去"闻"和"得"的理想境界。离开了"道"和人的关系,恐怕很难对庄子的"道"有一个比较真切的理解和认识。

(二)"道"与人、与"言"

人是思维的动物,而思维必须通过语言来表达。人的彼此、是非和好恶都是通过"言"也即语言或发声来表达,庄子对这一点是有深切认识的。他把人比作"天籁",以及他对人生百态的描述,所谓"其发若机栝,其司是非之谓也;其留如诅盟,其守胜之谓也"(《庄子·齐物论》),就是基于这一认识。对于庄子来说,"道"与人的关系,就是"道"与"言"的关系。

1. "道"之"隐"

庄子集中讨论"言"的地方,是《齐物论》。庄子写道:

> 夫言非吹也。言者有言,其所言者特未定也。果有言邪?其未尝有言邪?其以为异于鷇音,亦有辩乎,其无辩乎?道恶乎隐而有真伪?言恶乎隐而有是非?道恶乎往而不存?言恶乎存而不可?道隐于小成,言隐于荣华。(《庄子·齐物论》)

所谓"言非吹",是说人的"言"并不是风吹窍穴,而是要传载内容的,所以说"言者有言"。这里的第二个"言",就是指"言"的内容。人以为"言"不同于鸟的鸣叫，但如果"言"不能确切地传载内容，那和鸟的鸣叫又有什么区别呢？所以庄子问："果有言邪？其未尝有言邪？"人以为所"言"是"道"，并以此为"真"为"是"。但在"道"的"真伪"和"言"的"是非"的彼此争胜中，"道"却被遮蔽，"隐"而不见了。人在与他人的争胜中取得成功，就以为所求是"道"，并以此而"往"、以此为"成"，但人的所求却超不出世间的虚荣和浮华，不过"小成"而已，所以庄子说："道隐于小成，言隐于荣华。"

需要进一步追问的是，因为"道"在人的"言"中被遮蔽，"隐"而不见了，"道"就不存在了吗？因为"言"在"是"此而"非"彼的争胜中存在，"言"就不被认可了吗？"道"是"自古以固存"，因此是永恒存在的；"言"只要能够确切地传载内容，当然也是要认可的。一部《庄子》，其实就是庄子的自以为所"言"是"道"。只不过在庄子看来，人们天天挂在嘴上，在真伪、是非的区别中用以争胜的"言"，是所"言"非"道"，是不能以为"闻道"和"得道"的。

2. "道"之"亏"

在对彼此、是非及其产生的原因进行辨析后（关于庄子的是非之辩，我们将在下文专门讨论），庄子继续写道：

> 是非之彰也，道之所以亏也。道之所以亏，爱之所以成。果且有成与亏乎哉？果且无成与亏乎哉？有成与亏，故昭氏之鼓琴也；无成与亏，故昭氏之不鼓琴也。昭文之鼓琴也，师旷之枝策也，惠子之据梧也，三子之知几乎！皆其盛者也，故载之末年。唯其好之也，以异于彼，其好之也，欲以明之。彼非所明而明之，故以坚白之昧终。（《庄子·齐物论》）

首先需要辨析的是，"道"何以能"亏"？不能理解为"道"本身有了亏缺，而只能理解为人对"道"的把握出现了亏缺，否则"道"的"自古以固存"就不成立了。因为有了是非，所以每个人都把一己之见视为"是"，并以自己的所是为"道"。这个人人都自以为是的

"道",当然不是"道",而是被人误解和肢解的"道",所以说"道之所以亏也"。一个"彰"字,不过表明人人都竭力彰显自己的"是"而贬抑他人的"非"。

其次需要辨析的是"成"。这个"成"就是前面所谓"小成",也即以一己之偏爱为"道"并以此为"成",所以说"爱之所以成"。庄子设问:果真是我说的这样,"道之所以亏"和"爱之所以成"吗?如果是,世间就会有像昭文这样的以一己之偏爱为"道"并以此为"成"的鼓琴者;如果不是,世间也就没有像昭文这样的鼓琴者。当然,世间有昭文,不仅有昭文,还有师旷和惠子,他们都像昭文一样,以一己之偏爱为"道"并以此为"成",或"枝策"或"据梧"而已。他们都是聪明绝顶的人("三子之知几乎"),也都是他们所在领域中的佼佼者("皆其盛者也")。只因为他们偏爱自己的所是和所为(鼓琴、枝策、据梧),才和其他人区别开来,一心只想着张明自己的一己之见和一技之成。但每个人所要张明的都不是其他人所要张明的,所谓"彼非所明而明之","吹万不同"也。因此最终都昧于各自的一己之见和一技之成,就像惠子昧于自己的"坚白"之辩一样,是"道之所以亏也"。

3. "道枢"

所谓"道枢",既是"道"的关键,也是人把握"道"的关键。庄子写道:

> 彼是莫得其偶,谓之道枢。枢始得其环中,以应无穷。是亦一无穷,非亦一无穷也。故曰"莫若以明"。(《庄子·齐物论》)

"偶",两两相对者。不把"彼"和"是"(此)看作是两两相对的,彼和此、是和非也就没有了各自的对立面,这就是"道枢"。这里有两层含义:一是就"道"本身而言,"道"就是它自己,"自古以固存",本没有是非和真伪;二是就人对"道"的把握而言,如果每个人都不把出自一己之偏爱的自以为"是",看作是和其他人格格不入、彼此对立的，也就离"道"不远了。"枢"和"环中"都是比喻，意思是说只要摒弃彼此和是非，就抓住了"道"的关键，就像把住了门的转轴一样，不论如何转动都脱离不了轴心。在是非的对立中，抓住这个枢纽，就可以面对无穷的是是非非而不至于偏执一隅。因为只要有是非，不论"是"和"非"都是无穷无尽的，所谓"是亦一无穷，非亦一无穷也"。

这个摒弃是非的态度，就是庄子的"以明"。"以"，已也，止也。"明"，彰明、彰显也。人与其在彼此、是非的无穷无尽的争胜中偏执一隅，不如放弃一己之明，放弃自以为所"言"是"道"的片面主张，此所谓"莫若以明"。

人能做到"以明"，就有了"闻道"的基础，就可以达到或进入"道"的境界。

（三）"闻道"之路与境界

不论神和人，"道"都必须"闻"而后"得"，"得"而后"成"。伏羲氏和日月，必"得之"而后才能"以袭气母"和"终古不息"。"以袭气母"和"终古不息"，就是伏羲氏和日月的"成"。这个"成"，就是"道"的境界。人如何"闻道"？人"闻道"后达到的是一种什么样的境界？

1."闻道"之进程

《大宗师》讲了一则寓言，南伯子葵问女偊何以年长而色若孺子，女偊回答"吾闻道矣"。南伯子葵请学道，女偊却以为南伯子葵"非其人也"，不具备学道的资质。但女偊依然向南伯子葵讲述了他教卜梁倚闻道的进程：

> 吾犹守而告之，参日而后能外天下；已外天下矣，吾又守之，七日而后能外物；已外物矣，吾又守之，九日而后能外生；已外生矣，而后能朝彻；朝彻，而后能见独；见独，而后能无古今；无古今，而后能入于不死不生。杀生者不死，生生者不生。其为物，无不将也，无不迎也，无不毁也，无不成也；其名为撄宁。撄宁也

者，撄而后成者也。(《庄子·大宗师》)

"外"，是和内相对而言的，内就是人自己，尤指人的内心。"外"在这里作动词解，所谓"外天下"和"外物"，不是指心外之天下、心外之物，而是指从心中移除而使在心外，心中无天下、心中无物。心中无天下，也即前面所谓"窅然丧其天下"，忘掉天下而无涉于人世间的是是非非；心中无物，也即前面所谓"虚而待物"，通过"心斋"排除心中的一切而达到心的洁净。既然已经忘掉天下，忘掉万物，进而就是忘掉自己，也即"外生"。生，就是活着，活在人间的自己。这个从"外天下"到"外物"，进而到"外生"的过程，也就是庄子借颜回之口说出的从"忘仁义"到"忘礼乐"，进而到"坐忘"的过程。庄子写道：

仲尼蹴然曰："何谓坐忘？"颜回曰："堕肢体，黜聪明，离形去知，同于大通，此谓坐忘。"仲尼曰："同则无好也，化则无常也。而果其贤乎！丘也请从而后也。"(《庄子·大宗师》)

"大通"，"一化"也。包括人在内的万物无不在"一化"之中，是为"同"。既然都在"一化"之中，就无彼此、是非以及执着于彼此、是非的一己之好；既然都在"一化"之中，就无恒常不变的有形存在。所以说："同则无好也，化则无常也。"达到这样的认识，就是"朝彻"，就像是早上从睡梦中醒来，心中澄明而透彻。

"朝彻"，就能"见独"。什么是"见独"？"独"者，唯一也，无双也，除此之外别无一物也。对于庄子而言，这个"独"就是"化"或"一化"，就是无穷或造物。认识到包括人在内的万物不过"一化"而已，是"朝彻"；作为一个人直面无穷或造化，就是"见独"，也即前面所谓"与造物者为人"或"一化之所待"。"见独"的另一层含义，是说直面无穷或造化，并不是可以和他人共同完成的行为，而是一个经历了"外天下""外物"和"外生"，达到"朝彻"后的孤独者自己的事情。庄子的原文也表达了这层含义，从"外天下"到"外生"，卜梁倚都是在女偊"守而告知"的引导下完成的。达到"外生"之后，卜梁倚就无须也无法由女偊"守而告知"，而只能靠自己来完成了。唐代诗人陈子昂写下过这样的诗句："前不见古人，后不见来者。念天地之悠悠，独怆然而涕下。"当诗人发出这样的感慨时，大概也感受到了庄子作为一个孤独者直面无穷或造化时的那种情怀吧。

"见独"，就能"无古今"，就能"入于不死不生"的境界。"无古今"，也即《齐物论》中所谓"参万岁而一成纯"，既没有古今之变，也没有世事沉浮，古今浑然一体。关于"不死不生"，庄子进一步解释说："杀生者不死，生生者不生。"万物皆在"一化"之中，无时无刻不在"化"也即消亡，此所谓"杀生者"；但"一化"本身却是永恒存在，没有开始也没有消亡，此所谓"不死"。万物皆在"一化"之中，无时无刻不在"化"也即诞生，此所谓"生生者"；但"一化"本身却是永恒存在，没有消亡也没有开始，此所谓"不生"。这里说的依然还是那个无始无终、永恒存在的"一化"。

作为获得了"人之形"的有形存在，没有人不死（所谓"将"，也即离开人世），也没有人不生（所谓"迎"，也即来到人世）；没有人不最终消亡（所谓"毁"），也没有人不实现自己（所谓"成"）。但任何一个人的"成"都不是凭空而成的，而是在这种由"将""迎""毁""成"交织的现实人生中实现自己。这就是庄子所谓"撄宁"，"撄而后成者"。人只能"撄而后成"，但人可以通过努力而"闻道"，达到"成"的最高境界。"一化"并不是"道"，但认识"一化"、直面"一化"并融入"一化"，就可以"闻道"。融入"一化"，也就是"入于不死不生"。这是唯有人才能达到的境界，"道"的境界，此所谓"造乎道者"也。

2．"闻道"之途径

南伯子葵继续追问"闻道"的途径，女偊则说出了下面这些似乎不经的话：

闻诸副墨之子，副墨之子闻诸洛诵之孙，洛诵之孙闻之瞻明，瞻明闻之聂许，聂许闻之需役，需役闻之於讴，於讴闻之玄冥，玄冥闻之参寥，参寥闻之疑始。（《庄子·大宗师》）

　　这些由庄子杜撰出来的人名，都具有很强的象征意义。"副墨"，文字诗书也；"洛诵"，反复诵读也；"瞻明"，所见分明也；"聂许"，附耳私语也；"需役"，躬行勤勉也；"於讴"，吟咏歌唱也；"玄冥"，玄妙幽深也；"参寥"，高远寥寂也；"疑始"，未始有始也。对这些具有象征意义的名称进行辨析，以确定庄子这里要表达的确切含义，恐怕是困难的。但有几点还是可以说的：

　　第一，庄子是主张读书的，这与《大宗师》开篇即讲"知"和"真知"，以及"知之能登假于道"，是一致的。

　　第二，庄子对民间口耳相传的神话、寓言和远古传说是重视的，这和他"洸洋自恣以适己"的文风，是一致的。

　　第三，庄子并不认为"道"有一个清晰的传承，但他把"闻道"之途径上溯到"疑始"则表明，在庄子心目中，人开始对起源进行追问并发现或意识到无穷，是人"闻道"的起点。

三、"是非"

　　"闻道"的前提就是摒弃是非之争，所谓"以明"。对于庄子而言，是非之辩是无法回避的。人的是非究竟是怎样产生的？它们的意义是什么？还是说它们本来就毫无意义？进而言之，人的是非果真是可以去除的吗？去除了是非的人将如何生存呢？这些问题，是庄子必须回答的。循着这些问题，我们来讨论庄子的是非之辩。

　　（一）"彼是，方生之说也"

　　前面我们讨论过庄子所谓"道"之"隐"，庄子的结论是：道隐于小成，言隐于荣华。从这一结论出发，庄子开始他的是非之辩。庄子写道：

道隐于小成，言隐于荣华。故有儒、墨之是非，以是其所非而非其所是。欲是其所非而非其所是，则莫若以明。物无非彼，物无非是。自彼则不见，自知则知之。故曰：彼出于是，是亦因彼。彼是，方生之说也。虽然，方生方死，方死方生；方可方不可，方不可方可；因是因非，因非因是。是以圣人不由，而照之于天，亦因是也。是亦彼也，彼亦是也。彼亦一是非，此亦一是非。果且有彼是乎哉？果且无彼是乎哉？彼是莫得其偶，谓之道枢。枢始得其环中，以应无穷。是亦一无穷，非亦一无穷也。故曰"莫若以明"。
（《庄子·齐物论》）

　　这一段文字，包含了多层含义。下面，我们依照原文逐层展开讨论。

1．"莫若以明"

　　前面我们已经说过，"以明"就是止明。什么是"明"？虽然庄子一上来就亮出"儒、墨之是非"，但庄子所谓"明"并不是指儒和墨各自对立的具体主张，而是指儒和墨各执一端、"以是其所非而非其所是"、以争胜为目的的行为，也即"明之"。庄子的是非之辩并不是对儒和墨的孰是孰非进行论辩，而是要对儒和墨各以自己的所是为"是"、以对方的所是为"非"的行为本身进行辨析，从而说明这种以争胜为目的的行为不仅是没有意义的，甚至是不可能的。这是我们讨论庄子是非之辩需要首先明确的一个要点。

　　因为不以儒墨的具体主张为对象，所以在往下的论辩中庄子不再提儒墨，而是把以儒墨为代表的是非之争，抽象为彼是或彼此的关系。庄子的是非之辩，从一开始就具有形式的或思辨的特点，这也是我们讨论庄子是非之辩需要特别注意的。

2．"方生之说"

　　既然是论辩，就有一个不言而喻的论辩者。站在论辩者的立场上，所有其他的人和物都是不同于自己的他者也即"彼"，论辩者本人则就是他自己也即"是"。这个立场当然是由论辩者自己设立起来的，但并不专属于这个特定的论辩者。每一个被论辩者视为"彼"的他者，都可以站在这样的立场上，把自己以外的一切看作是不同于自己的他者也即"彼"，而把自己看作"是"。这就意味着，包括论辩者自己在内的所有"物"，都可以被看作"彼"，也都可以被看作"是"。所以说："物无非彼，物无非是。"当论辩者站在自己的立场上把其他所有物都看作"彼"的时候，是认识不到这一点的。只有当论辩者认清自己的立场不过是一种设定，并进而认清所有被看作"彼"的物都可以站在和自己相同或一样的立场上，才能懂得这个道理：所有物无不是它们自己。所以说："自彼则不见，自知则知之。"需要辨析的是，庄子这里虽然说的是"物"，但其实还是"人"。如果没有"人"，就没有"言"，自然也就没有关于"彼"和"是"的论辩；如果只有唯一的一个"人"，那么"彼"和"是"的区别就是确定的，成为这个唯一的"人"和他之外的"物"的关系；问题在于，庄子面对的是相与为生的芸芸众生，"彼"和"是"变成了每一个"人"和他之外的"物"的关系，看似简单明白的"彼"和"是"的区别就变得复杂、不确定甚至诡异起来。这里的根由在于，所有"人"都是一个自以为"是"的论辩者，一个"言者"。不难看出，所谓"彼"，只是因为论辩者自以为"是"的结果；所谓"是"，也只是因为论辩者站在自己的立场上把其他所有人和物看作"彼"的结果，所以说："彼出于是，是亦因彼。"

我们禁不住要问："彼"和"是"的区分究竟意味着什么？只是一种形式上的概念游戏，还是对于人的生存具有实际的意义，是人的生存必不可少的条件呢？庄子回答："彼是，方生之说也。""方"，其本义是"并列""并行"，在这里可理解为与"生"相伴，也即和人的生存相伴。只要人活着，就会有"彼"和"是"的区分。因为，人的生存就是不断地对自己的言和行进行选择性的肯定，离开了这种选择性的肯定也即"是"，人恐怕连一刻也活不下去，也就没有人的"生"。这是理解庄子"方生之说"的要义所在。虽然庄子洞见到"彼是"和人的生存的相生相伴，但庄子并不认为这是人应该坚守的生存态度，因为这种生存态度是基于人的有限的生命存在，是从人的有限生命存在衍生而来，只是"成心"而已。"彼"和"是"的区分是不确定的，甚至是转瞬即逝的，因此是靠不住的。庄子追求的人生境界是"与造物者为人"，是直面无穷而"游无穷"。庄子用"虽然"作为转折，提出自己对于生和死、可和不可、是和非的看法，以为它们正和"彼是"一样，是不确定和转瞬即逝的。所以说："方生方死，方死方生；方可方不可，方不可方可；因是因非，因非因是。"从这里，庄子进而提出"照之于天"。

3．"照之于天"

因为认识到彼和是以及生和死、可和不可、是和非都是不确定和转瞬即逝的，所以"圣人"（"与造物者为人"而又不离人间者）不采纳区分"彼"和"是"这样的"方生之说"，不选择这样的人生之路，所谓"圣人不由"。"由"，经由，行走也。圣人选择"照之于天"。"照"，与"明"同义，但在庄子却是与"明"相对而言。自以为"是"者的"明"或"明之"，是要拿一己之私见与所有人在"彼"和"是"的分别中争胜，因此是庄子反对的，所以要"以明"；"圣人"当然也要"照之"或"明之"，但"圣人"摒弃了一己之私见，因而达到了人的最高生存境界，这个境界就是"道"，因此所"照"所"明"是"道"，是依天而行，是本之于天的，所以说"照之于天"。站在这样的高度，"彼"和"是"就并没有区别，不过是基于一己之见或自以为"是"的是非之争，所谓"彼亦一是非，此亦一是非"也。

经过以上辨析，庄子发问："果且有彼是乎哉？果且无彼是乎哉？"懂得"彼"和"是"的区别并不是一成不变的，进而懂得"彼"和"是"的区别本身就是没有意义的，也就找到了"闻道"的门径，站在了"道"的入口处。这也就是庄子所谓"道枢"，是我们前面已经讨论过的。

（二）"物谓之而然"和"物固有所然"

上面关于"彼"和"是"的论辩，主要是就论辩者而言。论辩，总是要涉及对象的。这是庄子是非之辩的又一个要点。庄子写道：

以指喻指之非指，不若以非指喻指之非指也；以马喻马之非马，不若以非马喻马之非马也。天地，一指也；万物，一马也。可乎可，不可乎不可。道行之而成，物谓之而然。恶乎然？然于然。恶乎不然？不然于不然。物固有所然，物固有所可。无物不然，无物不可。故为是举莛与楹，厉与西施，恢恑憰怪，道通为一。其分也，成也；其成也，毁也。凡物无成与毁，复通为一。唯达者知通为一，为是不用而寓诸庸。因是已。已而不知其然，谓之道。劳神明为一而不知其同也，谓之朝三。何谓朝三？狙公赋芧，曰："朝三而暮四。"众狙皆怒。曰："然则朝四而暮三。"众狙皆悦。名实未亏，而喜怒为用，亦因是也。是以圣人和之以是非，而休乎天钧，是之谓两行。（《庄子·齐物论》）

我们还是依据庄子的原文，逐层进行讨论。

1．"物谓之而然"

庄子的论辩从名家的重要概念"指"开始。前面我们说过，"指"的含义包括指谓和所指。我们指着一个对象说"马"，这里既有"马"这个指谓，也有被称为"马"的那个对象也即所指。指谓和所指虽然都可以叫作"指"，但这两个"指"是不一样的，所谓"指非指"。"马"的指谓和被称为"马"的对象虽然都可以叫作"马"，但这两个"马"也是不一样的，所谓"马非马"。如何来说明这一点呢？庄子以为，名家拘泥于概念，反而把问题搞得复杂了。所谓"以指喻指之非指"和"以马喻马之非马"，就是拘泥于"指"和"马"的概念，只知道在"指"和"马"的概念范围里做文章。所谓"以非指喻指之非指"和"以非马喻马之非马"，就是要超出概念的范围，直接用"非指"和"非马"也即"物"，来说明"指谓"并不等同于"所指"以及"马"的指谓并不同等于被称为"马"的对象这个道理。一般读庄者，在这里会很自然联想到公孙龙子，以为庄子是受了名家"指物论"的影响。但公孙龙子比庄子晚出，他的《指物论》立足于把"指"和"物"关联起来进行讨论，应该不乏受庄子影响的成分。

其实，对于名家"指非指"和"马非马"一类的辩论，庄子是不以为然的。所谓"天地一指也，万物一马也"，是说把名家的辩论推到极致，则"天地"不过是一个指谓而已，而"万物"也不过像马一样被赋予了一个指谓而已。指谓一个对象为"天地"或"马"，并没有什么非如此不可的理由，大家认可也就认可了，大家不认可也就不认可了。正如"道"是"行之而成"，所有的"物"也是因为赋予它一个指谓才被叫成这个"物"的（比如"马"）。为什么被叫成这个"物"呢？因为大家都这样指谓它，也就被叫成这个"物"了；为什么不被叫成这个"物"呢？因为大家不这样指谓它，也就不被叫成这个"物"了，此所谓"物谓之而然"也。

这些道理是显而易见的，可又有什么意义呢？通过使用概念，人可以任意赋予对象以意义，并建立概念之间的联系，把对象纳入一个有意义的概念体系。这个有意义的概念体系，就是人类知识。人的发展，在很大程度上就是人类知识的进步过程。但庄子并不这样认为。在他看来，正因为人可以任意赋予对象以意义，所以是没有意义的。

2．"物固有所然"

在庄子看来，虽然"物谓之而然"，但"物"有它本来所是的样子，有它被认可为这个样子的根据，所谓"物固有所然，物固有所可"。并且，每一种有形存在的"物"，都有它本来所是的样子，也都有它被认可为这个样子的根据，所谓"无物不然，无物不可"。看起来千差万别的"物"，一棵小草和一根庭柱，丑八怪和美丽的西施，以及恢、恑、憰、怪等等，它们的小和大、丑和美、正常和怪异等等，不过是人对它们的一种指谓，是"谓之而然"的结果。就它们都是自己本来所是的样子，也都有其本来所是的根据而言，它们是相通而一样的。能够从"物"本来所是的样子认识到"物"的相通，也就达到了"道"的境界，这就是庄子所谓"道通为一"。进而言之，一切有形存在无不是"万化"中的一物。在"万化"之中，一物的分解就是他物的生成，一物的生成也就是他物的毁灭。但万物作为一个总体（所谓"凡物"）既没有生成也没有毁灭，不过"一化"而已，这就是庄子所谓"复通为一"。"复"，返回，回归，回到起点或原点。归根结底，万物是相通而一样的。唯有通达的人（所谓"达者"），明白"道通为一"和"复通为一"，因此对彼此、是非、善恶都无所取（所谓"不用"）而寄寓在庸众之中，不得已寄居人间而已。"为是不用而寓诸庸"，这就是庄子所谓"知通为一"。

需要指明的是，庄子所谓"达者"并非"圣人"。"圣人"是"与造物者为人"而不离人间者，是"化贷万物"而普利众生的代天行道者，这是我们下文要专门讨论的。"达者"则是不得已活在人间的清醒的明白人。所谓"寓诸庸"，和《人间世》中提出的"一宅而寓于不得已""知其不可奈何而安之若命""托不得已以养中"等等，其含义是一样的，说的是一种不得已寄寓人间而超然脱俗的人生态度。这种人生态度虽然不是庄子心目中的最高境界，但也是庄子所推许的，是比芸芸众生在"朝三而暮四"和"朝四而暮三"的指挥棒下"喜怒为用"更好的一种人生态度。虽然只是顺其所是而并不自觉其所是的样子，算不上"闻道"和"得道"，但也可以说是依"道"而行，就在"道"中了。"已而不知其然，谓之道"也。

3. "休乎天钧"

从"物谓之而然"到"物固有所然"，可以走向一种寻求万事万物的本然也即万物皆有其特定的规定性的知识论。这是西方人从古希腊开始一直延续至今走过的道路，一条逐渐走向现代科学的道路。先秦几成显学的名家，似乎也走上了这条道路。古希腊人关心的诸如一与多、动与静、有穷与无穷以及概念的种属关系等等，都在名家的论辩之列。这些论辩之所以能够进行，是因为其中的核心就是坚持区分"是"和"非"以及对"是"和"非"的确定性寻求。但是，庄子并没有循着这条道路向前，而是按照自己的路径一直走到"圣人和之以是非，而休乎天钧"。"和"，中和，调和，包容也。"天钧"，天轮也，比喻天的运转就像是一个巨大的轮盘，循环往复，无始无终。唯有圣人才能包容人世间的一切是是非非，使它们的区分消弭在天的运转之中，"是之谓两行"。"两行"，就是不要在"是"和"非"的区分中试图确定孰是孰非而执取一端，而是任由"是"和"非"在天的运转中相通为一。庄子写道：

> 古之人，其知有所至矣。恶乎至？有以为未始有物者，至矣，尽矣，不可以加矣。其次以为有物矣，而未始有封也。其次以为有封焉，而未始有是非也。是非之彰也，道之所以亏也。道之所以亏，爱之所以成。（《庄子·齐物论》）

在庄子看来，芸芸众生的生存境界不过是凭着一己之偏爱在"是"与"非"的区别中争胜，所谓"道之所以亏，爱之所以成"也。这是我们前面讨论过的。进一层的生存境界，是"以为有封焉，而未始有是非也"。"封"，界域也，一物与另一物区别开来的界限或规定性，也即"物谓之而然"的那个"然"，也就是一物的所是或所不是。承认或接受"物谓之而然"的千差万别，但并不执意于它们的孰是孰非，这是不得已寄寓人间而漠视人间的是是非非的明白人的生存境界。更进一层的生存境界，是"以为有物矣，而未始有封也"。摒弃"物谓之而然"的界限、规定性以及由此而形成的千差万别，从"物固有所然"认识到"物"的相通为一，这是庄子所谓"道通为一"的境界。最高的生存境界，就是"有以为未始有物者"。一切"物"都不过是有形的因此是有限的存在，不过是"万化"中的一个环节，因此并不存在所谓"物"，而只有"一化"而已。这就是庄子主张的"休乎天钧"，也即前面我们讨论过的"安排而去化，乃入于寥天一"的境界。庄子用了"至矣，尽矣，不可以加矣"等近乎极端的修饰词，来表达这种"未始有物"也即寂寥与天为一的境界，自以为达到了直面无穷的至境。

（三）"化声之相待，若其不相待"

前面的论辩涉及的是论辩者和论辩的对象，下面的论辩涉及的则是论辩本身。庄子写道：

既使我与若辩矣，若胜我，我不若胜，若果是也，我果非也邪？我胜若，若不吾胜，我果是也？而果非也邪？其或是也，其或非也邪？其俱是也，其俱非也邪？我与若不能相知也，则人固受其黮暗。吾谁使正之？使同乎若者正之，既与若同矣，恶能正之！使同乎我者正之，既同乎我矣，恶能正之！使异乎我与若者正之，既异乎我与若矣，恶能正之！使同乎我与若者正之，既同乎我与若矣，恶能正之！然则我与若与人俱不能相知也，而待彼也邪？化声之相待，若其不相待。和之以天倪，因之以曼衍，所以穷年也。何谓和之以天倪？曰：是不是，然不然。是若果是也，则是之异乎不是也亦无辩；然若果然也，则然之异乎不然也亦无辩。忘年忘义，振于无竟，故寓诸无竟。(《庄子·齐物论》)

1."人固受其黮暗"

论辩的目的是"正"是非，但在实际的论辩中人却总是以争胜为目的。论辩中总有一人胜出，胜出者就一定为"是"而落败者就一定为"非"吗？或者，论辩双方不论谁胜出谁落败，总有一人为"是"一人为"非"呢？还是说，论辩双方同时为"是"或同时为"非"呢？在庄子看来，这些问题是无法由论辩双方来解决的。其原因就在于，论辩双方"不能相知"，不能彼此沟通和了解。因为"不能相知"，论辩双方就仿佛处在一种看不清对方的黑暗之中，这是人无法摆脱和必须承受的，所谓"人固受其黮暗"也。

2."恶能正之"

既然不能由论辩双方来解决，是否可以引进一个第三者来解决呢？引进一个什么样的第三者呢？引进一个赞同论辩双方中某一方的第三者吗？既然是赞同某一方，就是以某一方的同盟者身份加入了论辩，怎么能够担当第三者的职责呢？引进一个对论辩双方都赞同的第三者吗？既然对论辩双方都赞同，就对论辩本身失去了立场，怎么能够担当第三者的职责呢？引进一个对论辩双方都不赞同的第三者吗？既然对论辩双方都不赞同，就是论辩双方的论敌，只会形成新的更为复杂的论辩，怎么能够担当第三者的职责呢？庄子一连用了四个"恶能正之"，表明引进第三者是解决不了问题的。

3．"化声之相待"

论辩双方无法沟通，引进第三者也解决不了问题，是人与人"俱不能相知也"。那么，相与为生的人又是如何彼此相待、相处呢？庄子很形象地用了"化声"一词。论辩中不同的言辞，其实不仅是论辩中的言辞，也包括所有人在内的一切所谓"言"，因为彼此都不知道对方究竟说了些什么，就像是转瞬即逝的不同的声响，是为"吹万不同"的"天籁"，所以称为"化声"。人就是通过这样的毫无意义的"化声"而彼此相待、相处，也就和彼此没有相待、相处一样，人和人是处在一种隔绝的状态，所谓"化声之相待，若其不相待"也。

4．"和之以天倪"

"天倪"，天际，天边也。"和之以天倪"，也即融合在天宇之中，这是比"和之以是非"更进一层的人生境界。按照庄子自己的解释："是不是，然不然。""是"，在这里既不指在"彼"和"是"相对待中的那个一己之"是"，也不指"是"和"非"争胜中的那个一隅之"是"，而是指可以为所有人接受和承认的"是"。"然"，在这里既不指"物谓之而然"的那个"然"，也不指"物固有所然"的那个的"然"，而是指可以为所有人接受和承认的"然"。这个"是"或"然"，用一个通用的哲学术语来表达，就是所谓"绝对真理"。"是不是，然不然"，不能简单解释为"是"即"不是"，"然"即"不然"，而是说一个可以为所有人接受和承认的"是"或"然"是不存在的。执意于寻求一个可以为所有人接受和承认的"是"或"然"，以为通过论辩就可以确立这样的一个"是"或"然"，是虚妄而不可能的。因为，如果确实存在一个类似于"绝对真理"的"是"或"然"（"是若果是""然若果然"），那么"是"即"是"而不可能"不是"，"然"即"然"而不可能"不然"，"是"或"然"的存在及其不可能不存在（"是之异乎不是""然之异乎不然"）就是不证自明而无须论辩的。庄子这里用的是反证法：无休无止的论辩恰恰证明一个可以为所有人接受和承认的"是"或"然"是不存在的。

"和之以天倪",就是放弃对于"是"或"然"的寻求,任由自己在宇宙大化中推移,就像河水在大地上漫流,此所谓"因之以曼衍"也。就可以颐养天年,此所谓"穷年"也。这就是庄子心目中最高的人生境界:忘掉生死,忘掉人世间一切所谓应该或不应该的羁绊,就像梦中的蝴蝶一般,在无穷无尽的境界中振翅翱翔,此所谓"振于无竟,故寓诸无竟"也。

(四)"是不是,然不然"辩

"是不是,然不然",可以看作是庄子上述论辩的一个结论。这个结论的要义,就在于从根本上否认寻求"是"或"然"的意义。庄子看到了在诸子百家的争鸣中,并没有一个可以为所有人接受和承认的"是"或"然",并进而把"是"或"然"看作是不存在的。这里有庄子的洞见,也有值得进一步论辩的问题。

庄子所处时代的潮流,是以打造"人主"的绝对权力为目标的"务为治者"。在这个势不可挡而不给人任何其他希望的时代潮流下,诸子百家的是非之争虽然五花八门,但其目标无不指向一个类似于绝对真理的"是"或"然"。从春秋战国的政治实践看,这个看似抽象的"是"或"然",就是在越来越残酷而失去底线的争霸战争中逐渐浮现出来而日见其清晰的大一统集权制帝国。它就像一轮喷薄欲出的太阳,在人们的企盼中从天边的地平线下放射出炫目的光芒,预示着它将是东方大地上普照一切的主宰。对于这样的时代潮流以及它所指向和预示的"王天下"理想,庄子是拒绝的,甚至是憎恶的。正唯如此,庄子毫不犹豫把"君人者,以己出经式义度,人孰敢不听而化诸"的"治天下"方略斥指为"是欺德也"(《庄子·应帝王》)。也正唯如此,庄子不遗余力要证明"是不是,然不然"。庄子的证明清晰而简洁:如果"是"即"是"、"然"即"然",则"无辩";可事实上,人的论辩却是无休无止的;因此,"是"或"然"是不存在的,此所谓"是不是,然不然"也。令人感到不解的是,庄子既然主张"是不是,然不然",仿佛是认同人应该有论辩的,但他为什么还要主张"莫若以明"呢?"以明","无辩"也。

庄子反对的,是论辩者"欲是其所非而非其所是"的争胜。争胜的根源在于人的生存本身就是区分"彼"和"是"的,人的生存就是不断地对自己的言和行进行选择性的肯定,人就活在这种选择性的肯定也即所"是"或自以为"是"之中,所谓"彼是,方生之说也"。既是"方生之说",那就是人作为一个人而活着就不可避免的,是人作为一个人而活着的重要条件,怎么可以去除呢?庄子的理由很简单:"虽然,方生方死,方死方生。"虽然是人作为一个人而活着的重要条件,但人的生死正和"彼是"的区别一样,是不确定和转瞬即逝的。我们禁不住要问:虽然,又该如何呢?虽然任何一个作为个体的人的生存,在无始无终的无穷面前是短暂的,不过一瞬而已,但人除了此生的存在,还能有别的形式的存在吗?对于这一点庄子是清楚的,他的"江湖"之喻就是要说明,人并不能像鱼一样可以逃离而"相忘乎江湖"。既然如此,人难道不应该倍加珍爱这个唯一而无法逃离的此生,并在自以为"是"的争胜中,争出一个更有价值和意义的人生吗?并且,庄子又拿什么来否认此生存在的价值和意义也即每一个人的所"是"或自以为"是"呢?庄子说过这样的话:

> 予恶乎知说生之非惑邪?予恶乎知恶死之非弱丧而不知归者邪?丽之姬,艾封人之子也,晋国之始得之,涕泣沾襟;及其至于王所,与王同筐床,食刍豢,而后悔其泣也。予恶乎知夫死者不悔其始之蕲生乎?(《庄子·齐物论》)

人无法知道贪生是不是一种迷惑而怕死是不是因为幼年走失而不知回家,也无法知道死去的人会不会后悔当初的贪生,就像丽姬后悔当初的哭泣一样。庄子在这里一连用了几个"恶乎知",表明这些都是无法确知的。既然无法确知,又怎么可以作为论辩的理由呢?"恶乎知"者,莫须有也。

我们无意于苛责古人。作为一个对人的生存有着深刻洞见而拒绝与"务为治者"的时代潮流同流合污的哲学家,庄子既看不到此生存在的价值和意义,也不认为汲汲于"务为治者"而"欲是其所非而非其所是"的诸子能够为天下苍生找到摆脱苦难的希望和出路,因为诸子"欲是其所非而非其所是"的争胜无一不是为了把自己的所是和所然确立为凌驾于其他一切人之上的唯一的"是"或"然"。而一个凌驾于一切人之上的唯一的"是"或"然",它在中国古代的实现形式就是凌驾于一切权力之上,"以己出经式义度,人孰敢不听而化诸"的"人主"。这无异于对一切人的天性的摧残,所以说"是欺德也"。这正是庄子既主张"是不是,然不然",同时也主张"莫若以明"或"无辩"的原因。

我们禁不住要继续追问,这个不可欺侮的"德"或人的天性又是什么呢?难道不就是每一个人都自以为"是"的争胜也即作为一个人而活着的独立的生存意愿或生存意志吗?这个独立的生存意愿或生存意志,既然不能屈从于一个凌驾于一切人之上的"是"或"然",不能在"人主"的淫威下任其"听而化诸",又怎么能够在"是不是,然不然"的旗帜下"莫若以明",由自己去除或自我戕残呢?这是庄子哲学中最深刻也最耐人寻味的内在张力。

四、"圣人"

庄子对尧舜以及世所公认的圣人,是不以为然的。但庄子心目中依然有圣人,庄子哲学中也不能没有圣人。庄子既主张"是不是,然不然",又主张"以明"或"无辩",不啻把人的生存带进了一个无所适从的死胡同。要走出这个死胡同,庄子必须引入一个可以为范式的生存标准。这个标准,就是庄子心目中的"圣人"。庄子的是非之辩,落脚点无不在"圣人"。所谓"圣人不由,而照之于天",所谓"圣人和之以是非,而休乎天钧",所谓"和之以天倪,因之以曼衍",等等。下面,我们就来讨论庄子心目中的"圣人"。

(一)"圣人"之形象

关于"圣人",庄子有种种描述,为我们勾勒出一个勘破生死"而游乎尘垢之外"，却又不得不关心人间事务，因此有所"不论"、有所"不议"、有所"不辩"的"圣人"形象。庄子写道：

> 圣人不从事于务。不就利，不违害。不喜求，不缘道。无谓有谓，有谓无谓，而游乎尘垢之外。（《庄子·齐物论》）

所谓"不从事于务"，就是没有什么非做不可的事情或非完成不可的任务和责任，"恶乎待"也。"不就利，不违害"，就是既不趋利也不避害，因为世俗所谓"利"和"害"对于他而言是一样的，"相通为一"也。"不喜求，不缘道"，就是不因一己之喜好而随便追求什么，也不为了符合道而刻意约束自己，既不离道而"喜求"，也不为道而"缘道"，"因是已"。就这样漫无目的地"逍遥"于"无谓有谓，有谓无谓"之间，既活在人间又超然于人间的尘事俗务。这就是庄子心目中，"游乎尘垢之外"的"圣人"。庄子继续写道：

> 六合之外，圣人存而不论；六合之内，圣人论而不议；春秋经世，先王之志，圣人论而不辩。（《庄子·齐物论》）

庄子的"圣人"既为人生存的范式或标准，就必须对人世间的事务有所立场和态度。这个立场和态度，就是庄子所谓"论"。"六合之外"或有存在，却与人的生存无干，最好的办法就是把它放置在一边而不对其有所立场和态度，此所谓"存而不论"。"六合之内"，不论人和物，都和人的生存息息相关，"圣人"必须对其有所立场和态度。但究竟采取什么样的立场和态度，虽然关乎芸芸众生的生存，却依然只是"圣人"自己的事情，既无须取得芸芸众生的认可和同意，也无须通过与芸芸众生的协议而得到确立，此所谓"论而不议"。"春秋经世，先王之志"，是古代中国人可以引为经验的看得见和听得到的历史，更是诸子百家是非之辩、之争的焦点，"圣人"自然对其有所立场和态度。这个立场和态度，"圣人怀之"而已，并不屑于和诸子争胜，此所谓"论而不辩"。庄子写道：

> 辩也者，有不辩也。曰：何也？圣人怀之，众人辩之以相示也。故曰：辩也者，有不见也。（《庄子·齐物论》）

凡是论辩，就有论辩本身解决不了的难题（所谓"不辩"），也有论辩者照顾不到的地方（所谓"不见"）。因此，"圣人"虽然有所立场和态度，却只是了然于胸（所谓"怀之"），并不像一般人那样在与人争胜的论辩中把自己的立场和态度展示在众目睽睽之下（所谓"相示"）。这是"圣人"的机巧，更是"圣人"的智慧。庄子写道：

> 故知止其所不知，至矣。孰知不言之辩，不道之道？若有能知，此之谓天府。注焉而不满，酌焉而不竭，而不知其所由来，此之谓葆光。（《庄子·齐物论》）

不论庄子如何高度赞扬"圣人"的智慧，称之为"天府"也好，誉之为"葆光"也罢，我们关心的只有一点："圣人怀之"而"不议""不辩"的那个"论"，其具体内涵究竟是什么？它果真可以成为人的生存的范式或标准吗？

（二）"圣人之治"

庄子的"圣人"，也就是他自以为不同于诸子的救世良方。这个救世良方的出发点虽然不是诸子汲汲的"务为治者"或"务为治者"的"人主"立场，但落脚点却依然还是"治"，是他心目中的"圣人之治"。何谓"圣人之治"？在《应帝王》中，庄子写了这样的一个寓言：

> 肩吾见狂接舆，狂接舆曰："日中始何以语女？"肩吾曰："告我：'君人者，以己出经式义度，人孰敢不听而化诸！'"狂接舆曰："是欺德也！其于治天下也，犹涉海凿河，而使蚊负山也。夫圣人之治也，治外乎？正而后行，确乎能其事者而已矣。且鸟高飞

以避矰弋之害,鼷鼠深穴乎神丘之下,以避熏凿之患,而曾二虫之无知!"(《庄子·应帝王》)

一句"是欺德也",憎恶之情溢于言表。在庄子看来,如果按照"务为治者"的"人主"立场,以"人主"一己的意志加于所有人,就是"欺德",就是以强力改变人的天性。庄子心目中的"圣人之治",是"圣人"必须先摆正自己的位置然后再行治理("正而后行")。所谓摆正自己的位置,就是确定哪些是自己该做和能做的事情,至于其他人该做什么、能做什么就不用费心操劳了。因为,即使是小鸟也知道高飞躲避矰弋之害,即使是老鼠也知道深藏于神坛之下逃避熏凿之患,难道人比这两个小畜生更无知吗?

这是庄子对理想人间的期许,这个理想的人间就是:每一个人都能按照自己的天性而活着。所谓按照自己的天性而活着,就是顺乎自然。庄子紧接着写了这样的寓言:

天根游于殷阳,至蓼水之上,适遭无名人而问焉,曰:"请问为天下。"无名人曰:"去!汝鄙人也,何问之不豫也!予方将与造物者为人,厌则又乘夫莽眇之鸟,以出六极之外,而游无何有之乡,以处圹埌之野。汝又何帠以治天下感予之心为?"又复问。无名人曰:"汝游心于淡,合气于漠,顺物自然,而无容私焉,而天下治矣。"(《庄子·应帝王》)

这里的"淡"和"漠",都是指虚空而没有内容。和前面讨论过的"心斋"和"游乎天地之一气"说的是同一个意思,也即通过排除心中的一切而达到心中无物的境界,从而回到生命本身。当一个人达到心中无物的境界,包括他的形体在内的万物乃至他的心本身,就仿佛都不存在了,所有的只是"天地之一气"而已。这个"天地之一气",也就是生命本身。回到生命本身,也就能"顺物自然",也就能去除每一个人心中的偏私或偏爱。没有了人的偏私或偏爱,也就没有了人间的纷争，天下也就太平了，此所谓"无容私焉，而天下治矣"。

顺乎自然而回到生命本身，这是庄子直面无穷达到的彻悟。人的自然就是人的生命本身，就是人的天性，所谓"德"也。以"人主"一己的意志加于所有人是"欺德"，让每一个人都能按照自己的天性而活着，就是"以德为循"。在《大宗师》中，庄子这样写道：

> 以刑为体，以礼为翼，以知为时，以德为循。以刑为体者，绰乎其杀也；以礼为翼者，所以行于世也；以知为时者，不得已于事也；以德为循者，言其与有足者至于丘也，而人真以为勤行者也。故其好之也一，其弗好之也一。其一也一，其不一也一。其一，与天为徒；其不一，与人为徒。天与人不相胜也，是之谓真人。（《庄子·大宗师》）

先说"以德为循"。庄子的解释是，"言其与有足者至于丘也，而人真以为勤行者也"。在这里，"足"和"丘"是设喻。意思是说，只要按照人的天性每个人都能到达本应到达的目标，成为一个合乎天性的人，就像"有足者"都能"至于丘"一样，并不需要"勤行"之类的特别的努力。其实还是顺乎自然的意思。

再说"以刑为体，以礼为翼，以知为时"。这里的问题在于，既然"以德为循"，顺乎自然，让每个人都按照自己的天性而活着，为什么还要讲"刑"、讲"礼"、讲"知"呢？不论"刑""礼""知"，都是要对人有所约束。既是约束，难道不是对人的天性的限制乃至戕害吗？庄子并不这样认为。在庄子看来，芸芸众生为"情"所困，沉湎于"是非"，囿于"成心"，其实是失去了自己的天性，所谓"丧"也。因此，"圣人之治"虽然"以德为循"，对芸芸众生依然要"以刑为体，以礼为翼，以知为时"，有所杀伐，有所规范，有所教导。所谓"以刑为体"，就是"绰乎其杀"。"绰"者，宽也，缓也。就是不急于用"杀"，而要宽缓而行，能不杀人就不杀人。断不可解释为即使杀人也是宽厚仁慈的，否则就近乎昏话了。但不论如何解释，宽也罢，缓也罢，杀人总是免不了的。所谓"以礼为翼"，就是为了"行于世"。"翼"者，辅也，助也。"行于世"，更好地活在人间而已。相与为生的人，不应以是非之争胜立世，而应以"礼"而行，以"礼"而存，以"礼"而生，"所以行于世也"。所谓"以知为时"，是因为"不得已于事"。"时"者，合乎时宜也。因为不得不面对世俗的繁杂事务，所以必须因时制宜，是"圣人"的机巧和智慧，所谓"知"也，所谓"知止其所不知，至矣"。

再说"一"与"不一"。"圣人"对于人间事务，尤其对于芸芸众生，不论是因为喜好而赞许之，还是因为不喜好而约束之，都是出于一个理由，也即"以德为循"，为了让每一个人都按照自己的天性而活着，成为一个合乎天性的人，此所谓"其好之也一，其弗好之也一"。因为有了喜好和不喜好，所以就有了区别，但不论有区别还是没有区别，"圣人"对人间的期许只有一个，只是"以德为循"，此所谓"其一也一，其不一也一"。之所以没有区别，是因为"圣人"代表的是"天"，是"天"在人间的化身；之所以有区别，是因为"圣人"同时也是"人"，是与芸芸众生相与为生的一个"人"。此所谓"其一，与天为徒；其不一，与人为徒"。虽然是"天"在人间的化身，但"圣人"并不自恃而自以为出类拔萃，此所谓"天与人不相胜也"。在《德充符》中，庄子对他心目中的"圣人"，做了这样的总结和概括：

> 闉跂支离无脤说卫灵公，灵公说之，而视全人，其脰肩肩。瓮㼜大瘿说齐桓公，桓公说之，而视全人，其脰肩肩。故德有所长，而形有所忘。人不忘其所忘而忘其所不忘，此谓诚忘。故圣人有所游，而知为孽，约为胶，德为接，工为商。圣人不谋，恶用知？不斫，恶用胶？无丧，恶用德？不货，恶用商？四者，天鬻也。天鬻者，天食也。既受食于天，又恶用人？有人之形，无人之情。有人之形，故群于人；无人之情，故是非不得于身。眇乎小哉！所以属于人也。謷乎大哉！独成其天。（《庄子·德充符》）

所谓"德有所长，而形有所忘"，是说人的天性（"德"）是需要养育而使其不断成长的，人的形体是可以忽略而不必在乎其缺陷的。一个人不忽略本可以忽略的而忽略了不应该忽略的，只在乎自己的形体是否完整而不在乎自己的天性是否受到摧残，那才是真正有缺陷而不完整的人，所谓"诚忘"也。正因为人的天性是需要养育的，所以"圣人有所游"。这里的"游"，当指游于人间、游于世俗，也即在人间有所作为。"圣人有所游"的内容，就是庄子称之为"天鬻"或"天食"的"知为孽，约为胶，德为接，工为商"。"孽"者，庶也，地位卑贱也，芸芸众生之谓也。庄子反问："圣人不谋，恶用知？"表明"圣人"所谓"知"并非为己，而是为了芸芸众生。对于芸芸众生，必须导之以"知"，此所谓"知为孽"也。"约"，可以理解为约束，但"约"何以为"胶"呢？庄子反问：圣人"不斫，恶用胶？"表明"胶"是一种比喻，是对"圣人"通过一定的约束把芸芸众生集合成为"群"的比喻，就像匠人把斫伐的木头胶合成为适用的器物一样，此所谓"约为胶"也。"接"，合也，以使连续而不间断、不丧失。庄子反问：圣人"无丧，恶用德？"这就是说，虽然"圣人"之"德"既不会"丧"当然也用不着养育，但芸芸众生则不同，其天性是可以为"情"所困而"丧"的，所以需要养育以使其不断成长，此所谓"德为接"也。"工"者，百工也，"饬化八材"也；"商"者，商贾也，"阜通货贿"也（《周礼·天官·大宰》）。何谓"饬化八材"？郑玄注："八材：珠曰切，象曰磋，玉曰琢，石曰磨，木曰刻，金曰镂，革曰剥，羽曰析。"珠、象、玉、石、木、金、革、羽及其制成品皆非人的基本生存所必需的，而"阜通货贿"的目的则是货利，二者都不是"圣人"的需要，所以问：圣人"不货，恶用商？"在庄子眼里，"工为商"正和"知为孽，约为胶，德为接"一样，都是出自人的天性，是养育人的天性不可或缺的，所以说"四者，天鬻也"，并进而解释说"天鬻者，天食也"，这是很值得玩味的。庄子既然不反对"工"和"商"，甚至把"工为商"视为养育人的天性的"天鬻"或"天食"，所谓"圣人有所游"就并非小国寡民式的远古人类社会，而是庄子直接面对的成熟的人类社会。只有成熟的人类社会，才有"工"和"商"存在的空间。

庄子紧接着开始设问："既受食于天，又恶用人？"既然是"天鬻"或"天食"，又何必要"圣人"呢？庄子的回答很简单：因为"圣人"是"有人之形，无人之情"。因为有人的"形"，所以与人为"群"；因为没有人的"情"，所以在他身上就不会有"是非"。"圣人"多么渺小呀！所以他属于"人"。"圣人"又多么伟大呀！所以唯有他才能代表"天"，是"天"在人间的化身。可以说，庄子哲学最终指向的就是这个"有人之形，无人之情"的"圣人"。庄子为什么要倾全力打造出一个"有人之形，无人之情"的"圣人"，以为不同于诸子的救世良方呢？这里有几个要点：第一，庄子的理想人间是每一个人都能按照自己的天性而活着，庄子面对的现实却是芸芸众生相与为生、以"群"为生存基础的成熟的社会，也即中国古代所谓"天下"。在现实的社会中，每一个人都有可能在相与为生的"群"中迷失，为"情"所困，沉湎于"是非"，囿于"成心"，从而失去自己的天性。因此，一个成熟的社会必须有规则，也必须有规则的执行者。庄子所谓"以刑为体，以礼为翼，以知为时，以德为循"，以及"知为孽，约为胶，德为接，工为商"，不论其具体内容如何，也不论冠以怎样好听的称谓，如"天鬻"或"天食"，说的无非是一个成熟社会必不可少的规则和规则的执行。第二，这个规则的制定者和执行者，不论从春秋战国的实际历史运动以及诸子百家的争鸣来看，最终都指向一个凌驾于一切权力之上、"以己出经式义度，人孰敢不听而化诸"的"人主"。这是庄子不接受甚至憎恶的。第三，正唯如此，庄子才倾其全力打造出这样一个既是人又"无人之情"，既代表天又"有人之形"，既是人又不是人，既代表天又不是天的"圣人"，以和历史上的、现实中的以及正在形成中的"人主"相抗衡，并希望用他心目中的"圣人"取代"人主"。那么，庄子的"圣人"如何能够和"人主"相抗衡并取代"人主"呢？

（三）"圣人"与"人主"

庄子的逻辑很简单。首先，在庄子看来，人类社会的规则是出自

"天"而非出自人，所以才能顺乎人的天性。这是庄子所谓"天鬻"或"天食"的要义所在。其次，庄子的"圣人"是"人"，所以有资格担当人类社会规则的执行者。这是庄子所谓"有人之形，而群于人"的要义所在。最后，庄子的"圣人"又代表"天"，是"天"在人间的化身，所以执行的规则才能出自"天"而非出自人。更为重要的是，因为代表"天"，所以没有人的是非、好恶，不会因为一己之是非、好恶而膨胀为凌驾于一切权力之上的"人主"。这是庄子所谓"无人之情，故是非不得于身"的要义所在。

庄子的"圣人"不是"人主"，却要取代"人主"而治天下，所以也要"用兵"，也要"亡国"，也要"利泽施乎万世"，但不是出于一己之私利，也不是出于"爱人"。庄子的"圣人"通识万物所以能治天下，但不是由于一己之偏好和喜乐，所谓"乐通物，非圣人也"。庄子的"圣人"治下，亦有"仁"者和"贤"者，亦有"君子"和"士"乃至"役人"，却被赋予新的内涵。庄子写道：

> 故圣人之用兵也，亡国而不失人心；利泽施乎万世，不为爱人。故乐通物，非圣人也；有亲，非仁也；天时，非贤也；利害不通，非君子也；行名失己，非士也；亡身不真，非役人也。若狐不偕、务光、伯夷、叔齐、箕子胥余、纪他、申徒狄，是役人之役，适人之适，而不自适其适者也。（《庄子·大宗师》）

在庄子看来，人类社会中的各色人等，包括最底层供人役使的人（所谓"役人"），只要是出于真诚而非出于"有亲""天时""利害"和"行名"等带有偏好的计较，就都是符合人的天性的。按照这种理论，"役人"舍生忘死如果不是出于真心，就不是一个好的或真正的"役人"。按照这种理论，像狐不偕、务光、伯夷、叔齐、箕子胥余、纪他、申徒狄等世所公认的贤达人士，也都不过是一些"役人之役，适人之适，而不自适其适"的人而已。所谓"役人之役"，是说他们之所以这样被役使，是因为有人希望他们这样被役使；所谓"适人之适",是说他们之所以这样顺适,是因为有人希望他们这样适顺。所以,他们的所谓"适"并不是依照自己的天性而适其所适,也即"不自适其适者也"。

庄子对自己的"圣人"很自负,以为"圣人"之能治天下,则堪比"明王"。庄子写道:

> 阳子居见老聃曰:"有人于此,向疾强梁,物彻疏明,学道不倦。如是者,可比明王乎?"老聃曰:"是于圣人也,胥易技系,劳形怵心者也。且也虎豹之文来田,猿狙之便、执斄之狗来藉。如是者,可比明王乎?"阳子居蹴然曰:"敢问明王之治。"老聃曰:"明王之治,功盖天下而似不自己,化贷万物而民弗恃,有莫举名,使物自喜,立乎不测,而游于无有者也。"(《庄子·应帝王》)

在庄子看来,"向疾强梁,物彻疏明,学道不倦",都不是"圣人"应有的品格。对于"圣人"而言,这些不过是吏役的伎俩,为自己的技能和职守所困,终日劳碌,担惊受怕罢了。就像虎豹由于毛皮漂亮而招来猎捕,猕猴由于灵便、猎狗由于善捕而招来拘系,供人役使而已。"圣人"治天下,也即"明王之治",虽然"功盖天下"却好像与自己无关,"化贷万物"而百姓却不依恃,有成而不彰显其名,使万物自在而欣然。何谓"化贷万物"?"贷"者,施也,予也,借也。天"化"万物,却必须假"圣人之治"而落实在人间,是为"化贷万物"也。至于"圣人"自己,却仿佛站在某个不为人知的地方,逍遥于什么也没有、什么也不是的境地,一如《逍遥游》所谓"无何有之乡,广莫之野"也。

这样的"圣人"或"明王",可谓神龙见首不见尾。庄子写道:

> 其心志,其容寂,其颡頯,凄然似秋,煖然似春,喜怒通四时,与物有宜,而莫知其极。(《庄子·大宗师》)

所谓"凄然似秋",就是"威"和"杀";所谓"煖然似春",则是"仁"和"生"。虽然有"威"和"杀"、"仁"和"生",却不是出自"圣人"的一己之私或一己之偏好,而是顺乎"道"、应乎"天",就像"天"有秋冬和春夏,而"圣人"则有"凄然似秋"和"煖然似春",可谓"喜怒通四时","而莫知其极"也。庄子写过这样的寓言:郑国有个神巫名叫季咸,能够预测人的生死存亡、祸福寿夭。列子被神巫折服并告诉自己的老师壶子说:"起先我总以为先生的道行是最高的,如今算是遇见更高的人了。"壶子不以为然,说:"我教给你的还只是些皮毛。你以这些皮毛去跟人匹敌,一心只想取得别人的信任,所以才让人把你的底细看穿。你带他一块儿来,把我介绍给他。"一连几天,列子带着神巫季咸一道拜见壶子。季咸一会儿说壶子要死了,一会儿又说壶子有救了;一会儿说壶子在好转,一会儿又说壶子的病情错综复杂;终因壶子的"莫知其极"落荒而逃。壶子告诉列子说:"向吾示之以未始出吾宗。吾与之虚而委蛇,不知其谁何,因以为弟靡,因以为波流,故逃也。"意思是说:之前我显露给他看的都不是出自我的根本(未始出吾宗),他弄不清我显示的究竟是谁,一会儿显得颓废顺从,一会儿又像激流奔涌,所以他逃跑了。这大概就是庄子心目中"莫知其极"的"圣人"境界吧(《庄子·应帝王》)。

似这样"立于不测"而"莫知其极"的"圣人",不过是庄子理想中一个虚幻的存在而已,是庄子的一个梦罢了。关于"圣人",庄子还说过这样的话:

众人役役,圣人愚芚,参万岁而一成纯。(《庄子·齐物论》)

所谓"参万岁而一成纯",是说在这样的"圣人"眼里,既没有古今之变,也没有世事沉浮,虽历万岁而浑然一体、纯然为一。前面我们说过,发现或意识到无穷,始于人的历史自觉。当人有能力超出自己的有限存在,把思维指向过去和未来,无穷的梦魇就开始了。之所以是"梦魇",是因为在宛如黑洞的无穷面前,人最初的那点自我意识一不小心就会被摧毁而跌入无穷的虚空，就像在宇宙的黑洞面前连光也无法逃逸一样。庄子是中国古代敢于直面无穷的伟大哲学家，在他自以为达到了直面无穷的至境并以超凡绝俗的幻想乘着"逍遥"的翅膀"以游无穷"的时候，在他凭借着穿透无穷的思辨力量把人走过的漫长而艰难的历程（所谓"万岁"）看作无始无终的"一化"中的一瞬的时候，他其实是给了沉睡在梦中的人们（当然也包括他自己）一个期许、一个念想。庄子写道：

> 方其梦也，不知其梦。梦之中又占其梦焉，觉而后知其梦也。且有大觉而后知此其大梦也，而愚者自以为觉，窃窃然知之。……万世之后，而一遇大圣知其解者，是旦暮遇之也。（《庄子·齐物论》）

人的历史和未来，虽有万岁，亦可推万世，却不过一梦，旦暮之间而已。这种参透古今和未来的潇洒和豪迈，成为深入中国文化和中国人骨髓的精神慰藉。"一遇"者，幸遇也，非必然之谓也。而之所以把"一遇大圣知其解者"推到万世之后，是因为庄子自己也明白，他的"圣人"是无法和现实的"人主"相抗衡的。庄子写道：

> 孔子适楚，楚狂接舆游其门曰："凤兮凤兮，何如德之衰也！来世不可待，往世不可追也。天下有道，圣人成焉；天下无道，圣人生焉。方今之时，仅免刑焉。福轻乎羽，莫之知载；祸重乎地，莫之知避。已乎已乎，临人以德！殆乎殆乎，画地而趋！迷阳迷阳，无伤吾行！吾行郤曲，无伤吾足！"（《庄子·人间世》）

虽然是借楚狂接舆之口，但无疑是庄子自己的切肤之感。这首歌，把庄子对历史、现实和未来的绝望，表达得淋漓尽致。面对着"来世不可待，往世不可追"的历史、现实和未来，庄子的"圣人"是无可奈何的。天下有道，"圣人"自然可以成就他的理想；天下无道，"圣人"只能苟活于人间。问题的关键是，在中国古代，唯有凌驾于一切权力之上的"人主"才是决定"天下有道"或"天下无道"的主宰。不论庄子如何赞誉他的"圣人"为"謷乎大哉"的"天"，"有人之形，无人之情"的"圣人"也只能是仰"人主"的鼻息而或"成"或"生"。至于庄子所处的"方今之时"，"有人之形，而群于人"的"圣人"，也就只能和芸芸众生一样"仅免刑焉"，混迹于人间而偷生于乱世了。

五、"无用之用"

混迹于人间而偷生于乱世，并不是一件容易的事情。对于一个勘破生死的人来说，走向死亡是容易的，活着反倒成为一个难题。庄子倾全力打造一个"有人之形，无人之情"的"圣人"，以为他对理想人间的期许。不论庄子的"圣人"或理想人间能否实现，庄子都无法回避这个难题：每一个生活在"方今之时"而"仅免刑焉"的人，不论是勘破生死而不离人间的"圣人"，还是为"情"所困而囿于是非、善恶和生死的芸芸众生，究竟该怎样活着？

（一）"缘督以为经"

《养生主》一开篇，庄子就给了我们一个"可以保身，可以全生，可以养亲，可以尽年"也即该怎样活着的指南。庄子写道：

> 吾生也有涯，而知也无涯。以有涯随无涯，殆已；已而为知者，殆而已矣。为善无近名，为恶无近刑，缘督以为经，可以保身，可以全生，可以养亲，可以尽年。（《庄子·养生主》）

"吾"，在这里是泛指每一个作为个体的有形存在的人，和篇末"指穷于为薪"的"指"，其内涵是一样的。作为个体的人，人的生命或一生是有限的，因为每一个活着的人都会死亡。虽然是有限的，但为了活着，每一个人无时无刻不对自己即将采取的言和行进行选择性的肯定，这种选择性的肯定就是人的"知"，因为它是基于人求生的意愿而对是非、善恶做出的判断，是人的自以为"是"和自以为"善"，也即自以为"知"。这种自以为"知"，既然是对即将发生的言和行的是非、善恶判断，它所指向的就是未来，是不确定也无法确定的，此所谓"知也无涯"。"无涯"者，无边也，没有边界也即不确定或无法确定也。不仅如此，人甚至无法确知自己下一刻的生或死。关于人对于未来甚至下一刻生或死的无知，庄子在《大宗师》中是这样表述的：

> 不知所以生，不知所以死，不知就先，不知就后，若化为物，以待其所不知之化已乎！且方将化，恶知不化哉？方将不化，恶知已化哉？（《庄子·大宗师》）

所谓"若化为物"，是说人不过是万化中的一物，只能等着那无法确知的下一刻来"化"自己而已（"化"在这里可以看作是"死"的替代说法）。即使是下一刻就会发生的"化"，因为此刻还没有发生，又怎么知道究竟是"化"还是"不化"呢？即使下一刻"不化"，因为此刻还没有发生，又怎么知道究竟是"不化"还是"化"呢？一个有限的生命存在，总是期望能够对自己的未来进行是非、善恶的判断并自以为"知"，无异于自陷困厄，甚至是危险的。此所谓"以有涯随无涯，殆已；已而为知者，殆而已矣"。"已而"者，时而也，时不时之意也。

既然人无法确知自己的未来甚至无法知道自己下一刻的生或死，就不要试图对未来进行是非、善恶的判断并以此为自己言和行的依据。为了更好地活着，人既不要"近名"以免树大招风，也不要"近刑"以免杀身之祸，而是顺着"善"和"恶"的中间并以此为准则，所谓"缘督以为经"。中间者，"督"之古义也。

对"缘督以为经"的经典诠释，就是庄子庖丁解牛的寓言。庖丁为文惠君解牛，各种动作，各种声响，"莫不中音"，合于音乐的节奏。文惠君对庖丁的技艺赞叹不已，庖丁却以为自己的解牛远远超出了技艺的范畴，已经达到"道"的境界。庖丁对文惠君说：

> 始臣之解牛之时，所见无非牛者。三年之后，未尝见全牛也。方今之时，臣以神遇，而不以目视，官知止而神欲行。依乎天理，批大郤，道大窾，因其固然。技经肯綮之未尝，而况大軱乎？良庖岁更刀，割也；族庖月更刀，折也。今臣之刀十九年矣，所解数千牛矣，而刀刃若新发于硎。彼节者有间，而刀刃者无厚，以无厚入有间，恢恢乎其于游刃必有余地矣，是以十九年而刀刃若新发于硎。虽然，每至于族，吾见其难为，怵然为戒，视为止，行为迟，动刀甚微。謋然已解，如土委地。提刀而立，为之四顾，为之踌躇满志，善刀而藏之。（《庄子·养生主》）

这段描述庖丁解牛的文字很精彩，把庄子的生存智慧表达得惟妙惟肖。我们尝试着进行解析：

1."未尝见全牛"

庖丁说自己刚开始的时候，见到的只是"牛"而已。牛有头有尾，有身躯和四肢；就像人们看这个人世间，有君上有臣下，有成功者和失意者，有自以为聪明的智者和芸芸众生，当然还有是非、善恶和生死，等等。当庖丁逐渐了解牛的内部构成，看到的就不是"牛"，而是大小不同的骨节和筋肉，其中有筋骨紧密相连而结成的各种组织，也有把不同的组织分别开来的大小缝隙。就像在达到"道"的境界的人眼里，人世间的那些上下、智愚、成毁以及是非、善恶和生死的分别，就都失去了原有的意义，不存在了。此所谓"未尝见全牛"也。

2."官知止而神欲行"

庖丁自认为达到了解牛的至境，所以全凭对牛的心领神会，不再用眼睛去察看，所谓"官知止而神欲行"。《人间世》开篇的第一个寓言，讲的是孔子教导颜回如何保身、全生的故事，可以看作是对"官知止而神欲行"的注解。

颜回要到卫国去劝阻暴虐的卫君，拯救水深火热中的卫国人民，孔子却不以为然，认为颜回此去非但不能救人反而会招致杀身之祸。在孔子看来，颜回还不懂得"道"的生存境界，却一心只想着要去救人。一个人达到了"道"的境界，就不会有是非、善恶和爱憎等私心杂念，所谓"道不欲杂"也。有了是非、善恶和爱憎等私心杂念，就会有过多的考量计较，有过多的考量计较，就会扰乱自己的心绪，心绪一乱就会产生种种的忧患，有了忧患也就自顾不暇而不能救人了。所谓"杂则多，多则扰，扰则忧，忧而不救"。一个想要救人的人，必须先保存好自己，自救方能救人。人往往因为好"名"而丢失了自己的天性，因为争胜而自以为"知"，而"名"和"知"都是招致杀身之祸的凶器。庄子借孔子之口说：

德荡乎名，知出乎争。名也者，相轧也；知也者，争之器也。二者凶器，非所以尽行也。（《庄子·人间世》）

如果不懂得这个道理，就自以为"是"，自以为"知"，贸然去劝阻暴虐的君王，则无异于找死。这里的逻辑很简单，如果面对的是一个"悦贤而恶不肖"的君王，又何必要去劝阻他呢？如果不是，又怎么能够劝阻呢？庄子举历史上死于桀的关龙逢和死于纣的王子比干为例，以为他们都注重自身修养而以臣下的身份"伛拊人之民"，实际上是以臣下的身份拂逆了他们的君王，之所以招致杀身之祸，还是因为好名的结果。一句"是好名者也"，可以说颠覆了忠君爱民的传统核心价值观，站在了中国古代主流文化的对立面。既然关龙逢和王子比干这样的忠臣义士不足为法，颜回的卫国之行也就不值得称许了。庄子依然借孔子之口说出自己的主张：

若能入游其樊而无感其名，入则鸣，不入则止。无门无毒，一宅而寓于不得已，则几矣。绝迹易，无行地难。为人使，易以伪；为天使，难以伪。闻以有翼飞者矣，未闻以无翼飞者也；闻以有知知者矣，未闻以无知知者也。瞻彼阕者，虚室生白，吉祥止止。夫且不止,是之谓坐驰。夫徇耳目内通而外于心知,鬼神将来舍,而况人乎。是万物之化也,禹、舜之所纽也,伏羲、几蘧之所行终,而况散焉者乎。(《庄子·人间世》)

"樊",篱笆,笼子也。官场乃至人世间的各种圈子(譬如今天的学界、商界等等)不过是人不得不待在其中的一个纷纷攘攘的笼子,一个名利场而已。如果能够进入名利场而遨游其中(所谓"入游其樊")却又不为名利所动,能够"入游其樊"就瞎嚷嚷几声(所谓"鸣"),不能"入游其樊"就闭嘴(所谓"止")。没有什么既定的方法,也没有什么非要去治理的,所谓"无门无毒"。"门",方法,途径;"毒",统治,治理。虽然心安于"一",但把自己所待的地方看作不得不临时寄寓的场所而已,所谓"一宅而寓于不得已"也。需要说明的是,庄子所谓"一宅而寓于不得已",既指不得不"入游其樊"混迹于人间,又指不得不做一个人,也即人之为人是一件不得已的事情。能够明白这一点,也就差不多了。

庄子紧接着讲出两个近乎秘籍的人生诀窍:

其一,"绝迹易,无行地难"。人死了,也就没有了一切的是非、善恶、好恶等等,倒是容易的;但只要人活着,就不得不混迹于诸如官场、学界、商界等各种类似于囚笼一样的圈子。这就像走路一样,地上不留痕迹看似很难,但只要不走路也就没有痕迹,此所谓"绝迹易";只要走路,地上就必定有痕迹,因为走路而不履地是不可能的,此所谓"无行地难"也。

其二,"为人使,易以伪;为天使,难以伪"。糊弄人是容易的,欺天却是不可能的。混迹于人间,难免在人前弄个玄虚、做个假什么的;但如果信以为真,把自己给糊弄了,那就是拿自己的生命开玩笑,因为在天的面前是做不了假的。庄子举例说,听说过凭借翅膀飞翔的,不曾听说过没有翅膀而能飞翔的。在人前吹牛说自己能够飞翔,倒也没什么;但如果真以为自己能够飞翔,从万丈悬崖往下跳,那就只有死路一条。因为究竟有没有能够飞翔的翅膀,只有自己最清楚。同理,在人前俨然一个智者，倒也没什么，但如果真以为自己是一个智者，那就危险了，此所谓"已而为知者，殆而已矣"。

掌握了这样的人生诀窍而把一切都看透了的人（"瞻彼阕者"），他的心就有如"虚室"，他的心中就能生出光明，所谓"虚室生白"也。人的福善嘉庆也就在其中了，所谓"吉祥止止"也。前一个"止"的意思是"止于……"，后一个"止"的意思是"虚室"，也即一切都止于此的境界。如果能止而不止（所谓"夫且不止"），那就叫作"坐驰"。所谓"坐驰"，就是把耳目等感官转向自身内部（"徇耳目内通"，也即"官知止"）而使心知向外以游于万物（"外于心知"，也即"神欲行"），只剩下一个虚静空无的躯壳——更彻底的一个"虚室"，那么鬼神也会来居住，更何况人呢？或者换一个说法，鬼神也不过如此，更何况做一个人呢？这就是"万物之化"的奥秘，是禹和舜无法挣脱的，也是伏羲、几蘧最终都无法挣脱的，更何况普通的闲散之人呢。不论是禹、舜、伏羲和几蘧，还是芸芸众生，都在"万化"之中，都不过是无始无终的"万化"中的一个环节而已。

3．"依乎天理"而"因其固然"

庖丁的解牛之道，落在实处，就是"依乎天理"而"因其固然"，就是要依照牛的生理结构，顺着牛的骨节和筋肉之间的缝隙进刀（所谓"批大郤，道大窾"），这样就能"以无厚入有间，恢恢乎其于游刃必有余地矣"。庖丁夸耀自己的解牛之道：普通的厨子（所谓"族庖"）一个月就得换刀，好的厨子（所谓"良庖"）一年也必须换刀，而他的这把刀用了十九年，宰杀的牛有数千头，却依然锋利如新。这里的要义就在于，既要达到目的，又不能伤及自身。这是庄子的生存之道。《人间世》的第二个寓言，可为注解。

叶公子高受楚王之命将要出使齐国，感到心中惶恐，既害怕因为不成功而招致"人道之患"，即依照君臣之道而来自君王的责罚，又害怕即使取得成功也会招致"阴阳之患"，即由于忧喜交错而引起身体上的疾患。于是向孔子求教。孔子对叶公子高说出下面这番道理：

> 天下有大戒二：其一，命也；其一，义也。子之爱亲，命也，不可解于心；臣之事君，义也，无适而非君也，无所逃于天地之间。是之谓大戒。是以夫事其亲者，不择地而安之，孝之至也；夫事其君者，不择事而安之，忠之盛也；自事其心者，哀乐不易施乎前，知其不可奈何而安之若命，德之至也。为人臣子者，固有所不得已，行事之情而忘其身，何暇至于悦生而恶死。夫子其行可矣。
>
> （《庄子·人间世》）

庄子借孔子之口说出的这番道理，其落脚点就在于"行事之情而忘其身"，也即"依乎天理"而"因其固然"。牛的"天理"或"固然"就是牛的生理结构，人世间的"天理"或"固然"就是庄子所谓"命"和"义"，也即父子、君臣也。在庄子看来，子女敬爱双亲，是无法从人的心中去除的，所以是"命"；臣下侍奉君上，是无法从天地间逃脱的，因为不论走到哪里都不会没有君上，所以是"义"。这就把父子、君臣从通常所谓"情"的范畴中，从是非、善恶的分别和争胜中剥离出来，使之成为"不可解于心"和"无所逃于天地之间"的天下之"大戒"，也即"天理"或"固然"。

既然父子、君臣是人世间的"天理"或"固然"，对于不得不混迹于人世间的人而言，又该怎样"依乎天理"而"因其固然"呢？既然"不可解于心"和"无所逃于天地之间"，又该怎样做到"以无厚入有间，恢恢乎其于游刃必有余地矣"？在庄子看来，人面对着父子、君臣这两个无可逃遁的天下之"大戒"，不论"事其亲"和"事其君"，其要都在于一个"安"字。所谓"不择地"和"不择事"，是说不管何时、何地、何事，只要让"亲"和"君"心安就算得上是"孝之至"和"忠之盛"。唯一的标准就是"安"，哄他们开心而已。可是，光哄他们开心是不够的。主要是自己，不能因此而心生哀乐，不能因此而烦恼、困惑乃至受到伤害。这里的关键是放弃自己的是非、善恶和好恶，而以"亲"和"君"的是非为是非，以"亲"和"君"的善恶为善恶，以"亲"和"君"的好恶为好恶。既然为人臣、为人子，总有不得已的事情，不仅为人臣、为人子，人之为人本身就是一件不得已的事情。虽然不得已而无可奈何，但心无哀乐而安之若命，此所谓"自事其心者"，此所谓"德之至"也。何谓"德之至"？顺乎天性而能"保身、全生、养亲、尽年"也。其实不过是"行事之情而忘其身"，混迹于人间而偷生于乱世而已。

需要补充说明的是，虽然父子、君臣同为天下之"大戒"，但在庄子心目中，"命"和"义"还是有所区别的。为人子是命中注定因而无法更改，但为人臣却并非命中注定因此是可以更改的。一个人不可能不为人子，但一个人却可以不"入游其樊"而不为人臣。因此，庄子笔下的孔子给叶公子高的最后忠告是："莫若为致命"，倒不如辞掉君命不去齐国。那样的话，也就不会为齐国之行的成与败而左右为难，一会儿担心"人道之患"，一会儿担心"阴阳之患"。庄子当然明白，对于像叶公子高这样的王公贵族而言，这是不可能的，因此说："此其难者。"

4. "怵然为戒"

庖丁的道行虽然高超，但依然有"难为"之时，所以不得不"怵然为戒"，小心谨慎，"视为止，行为迟，动刀甚微"。如此，方能"謋然已解，如土委地"。如此，方能"提刀而立，为之四顾，为之踌躇满志，善刀而藏之"也。混迹于人间而"入游其樊"者也莫不如此，虽然只是哄君王开心而已，却并非易事，一不小心则难免杀身之祸。庄子《人间世》写了第三个寓言。

颜阖受命要做卫灵公太子的老师，卫太子虽是一个"其德天杀"者，但"其知适足以知人之过"。如果对卫太子不讲原则（所谓"与之为无方"），危害的就是自己的国家；如果对卫太子讲原则（所谓"与之为有方"），危害的就是自己的性命。颜阖感到很惶恐，不知如何面对这个"其德天杀"的少主，于是向蘧伯玉求教。蘧伯玉回答：

> 形莫若就，心莫若和。虽然，之二者有患。就不欲入，和不欲出。形就而入，且为颠、为灭、为崩、为蹶。心和而出，且为声、

为名、为妖、为孽。彼且为婴儿,亦与之为婴儿;彼且为无町畦,亦与之为无町畦;彼且为无崖,亦与之为无崖。达之,入于无疵。(《庄子·人间世》)

所谓"形莫若就,心莫若和",是说表面可以依就他,但内心却要坚持原则,做到和而不同。虽然从道理上说,表面依就他并不想同流合污(所谓"就不欲入"),内心坚持原则并不想表现出来(所谓"和不欲出"),但是要做到这一点却不容易。既然表面依就他,就难免同流合污,结果就会受他的牵连,陪他一起倒霉,所谓"为颠、为灭、为崩、为蹶"。既然内心坚持原则,就难免要表现出来,结果就会被认为是为了声望和虚名,甚至被视为另类和妖孽,所谓"为声、为名、为妖、为孽"。怎么办呢?只好随着他的性子,任由他折腾,想干什么就干什么。能够参透这一层,也就没有危险,"入于无疵"也。

不难看出,庄子借蘧伯玉之口说出的这番道理,不过是一套陪太子读书、哄小孩子开心的把戏。虽然是一套把戏,但因为它参透并道出了中国文化的一个秘密,所以几千年来总是玩得风生水起,连绵不绝。这个秘密就是,在"人主"政治下,没有人是安全的。庄子给我们的教诲既纠结又无奈:千万不要以为自己能够改变"人主",因为那只是螳臂当车的幻想而已;千万不要以为自己能够辅佐"人主",因为那不过是给老虎喂活口以激发其兽性而已;千万不要以为自己可以对"人主"施以爱而使其成为优秀的统治者,因为那就像是出于爱马之心而迫不及待地为马拍打虻虫,只会使马受惊而发狂而已。庄子接连发出"戒之慎之"和"可不慎邪"的慨叹,此所谓"怵然为戒"也。

(二)"无用之用"

既然为人臣而事其君,虽然只是安其心哄"人主"开心,却并不容易,甚至危机四伏,倒不如不"入游其樊",不入朝堂这个伴君如伴虎的囚笼,远离"人主"。远离"人主"的最好办法,就是成为一个无所为"人主"用的闲散之人,一个无用之人。"无用",并非一无所用,而是不为"人主"所用;不为"人主"所用,才能"保身,全生,养亲,尽年",是为大用。这就是庄子所谓"无用之用"。

1."以义誉之,不亦远乎"

庄子在《人间世》中,紧接着三个寓言之后写了著名的关于"栎社树"的寓言。匠人石在齐国遇到了一棵硕大无比的栎社树,却看也不看就径直离开了,因为他知道这是一棵毫无用处的"散木"。回到家后,栎社树托梦对他说出一番"无用之用"的道理:其他的有用之木(所谓"文木"),都是"以其能"而"苦其生",因此"不终其天年而中道夭",是自己招来了世俗的击杀,所谓"自掊击于世俗者也"。至于栎社树自己,历尽艰辛,几经生死,才终于变成了一棵没有用的树,才能长成如此硕大无比的一棵社树。这些道理,是人们熟知的。我们感兴趣的,是匠人石的徒弟提出的质疑以及匠人石的回答:

> 弟子曰:"趣取无用,则为社何邪?"曰:"密!若无言!彼亦直寄焉,以为不知己者诟厉也。不为社者,且几有翦乎?且也,彼其所保,与众异,而以义誉之,不亦远乎?"(《庄子·人间世》)

既然一心只想成为一棵无用的树,干吗又去做社树呢?难道做社树不也是一种"用"吗?从匠人师徒的一问一答中不难看出:第一,栎社树所谓"无用",是专门针对能够伤及自己生命的"用"而言,所谓"以为舟则沈,以为棺椁则速腐,以为器则速毁,以为门户则液樠,以为柱则蠹",等等;第二,"无用"只是"保身"和"全身"的手段,并无一定之规,不同的人和物都有适合自己的保身、全生之法,所以说:"彼其所保,与众异";第三,"无用之用"的目的只有一个,就是保身、全生。只要能够保身、全生,不论采用什么方法都是可以的。"用"与"无用"本在两可之间,栎之"为社",并没有应该或不应该的问题,更没有是非、善恶的问题,所以说:"以义誉之,不亦远乎?"

2."又况支离其德者乎"

栎社树的"无用之用"是针对匠人的"用"而言,人的"无用之用"则是针对"人主"而言。庄子在《人间世》中塑造了"支离疏"这个人物形象：

> 支离疏者，颐隐于脐，肩高于顶，会撮指天，五管在上，两髀为胁。挫针治繲，足以糊口；鼓筴播精，足以食十人。上征武士，则支离攘臂而游于其间；上有大役，则支离以有常疾不受功；上与病者粟，则受三钟与十束薪。夫支离其形者，犹足以养其身，终其天年，又况支离其德者乎？（《庄子·人间世》）

"支离疏"的形象设计乏善可陈，只是尽可能奇特而已，现实中是不可能存在的。这或许正是庄子的本意，一个并不存在的、幻想中的、形体畸异的人。虽然形体畸异，支离疏并非一无所用。他给人缝补浆洗，"足以糊口"；他替人筛糠簸米，"足以食十人"。实在是一个很能干的人。可是，"上征武士"和他无关，"上有大役"和他无关，"上与病者粟"他却可以领到三钟粮食和十捆柴火。不仅征兵、征役和他无关，他却偏偏还要"攘臂而游于其间"，似乎又是一个游手好闲的人。总之，支离疏对自己是有用的，他的无用只是对"上"也即"人主"而言。

庄子的"无用之用"并不止于此。庄子继续追问："夫支离其形者，犹足以养其身，以终天年，又况支离其德者乎？"何谓"支离其德"？这是释读庄子哲学的一个要点，也是一个难点。我们前面说过，对于"人主"的"欺德"庄子是憎恶的，甚至以"其德天杀"这样极端的用语加诸卫太子之流的"人主"。既然如此，庄子为什么还要主张"支离其德"呢？这是因为，在"人主"政治下，人的天性、人的聪明才智也即"德"，往往为"人主"所"用"并玩弄于股掌，成为引火上身的祸根。为了避免祸患，为了"保身，全生，养亲，尽年"，就只能远离"人主"，不为"人主"所用。不为"人主"所用的最好办法，就是忘掉自己的天性，舍弃自己的聪明才智，把自己变成一个无所为"人主"用的"行尸走肉"，此所谓"支离其德"也。庄子自己就是这样做的。司马迁说庄子"宁游戏污渎之中自快，无为有国者所羁，终身不仕"(《史记·老子韩非列传》)，则可为证明。

一个游手好闲领救济的"支离疏"，因为形体畸异而"足以养其身，以终天年"，不过是庄子的假想而已；靠"支离其德"偷生于乱世，才是庄子在"人主"政治下因为看不到出路而不得不做出的无可奈何的选择。

3. "然而至此极者，命也夫"

虽然是无可奈何的选择，却是中国古代政治条件下，一个追求理想人生的人，一个把人人都能按照自己的天性而活着视为理想人间的人，对"人主"所能做出的唯一有效的反叛，也是集法、术、势于一身的"人主"最为痛恨的。一个"支离其德"而无所为"人主"用的人，也即韩非所谓"不令之民"："夫见利不喜，上虽厚赏无以劝之；临难不恐，上虽严刑无以威之。此之谓不令之民也。"(《韩非子·说疑》)对于这样的"不令之民"，"人主"的唯一办法就是"不与其宁"而"除之"。事实上，不仅是接受了韩非学说的秦始皇，还包括以后历朝历代的皇帝在内，都是这样做的。

虽然庄子没有赶上天下一统的皇帝时代，但在"务为治者"的时代潮流下，只能靠"支离其德"偷生于乱世，做一个看起来逍遥而实则困苦不堪的"以游无穷者"。庄子寓言中虚构的那些得道、闻道的"畸人"，如子祀、子舆、子犁、子来、子桑户、孟子反、子琴张等等，他们无视人间的是非、善恶，不遵循世俗的礼仪和规则，不按照世所公认的标准做人，正是庄子所谓"支离其德者"。他们的人生看似超然洒脱，其实充满了无奈和困厄，或多或少打上了庄子自己生活的印记。庄子在《大宗师》的结尾处，曾这样描写一个虚构人物子桑的生存状态：

> 子舆与子桑友，而霖雨十日。子舆曰："子桑殆病矣！"裹饭而往食之。至子桑之门，则若歌若哭，鼓琴曰："父邪？母邪？天乎？人乎？"有不任其声，而趋举其诗焉。子舆入，曰："子之歌诗，何

故若是？"曰："吾思夫使我至此极者而弗得也。父母岂欲吾贫哉？天无私覆，地无私载，天地岂私贫我哉？求其为之者而不得也。然而至此极者，命也夫！"（《庄子·大宗师》）

每读至此，我们总感到一种无可名状的悲怆，总觉得这是庄子穿越两千多年向我们发出的喟叹："然而至此极者，命也夫！"

（三）"人而无情，何以谓之人？"

我们的读庄，至此本可以打住，但忍不住还要再说几句。庄子倾全力打造一个"有人之形，无人之情"的"圣人"，以为对理想人间的期许。但是，面对着春秋战国"务为治者"的时代潮流，庄子是无可奈何的，庄子的"圣人"是无法和日益强大的"人主"相抗衡的。其实，并没有所谓抗衡。虽然庄子把所谓"无情"严格限定在去是非、"不以好恶内伤其身"的范畴，但一个没有是非、善恶和好恶的"无情"之人，还能算是人吗？一个只能靠"支离其德"而偷生的人间，还是人间吗？这样的疑惑，不仅我们有，庄子同时代的思考者例如惠子也有。《德充符》记载了惠子和庄子的一段辩论：

惠子谓庄子曰："人故无情乎？"庄子曰："然。"惠子曰："人而无情，何以谓之人？"庄子曰："道与之貌，天与之形，恶得不谓之人？"惠子曰："既谓之人，恶得无情？"庄子曰："是非吾所谓情也。吾所谓无情者，言人之不以好恶内伤其身，常因自然而不益生也。"惠子曰："不益生，何以有其身？"庄子曰："道与之貌，天与之形，无以好恶内伤其身。今子外乎子之神，劳乎子之精，倚树而吟，据槁梧而瞑。天选子之形，子以坚白鸣！"（《庄子·德充符》）

依照文本，惠庄之辩是以庄子的大获全胜而告终。仅凭庄子摆在这里的几条近乎苍白的说辞，诸如"道与之貌，天与之形"，"不以好恶内伤其身"以及"常因自然而不益生"之类，果真能消除惠子心中的疑惑吗？我们当然不得而知。但起码庄子的这些说辞，无法消除我们心中的疑惑。或许，我们的疑惑正是庄子自己心中的疑惑，不然他也不会写下这段惠庄之辩，作为《德充符》的收尾。我们宁愿相信，这个猜想是正确的；因为我们宁愿相信，庄子写下的这段辩论，是他作为一个伟大的哲学家，向我们后来者发出的千古之诘问："人而无情，何以谓之人？"

读孟

孟子,战国时期邹(今山东邹城市)人,孔子开创的儒家学派杰出的继承者和代表人物,在中国传统文化中,被尊奉为仅次于孔子的"亚圣"。据《孟子世家谱》,孟子生于周烈王四年(公元前372年),卒于周赧王二十六年(公元前289年),享年84岁。

司马迁《史记》写有孟子传略:

> 孟轲,邹人也。受业子思之门人。道既通,游事齐宣王,宣王不能用。适梁,梁惠王不果所言,则见以为迂远而阔于事情。当是之时,秦用商君,富国强兵;楚、魏用吴起,战胜弱敌;齐威王、宣王用孙子、田忌之徒,而诸侯东面朝齐。天下方务于合从连衡,以攻伐为贤,而孟轲乃述唐、虞、三代之德,是以所如者不合。退而与万章之徒序《诗》《书》,述仲尼之意,作《孟子》七篇。(《史记·孟子荀卿列传》)

孟子以"圣人之徒"自诩,对自己的使命有着高度的自觉。《孟子》全书,以

---

① 本篇原载《国学论衡》(第十一辑),社会科学文献出版社2022年版。

一篇宣言式的文字结束：

> 由尧舜至于汤，五百有余岁。若禹、皋陶，则见而知之；若汤，则闻而知之。由汤至于文王，五百有余岁。若伊尹、莱朱，则见而知之；若文王，则闻而知之。由文王至于孔子，五百有余岁。若太公望、散宜生，则见而知之；若孔子，则闻而知之。由孔子而来至于今，百有余岁。去圣人之世，若此其未远也；近圣人之居，若此其甚也。然而无有乎尔，则亦无有乎尔。（《孟子·尽心下》）

对于这篇文字，朱熹在一千多年后是这样评说的：

> 此言，虽若不敢自谓已得其传，而忧后世遂失其传，然乃所以自见其有不得辞者，而又以见夫天理民彝不可泯灭，百世之下，必将有神会而心得之者耳。故于篇终，历序群圣之统，而终之以此，所以明其传之有在，而又以俟后圣于无穷也，其指深哉！（《四书集注》）

下面，我们就来讨论孟子的主张和他的哲学。

一、"不得已"的辩者

孟子以"好辩"著称，是需要解释的。孟子的解释很简单：并非自己"好辩"，是"不得已也"。孟子从历史和现实中为自己找寻理由。

在孟子心目中，人的历史不过"一治一乱"，治和乱的交替而已。所谓"天下之生久矣，一治一乱"（《孟子·滕文公下》）。虽然乱的根源和治的方式不一样，但归根结底，"乱"就是人的生存受到威胁，"治"就是人的生存得到保障。孟子身处战国，是世所公认的天下大乱的时代，但乱的根源既不是洪水，也不是猛兽，而是人。说得更准确一些，是人心出了问题。所谓"圣王不作，诸侯放恣，处士横议"（《孟子·滕文公下》）。这里有三个层次：首先是"圣王不作"。"不作"者，没有出现，不兴也。孟子"一治一乱"的历史观，落在实处，就是"五百年必有王者兴"。"必有"者，是说"天下"也即人的社会只有这样才能正常存续。文、武、周公之后五百年，虽有孔子为圣人，堪称"圣之时者"，是圣而适得其时也；但孔子并没有成就一代"圣王"，所以才有孟子"由周而来，七百有余岁矣"的慨叹，才有孟子"舍我其谁"的自觉和豪言（《孟子·公孙丑下》）。其次是"诸侯放恣"。孟子时代，诚如司马迁所述，"天下方务于合从连衡，以攻伐为贤"，把攻城略地当作头等大事，而这正是孟子深恶痛绝的。孟子引公明仪指斥诸侯："庖有肥肉，厩有肥马，民有饥色，野有饿莩，此率兽而食人也。"（《孟子·滕文公下》）最后是"处士横议"。在孟子看来，这是比"圣王不作"和"诸侯放恣"更为严重的祸乱之源。他说得很决绝，所谓："杨墨之道不息，孔子之道不著，是邪说诬民，充塞仁义也。仁义充塞，则率兽食人，人将相食。"（《孟子·滕文公下》）正唯如此，孟子才不得不以"正人心，息邪说，距诐行，放淫辞"为己任，此所谓"不得已也"。孟子总结说：

> 吾为此惧，闲先圣之道，距杨墨，放淫辞，邪说者不得作。作于其心，害于其事；作于其事，害于其政。圣人复起，不易吾言矣。昔者禹抑洪水而天下平，周公兼夷狄、驱猛兽而百姓宁，孔子成《春秋》而乱臣贼子惧。《诗》云："戎狄是膺，荆舒是惩，则莫我敢承。"无父无君，是周公所膺也。我亦欲正人心，息邪说，距诐行，放淫辞，以承三圣者。岂好辩哉？予不得已也。能言距杨墨者，圣人之徒也。（《孟子·滕文公下》）

这里需要澄清的是，直接否认儒家所谓"先圣"而为"诸侯放恣"张目的法家为什么不在孟子"言距"的视野之中。朱熹《四书集注》征引二程，以为"申韩则浅陋易见。故孟子止辟杨墨，为其惑世之甚也"。此说固有一定道理，但申不害虽与孟子同时，韩非却比孟子晚出。韩非之前，法家一派虽有商鞅重法、申不害重术、慎到重势，确乎并无理论的建树。但是，对于法家尤其是法家倡导的政治实践，孟子是有态度的。他说过这样的话："争地以战，杀人盈野；争城以战，杀人盈城；此所谓率土地而食人肉，罪不容于死。故善战者服上刑，连诸侯者次之，辟草莱、任土地者次之。"（《孟子·离娄上》）可谓旗帜鲜明。很显然，孟子"率兽食人"的矛头是直指战国"争地以战""争城以战"而不惜"杀人盈野""杀人盈城"的政治现实，而"言距杨墨"则是要找出并根除导致这种政治现实的根源，以达到"正人心"的目的。因为在孟子看来，杨墨的学说和主张，"作于其心，害于其事；作于其事，害于其政"，是从人心中产生出来的祸乱之源。

对于杨墨的学说和主张，孟子是这样概括的：

> 杨朱、墨翟之言盈天下。天下之言，不归杨，则归墨。杨氏为我，是无君也。墨氏兼爱，是无父也。无父无君，是禽兽也。（《孟子·滕文公下》）
>
> 杨子取为我，拔一毛而利天下，不为也。墨子兼爱，摩顶放踵利天下，为之。（《孟子·尽心上》）

先说杨子。据《列子·杨朱》篇中的记载，杨子的"为我"也是关乎天下治乱的，有"人人不损一毫，人人不利天下，天下治矣"的主张。杨子的主张包括两个向度：其一，人的一根毫毛是救不了天下的，"拔一毛而利天下"是一个不能成立的虚假的设定，压根就谈不上"为"或"不为"。所以，当有人向杨子发难："去子体之一毛以济一世，汝为之乎？"杨子的回答很干脆："世固非一毛之所济。"而当发难者进一步追问："假济，为之乎？"杨子只能以"弗应"应之。因为在杨子看来，这样的假设是毫无意义的。其二，杨子所谓"一毛""一毫"，是极而言之，无非是要表明，以为凭一己之身就可以对天下有所裨益，不过是一种不切实际的妄想而已。一定要去身体力行，其结果只能是徒伤自身，就像那些为世人称颂的圣者一样：虞舜，"天人之穷毒者也"；夏禹，"天人之忧苦者也"；周公，"天人之危惧者也"；孔子,"天民之遑遽者也"。这些圣者,"生无一日之欢,死有万世之名",何尝对天下有过真正的裨益?不过徒劳一生,"戚戚然以至于死",虚有天下罢了。至于那些暴虐的君王,更是打着"利天下"的名号"横私天下",祸乱天下而已。因此,不论是做一个像舜禹周孔那样的虚有天下的圣者,还是做一个像桀纣那样的横私天下的暴君,都是拿自己的一生作为代价。这对于一个仅有一己之身而"知生之暂来,知死之暂往"的人而言,是不可取的。把这两个向度结合起来,就是杨子"为我"的基本主张:"损一毫利天下不与也,悉天下奉一身不取也。""不与"者,不赞同,不认可,以"损一毫利天下"为虚妄也;"不取"者,不践行,不以虚有天下或横私天下而徒伤一己之身也。进而言之,在杨子看来,对于仅有一己之身的个人而言,虽然有贤愚、贵贱、寿夭的不同,但都终有一死,而死对于所有人都是一样的。所谓"十年亦死,百年亦死;仁圣亦死,凶愚亦死。生则尧舜,死则腐骨;生则桀纣,死则腐骨。腐骨一矣"。唯一可取的生存态度就是"且趣当生",姑且追求今生的快乐。当每一个人都只是按照自己的心愿追求今生的快乐,当每一个人都不以虚有天下或横私天下而徒伤一己之身,"从心而动,不违自然所好",也就不会有自古至今林林总总祸乱天下的人和事,天下也就太平了。此所谓"人人不损一毫,人人不利天下,天下治矣"。(以上引文,均见《列子·杨朱》)

孟子对杨子的批判,集中到一点就是"无君"。杨子主张"为我",视"利天下"为虚妄,视历史上的圣王,诸如舜、禹、周、孔等,不过是徒劳一生、徒伤其身的"穷毒者""忧苦者""危惧者""遑遽者",并把他们和横私天下的桀纣之君等量齐观。这就是孟子所批判和深恶痛绝的"无君",因为对于孟子而言,"君"就是历史上挽天下于危难、救生民于水火的圣而王者。在孟子看来,因为"有君",有尧、舜、禹这样的圣王,才有"舜使益掌火,益烈山泽而焚之",才有"禹疏九河",才有"后稷教民稼穑",才有"使契为司徒,教以人伦",等等。因为"有君",才有"中国可得而食",才有"五谷熟而民人育",才有"父子有亲,君臣有义,夫妇有别,长幼有序,朋友有信";因为"有君",人才成其为"异于禽兽"的人,天下才成其为人的社会(《孟子·滕文公上》)。杨子主张"为我"和"无君",则无异于把人变成"近于禽兽"的"非人",此所谓"是禽兽也"。

从现实层面看,杨子主张"为我",把历史上的圣王和横私天下的暴虐之君等量齐观,实则成为"诸侯放恣"的帮凶。虽然杨子所谓"为我"只是主张每一个人都不以虚有天下或横私天下而徒伤一己之身,希望每一个人都能够按照自己的心愿追求今生的快乐,"从心而动,不违自然所好",但是在孟子看来,真正能够做到这一点的其实只有那些诸侯及其公子卿相。当这些掌握着财富和权力的诸侯和公子卿相都像横私天下的暴君一样,只是顾念自己的一己之身,"从心所动,不违自然所好",天下生民就只能"转乎沟壑",此所谓"率兽而食人也"。

再说墨子。墨子的核心主张是"兼爱",这个主张很简单,也很朴实。"兼爱"的出发点依然是天下治乱,所谓"圣人以治天下为事者也,不可不察乱之所自起"(《墨子·兼爱上》)。什么是"乱"?答案很简单:"臣子之不孝君父,所谓乱也。"(《墨子·兼爱上》)这和孔孟儒家似乎并无分歧。那么,"乱"又起于什么地方呢?答案也很简单:"起不相爱。"(《墨子·兼爱上》)正是从这里,墨子提出"兼爱"的主张:"若使天下兼相爱,国与国不相攻,家与家不相乱,盗贼无有,君臣父子皆能孝慈,若此则天下治。"(《墨子·兼爱上》)墨子的"兼相爱"又和"交相利"并提。因为,国、家不相攻、相乱,君臣父子都能慈孝,就是天下之利,所以说:"仁人之事者,必务求兴天下之利,除天下之害。"(《墨子·兼爱下》)这和"圣人以治天下为事者"说的是一个意思,治天下其实也就是利天下,只不过一是从天下治乱出发,一是从天下利害出发。

面对"兼爱"主张受到的非难,墨子进行驳论。非难者发问:"即善矣,虽然,岂可用哉?"即使"兼爱"的主张是好的,但怎么能够实行呢?墨子的驳论从设立"兼"的对立面也即"别"开始。墨子首先假设有这样的两位士人,一是信奉"兼相爱,交相利"的兼士,一是不信奉"兼相爱,交相利"的别士:兼士必定把他人的父母妻儿当作自己的父母妻儿一样善待；别士却只知善待自己的父母妻儿，对他人父母妻儿的饥饿、冻馁、生老病死则一概不闻不问。墨子进而设问：此时若有人要出征而生死未卜，或者要出使远国而归期杳然，那么他们愿意将自己的父母妻儿托付给谁呢？在墨子看来，不论他们是否信奉"兼相爱，交相利"的兼士，按人之常情也一定会愿意把自己的父母妻儿托付给兼士而不是别士。非难者进而发问："意可以择士，而不可以择君乎？"即使"兼爱"可用于士人，难道也可用于君王吗？墨子运用同一个逻辑进行驳论。有兼君，有别君：兼君视万民如自己，"先万民之身，后为其身"；别君则不然，视万民犹草芥，"饥即不食，寒即不衣，疾病不侍养，死丧不葬埋"。墨子发问：当今之世，万民转死沟壑，该当选择跟随哪一个君王呢？墨子回答："我以为当其于此也，天下无愚夫愚妇，虽非兼者，必从兼君是也。"即使愚夫愚妇，也必定会选择跟随兼君。墨子不由得发出这样的诘问："不识天下之士，所以皆闻兼而非之者，其故何也？"（《墨子·兼爱下》）

虽然墨子的驳论看似自洽，其前提却很脆弱：世上果真有墨子所谓信奉"兼相爱，交相利"并身体力行的"兼士""兼君"吗？不信奉"兼相爱，交相利"的"别士""别君"就一定视他人如仇寇、视万民犹草芥吗？其实，墨子自己很清楚，对"兼爱"主张最大的非难就是它的可行性和它的前提的真实性。关于可行性，墨子援引"灵王好细腰，国中多饿人"以及"越王好勇士，其民多轻死"以为论据：只要君王喜好，即使忍饥挨饿、赴汤蹈火也在所不惜，更何况做一个"兼相爱，交相利"的"兼士"呢？关于真实性，墨子则通过对《诗》《书》的诠释，将历史上的圣王认定为行"兼相爱，交相利"之法的"兼君"，以证明他所谓"兼士""兼君"古已有之，而他的"兼爱"主张不过是取法于禹、汤、文、武等古代圣王。

孟子对墨子的批判，集中到一点就是"无父"。在孟子看来，墨子撇开人的亲疏远近，不讲父子之亲，从所谓"天下之利"出发，奢谈"兼爱"，不仅是不现实的，也是不诚实的。虽然墨子的努力是要"君臣父子皆能孝慈"以达到"治天下"的目的，但实际的结果只能是父子无亲，人不成其为人，人的社会也即"天下"持续动乱而已。所以是"无父"，"是禽兽也"。

《孟子》书中记载了孟子和墨者夷之的一场论辩：

> 墨者夷之因徐辟而求见孟子。孟子曰："吾固愿见。今吾尚病，病愈，我且往见。"夷子不来。他日，又求见孟子。孟子曰："吾今则可以见矣。不直，则道不见；我且直之。吾闻夷子墨者，墨之治丧也，以薄为其道也。夷子思以易天下，岂以为非是而不贵也？然而夷子葬其亲厚，则是以所贱事亲也。"徐子以告夷子。夷子曰："儒者之道，古之人'若保赤子'，此言何谓也？之则以为爱无差等，施由亲始。"徐子以告孟子。孟子曰："夫夷子，信以为人之亲其兄之子，为若亲其邻之赤子乎？彼有取尔也。赤子匍匐将入井，非赤子之罪也。且天之生物也，使之一本，而夷子二本，故也。盖上世尝有不葬其亲者。其亲死，则举而委之于壑。他日过之，狐狸食之，蝇蚋姑嘬之。其颡有泚，睨而不视。夫泚也，非为人泚，中心达于面目。盖归反虆梩而掩之。掩之诚是也，则孝子仁人之掩其亲，亦必有道矣。"徐子以告夷子。夷子怃然为间，曰："命之矣。"
> （《孟子·滕文公上》）

孟子一上来就以自己所谓"直"对夷之提出责难：墨家以薄葬"为其道"，是反对厚葬的；夷之作为墨者，"思以易天下"自当以薄葬为"贵"；可是，夷之却反其道厚葬了自己的父母，"是以所贱事亲也"。孟子问：这是为什么呢？难道夷之是要拿自己以为"贱"的行为来对待自己的父母吗？夷之的回答轻松而机巧：你们儒者的主张，用古人的话说就是"若保赤子"。这是什么意思呢？我以为就是"爱无差等，施由亲始"。所谓"爱无差等"，也即"兼爱"；既然"施由亲始"，厚葬父母也就是很自然的事情。这就把"薄葬"和"厚葬"的问题引到"兼爱"的核心主张上来，向孟子亮明旗帜。针对夷之的回答，孟子层层展开论辩。

首先，孟子从现实出发，认为夷之所谓"爱无差等"是不存在也不可能的，并且，夷之主张"爱无差等"是不诚实的。孟子发问：难道夷之真的认为一个人对他兄长儿子的亲近和爱怜，与对邻人家婴孩的亲近和爱怜是一样的吗？在孟子看来，夷之不过是对"若保赤子"断章取义进行曲解而已，"有取尔也"。其次，孟子站在儒家立场上对"若保赤子"进行阐释，认为"若保赤子"的意思是说婴孩在地上爬行要掉进井里，并不是婴孩的罪过，因此不能任由他掉下去，而要施以救助。同理，民有疾苦也并不是民的罪过，君王不能任由其遭受疾苦，而要像对待婴孩一样施以救助。"若"者，并不就是也。民并不就是婴孩，但民是需要保护的，如果做君王的能够从婴孩需要保护推想到民需要保护并身体力行，就能"保民而王"做一个圣贤之君。再次，孟子提出自己的主张："天之生物也，使之一本"，并进而对夷之的主张提出辩驳："夷子二本，故也。"夷之把"爱无差等"和"施由亲始"生硬地放在一起，无异于把自己的主张建立在两个不同甚至对立的根基之上，所以是"二本"，是不知所本或乱本。之所以如此，是因为要为自己的"葬其亲厚"找一个托词而已，此所谓"故也"。最后，孟子从正面阐述"孝子仁人"厚葬其亲的根源：大概过去也曾有不埋葬父母的人，父母死了，抬了随便丢弃在山沟里。过些日子再经过那里，看见狐狸野兽、苍蝇蚊子在啃噬、吸吮着他们，禁不住额头上冒汗，斜着眼睛不敢正视。这汗不是流给别人看的，而是发自内心，从心中流出来的。于是返回去，拿来锄头畚箕把父母给埋葬了。这才是"孝子仁人"之所以厚葬其亲的根源，所谓"一本"也。

那么，究竟什么是"一本"呢？这就触及了孟子哲学的核心范畴。

二、"一本"与"心"之哲学

"本"，其本义是指树木的根或主干，一切枝叶由以生发的地方，也即根源。万物由以生发的根源，就是"道"或"天之道"；人的一切由以生发的根源，就是"人之道"。孟子说：

> 诚者，天之道也；思诚者，人之道也。（《孟子·离娄上》）

在中国传统文化中，"天"是指在人之外和人不能左右的一切。因为不受人或人为的左右，它就是它呈现的样子，或者说，它呈现的样子就是它本身。在这个意义上，它也就是中国传统所谓"是"。"是"和"彼"也即"非是"相对而言，但"天"并不和任何东西相对。在这个意义上，"天"又不能等同于或归结于中国传统所谓"是"，因为在它之外并没有也不可能有一个"非是"。它是自己，但又只是它自己。它就是"诚"，其实也就是"天"或天本身。

"诚"就是"天"，但"思诚"并非思天，而是通过"思"达到"诚"，达到仿佛和"天"一样、人的一切由以生发的根源。这个根源就是"思诚者"，就是"人之道"。孟子所谓"天之生物也，使之一本"，是说万物只有一个根源："诚者，天之道也。"人也只有一个根源："思诚者，人之道也。"通过"思"而达到"诚"，也即孟子所谓"思则得之，不思则不得也"。何谓"得之"？得其心也，得心之所"是"、心之所"然"，是为"尽心"。

（一）"人"与"非人"

孟子说："人之所以异于禽兽者几希。"（《孟子·离娄下》）这个"几希"，就是"心"。在孟子哲学中，"心"被视为"人"与"非人"的分界，是人这个特殊的类作为"人"而存在的起点。我们先引《孟子》的一段文本：

> 孟子曰："人皆有不忍人之心。先王有不忍人之心，斯有不忍人之政矣。以不忍人之心，行不忍人之政，治天下可运之掌上。所以谓人皆有不忍人之心者，今人乍见孺子将入于井，皆有怵惕、恻隐之心，非所以内交于孺子之父母也，非所以要誉于乡党朋友也，非恶其声而然也。由是观之，无恻隐之心，非人也；无羞恶之心，非人也；无辞让之心，非人也；无是非之心，非人也。恻隐之心，仁之端也；羞恶之心，义之端也；辞让之心，礼之端也；是非之

心，智之端也。人之有是四端也，犹其有四体也。有是四端而自谓不能者，自贼者也。谓其君不能者也，贼其君者也。凡有四端于我者，知皆扩而充之矣。若火之始然，泉之始达。苟能充之，足以保四海；苟不充之，不足以事父母。"（《孟子·公孙丑上》）

这段文本堪称经典，是千百年来人们反复阐释过的，但依然有进一步讨论的空间。下面，我们尝试着从几个方面进行讨论。

1."人皆有不忍人之心"

所谓"人皆有"者，是说只要是人就具备的东西。当孟子用"人皆有"及其逆命题"无……非人也"来表述"心"的时候，其实是说出了他对于究竟什么是"人"的看法。从人的内心寻求人之所以为人的根据，在中国古代是从孟子开始的。

中国古代文明，历经夏商周三代，到周终于实现了它的第一个典型的成熟形态，这就是西周封建制。西周封建制通过在制度性的祖先祭祀中实现个人对宗法共同体的文化认同，以及在祖先祭祀的差异性中划分个人在宗法共同体中的尊卑地位，塑造了中国人特有的生存样式，赋予古代中国人作为封建秩序下或为子孙或为祖宗的生活意义。对于每个人而言，他既是列祖列宗的孝子贤孙，同时也是后代子孙的或祖或宗；他仿佛是为祖先和子孙后代而活着，但同时也因祖先和子孙后代而获得意义；他通过认祖归宗找到自己的生存位置，也通过建功立业、光宗耀祖而确证自己的生存价值。随着西周封建制的崩溃，在度过了"南夷与北狄交，中国不绝若线"的文明危机后，古代中国人再也回不到过去。随着层层宗法共同体的瓦解，人们逐渐失去了寄寓在传统的家、国、天下中的生存价值和意义。重建人的共同体及其生活在其中的人的生存价值和意义——王天下，成为春秋战国历史运动的主旋律。然而，现实中正在形成的共同体——战国及其新兴的领土国家，并没有给人带来身之所居、心之所安也即孟子所谓"养生丧死无憾"的归属感。"天下大乱"或"天下无道"成为共识，这种共识既传递出人们对现实的不满和对未来的企盼，又传递出人们面对现实的惶恐和因为看不见未来的颓唐。孟子以"言距杨墨"为己任，因为墨子的"摩顶放踵利天下，为之"和杨子的"拔一毛而利天下，不为也"，就是这种普遍的惶恐和颓唐的理论形式。这是杨墨的学说和主张能够"盈天下"的原因，也是孟子视其为比洪水猛兽更有甚者的祸乱之源的原因。

面对"天下大乱"的现实，孟子的立场是积极而坚定的，自以为提出的主张"以不忍人之心，行不忍人之政"不仅切实可行，而且别无善法。其原因就在于，他相信已经发现并抓住了人之所以为人的根据也即人的一切由以生发的根源，就是每一个人都有不忍伤害他人或不忍他人受到伤害的"心"。这正是孟子提出"人皆有不忍人之心"的要义所在。孟子的论证是这样的：如果有人忽然看见一个孩子要掉到井里去了，都会不由自主产生惊惧和同情，所谓"皆有怵惕、恻隐之心"。之所以如此，既不是想要结交孩子的父母，也不是想要获誉于乡邻朋友，更不是讨厌那孩子的哭声，因此，这惊惧和同情，是发自人的内心，是"人皆有"、人固有者。孟子继而断言："由是观之，无恻隐之心，非人也；无羞恶之心，非人也；无辞让之心，非人也；无是非之心，非人也。"可问题在于：从"人皆有不忍人之心"怎么一下就"由是观之"而推出"恻隐之心""羞恶之心""辞让之心""是非之心"，且无此"四心"就不是人了呢？

2. "四心"与"四端"

"怵惕"，也即心中咯噔一下，是每一个人都有的体验。每当我们看见、听见或想见某种场面或事情，都会不由自主心中咯噔一下。孟子举出的例子是"乍见孺子将入于井"，但他抓住的是心中的咯噔一下，并对这咯噔一下进行追问。就像他和夷之论辩时，抓住的是"其颡有泚"也即额头冒汗一样。他所谓"内交""要誉"和"恶其声"，以及"为人泚"（流汗给别人看），无非是指人的考虑和计量。意思是说，这心中的咯噔一下并非出于而是超出了人的种种基于利害的考虑和计量，是从"心"本身发出，其实就是"心"本身，就是那个仿佛和"天"一样、人的一切由以生发的根源。

为什么会咯噔一下呢？用孟子的话说，"不忍"也。所谓"不忍"，也即不愿某些事情发生，因此一旦看见、听见或想见这样的事情发生，就会不由自主心中咯噔一下。咯噔一下是心中的伤和痛，是为恻和隐。朱熹《四书集注》解释："恻，伤之切也。隐，痛之深也。"合而言之，就是孟子所谓"恻隐之心"。这心中的伤和痛是带有指向性的，或指向自己，或指向他人：当那不愿发生的事情竟然是由自己所为，就有"羞"，是为愧疚；当那不愿发生的事情是由他人所为，就有"恶"，是为憎恨。合而言之，就是孟子所谓"羞恶之心"。这心中的伤和痛是带有约束性的：当那不愿发生的事情可能是因为自己的行为加于他人的，就有"辞"，抑己而不为也；当那不愿发生的事情可能是因为他人的行为受到妨害而造成的，就有"让"，宽人而退也。合而言之，就是孟子所谓"辞让之心"。之所以心中咯噔一下，之所以心中有伤和痛，是因为对已经或将要发生的事情有所臧否，有所愿有所不愿：愿者"是"也，不愿者"非"也。合而言之，就是孟子所谓"是非之心"。

"恻隐之心""羞恶之心""辞让之心""是非之心"，所谓"四心"其实只是一个心，人心而已。人心之有"恻隐""羞恶""辞让""是非"，其根源就在于"不忍"，不愿另一个和自己一样的人受到伤害、遭受困苦，看见、听见或想见一个和自己一样的人受到伤害、遭受困苦，就仿佛是自己受到伤害、遭受困苦一般，心有怵惕、感同身受。"不忍"始之于心，就是"恻隐"，进而有"羞恶""辞让""是非"。躬之于行，就是"仁"，进而有"义""礼""智"。正是在这个意义上，孟子说："仁，人心也。"（《孟子·告子上》）

"不忍"始之于心，还不是"仁""义""礼""智"，因为还有待于躬行，所以说："恻隐之心，仁之端也；羞恶之心，义之端也；辞让之心，礼之端也；是非之心，智之端也。"此所谓"四端"。"端"，朱熹《四书集注》释为"绪"，并进一步解释说："犹有物在中而绪见于外也。"就像是隐藏着一个物什而外面只露出了一个小头，只需抓住这个小头使劲往外一拔，就能得硕大的成果。这恐怕离开孟子的原意就有些远了。"端"在这里就是开端，就像是一条线的起点或端点，不仅小，而且虚，只是一个还没有内容的开端而已。孟子自己说得很明白，也很形象："若火之始然，泉之始达。"是很容易扑灭和堵塞的，所以需要"扩而充之"。扩者，使大也；充者，使实也。

"端"虽然小而虚，却是"人"与"非人"的分界，是人之所以异于禽兽也即做一个人的起点。作为一个人，有很多看似不可或缺的特征，但这些特征的有无并不成为"人"与"非人"的分界。人有十指双手，但缺一指或多一指，断一手甚至断双手，依然还是一个人。人能言语也能听闻，但即使失聪而不能言语，也依然还是一个人。与这些特征不同，一个人如果连起码的"不忍"也没有，那么他就不会有"恻隐之心""羞恶之心""辞让之心""是非之心"，也就失去了做一个人的资格，只是一个徒具人形的禽兽。

3．"充"与"不充"

但是，在孟子看来，作为一个人，连起码的"不忍"也没有是不可能的。即使那些"人见其禽兽也"（《孟子·告子上》），看起来和禽兽几无区别的人，他的内心深处依然有"恻隐之心""羞恶之心""辞让之心""是非之心"，所以说："人之有是四端也，犹其有四体也。"之所以行如禽兽，其原因在于不自觉，不能"扩而充之"。因为不自觉，所以自暴自弃，自己戕害自己，是"自贼者也"。

需要指明的是，孟子所谓"扩而充之"以及他所谓"苟能充之，足以保四海；苟不充之，不足以事父母"，其实蕴含着一个前提：只要是人，就有一个人心，即使行如禽兽，也依然还是一个人，依然可以通过努力发现自己所固有的"恻隐之心""羞恶之心""辞让之心""是非之心"，从而有可能作为一个"人"并站在"人"的立场上，用自己的"心"来确定对于自己而言究竟什么是好或善，是可以向往和身体力行的；什么是坏或恶，是不愿发生和羞愧难当的。孟子说过这样的话：

> 人皆有所不忍，达之于其所忍，仁也。人皆有所不为，达之于其所为，义也。人能充无欲害人之心，而仁不可胜用也。（《孟

子·尽心下》）

孟子紧紧抓住人心，抓住人心中的咯噔一下也即"不忍"，把它推到"人之所以异于禽兽"的高度，视其为"人"与"非人"的分界，坚定地相信"人皆有不忍人之心"，也即每一个人，即使行如禽兽，都有不忍伤害他人或不忍他人受到伤害的"心"。这表明，孟子是中国历史上第一个在理论上达到通常所谓类的意识或类的自觉的哲学家。人的类意识，是人的社会和社会生活的基础，是人的共同体形成其风俗习惯、价值体系和人文传统的基础。因此，不论何时何地，人都不能忘记自己作为一个人的责任，都不能放弃对于什么是好或善，以及什么是坏或恶的思考和追问。不然，我们就会失去作为一个人应有的最起码的底线和尊严，就会沦落为禽兽，甚至禽兽不如。只有站在这样的立场上，我们才能读懂孟子，达到他的高度、认识他的成就、理解他的困难、发现他的问题，才有可能超越孟子，做出属于今天和我们自己的中国哲学。这是我们研究孟子哲学应取的基本态度。

（二）"思"与"不思"

"心"是做人的起点，但需要"扩而充之"。拿什么以及如何才能"扩而充之"呢？孟子的回答是："思"。

1."心之官则思"

孟子说：

> 耳目之官不思，而蔽于物，物交物，则引之而已矣。心之官则思，思则得之，不思则不得也。（《孟子·告子上》）

"官"，朱熹《四书集注》解释说："官之为言司也。"司者，职掌、职守、职能也。"心"是与"耳目"相对而言："耳目之官不思"，是说耳目的职能是听和视，是职掌听和视的，因此不思，也不能思；"心之官则思"，是说心的职能就是思。下文"思则得之，不思则不得"，所谓"得之"就是得心，其意是说：心这个东西，思就有，不思就没有，心不仅其职能是思，而且它本身就是思。

什么是"思"？思就是心之所愿、心之所求。孟子说："仁义礼智，非由外铄我也，我固有之也，弗思耳矣。故曰：求则得之，舍则失之。"（《孟子·告子上》）因此，当孟子说"周公思兼三王"且"仰而思之，夜以继日"（《孟子·离娄下》），这个"思"就是周公的所愿和所求。"思"以求仁义礼智，以及周公的"思兼三王"，都是求好和向善。但如果有人不求好、不向善，一心只有声色犬马、骄奢纵欲，又当如何呢？在孟子看来，这就是"从其小体"而"弊于物"，被物欲牵着鼻子走，所谓"引之而已矣"，正是"不思"的结果。

2."求其放心而已"

"不思"，心就不在，就没有了，丢失了。此所谓"放心"。放者，丢失也。孟子说：

> 仁，人心也。义，人路也。舍其路而弗由，放其心而不知求，哀哉！人有鸡犬放，则知求之；有放心而不知求。学问之道无他，求其放心而已矣。（《孟子·告子上》）

"求其放心"，就是通过"思"回到人的内心，按照心之所愿和心之所求做一个人。心之所愿、心之所求不是别的，就是"仁"和"义"。就像是一个迷路而不知回家的人，终于找到回家的路并回到了自己的家。所以孟子有这样的说法："仁，人之安宅也；义，人之正路也。"（《孟子·离娄上》）那么，究竟什么是"仁"和"义"？为什么心之所愿、心之所求就是"仁"和"义"而不是别的什么呢？孟子说：

> 仁之实，事亲是也。义之实，从兄是也。（《孟子·离娄上》）
> 人之所不学而能者，其良能也。所不虑而知者，其良知也。孩提之童，无不知爱其亲者。及其长也，无不知敬其兄也。亲亲，仁也。敬长，义也。无他，达之天下也。（《孟子·尽心上》）

"实"者，内容也。"恻隐之心"和"羞愧之心"只是"仁之端"和"义之端"，因为"心"只是做人的起点，所谓"恻隐之心"和"羞愧之心"还只是心中的一咯噔，是每一个人心中都有的好善恶恶的取向，是没有内容的心中一念。一个人通过"思"返回到自己的内心，使其固有的"恻隐之心"和"羞愧之心"得到自觉，并按照自己内心所认定的好恶去身体力行，才是一个有血有肉的真实的人。这个有血有肉的人的所作所为，只要是出自他"不学而能"的"良能"和"不虑而知"的"良知"，就是"仁"和"义"的实实在在的内容，也即"仁之实"和"义之实"。而出自一个人的"良能"和"良知"的所作所为，并不是什么玄虚缥缈和高深莫测的东西，不过是符合人的正常情感的日常行为，它们就是"亲亲"和"敬长"：亲爱自己的父母、尊敬自己的兄长。所以说："亲亲，仁也。敬长，义也。"其中的道理很简单，因为普天之下但凡是人都会这样去做，此所谓"达之天下也"。

（三）"心"之存养

1. "平旦之气"或"夜气"

这个所愿、所求即是"仁"和"义"的心，孟子也称"良心"。虽然说"达之天下"，但依然还是需要"存"和"养"。孟子说：

牛山之木尝美矣。以其郊于大国也，斧斤伐之，可以为美乎？是其日夜之所息，雨露之所润，非无萌蘖之生焉。牛羊又从而牧之，是以若彼濯濯也。人见其濯濯也，以为未尝有材焉，此岂山之性也哉？虽存乎人者，岂无仁义之心哉？其所以放其良心者，亦犹斧斤之于木也，旦旦而伐之，可以为美乎？其日夜之所息，平旦之气，其好恶与人相近也者几希。则其旦昼之所为，有梏亡之矣。梏之反复，则其夜气不足以存。夜气不足以存，则其违禽兽不远矣。人见其禽兽也，而以为未尝有才焉者，是岂人之情也哉？故苟得其养，无物不长。苟失其养，无物不消。孔子曰："操则存，舍则亡。出入无时，莫知其乡。"惟心之谓与！（《孟子·告子上》）

牛山树木的"美"需要"养",不能任由"斧斤伐之",人的"良心"也需要"存"和"养"。按照孟子的逻辑:一个人因为"日夜之所息"而有"平旦之气",所以"其好恶与人相近也者几希";却因为"旦昼之所为"而"梏亡之"且"梏之反复",所以"夜气不足以存";因为"夜气不足以存",所以"违禽兽不远","人见其禽兽也"。在这里,"日夜之所息",指的是人作为一个生命体的存在,其自身不分日夜、一刻也不会停止地息养和生长,和牛山树木的"日夜之所息"是一样的。因为生命体自身的息养和生长,牛山树木有"萌蘗之生",人也有"平旦之气"。牛山树木的新枝嫩叶很脆弱,不要说"斧斤伐之",即使是牛羊"牧之",也会将其摧毁殆尽;人的"平旦之气"也很脆弱,虽然经过夜间远离尘嚣的息养,却经不起"旦昼之所为"也即白昼来临后人在各种利害计较推动下的所作所为的摧残。夜间的息养和白昼来临后的摧残,夜复一夜、日复一日地循环,人的"夜气"("平旦之气"因为是夜间息养的结果,所以也可称之为"夜气")是无法存养起来的。孟子感叹:"苟得其养,无物不长。苟失其养,无物不消。"是说只要存养得法,每一个人其实都是可以做一个像尧舜那样的真正的人的。此所谓"人皆可以为尧舜"也。

那么,究竟什么是"平旦之气"或"夜气"呢?

2."不动心"

"气",在中国古代文化中并不是一个生僻的概念。孟子的独特之处,是把"气"和"心"的存养联系起来,这就使它成为一个全新的范畴。

在孟子看来,"心"的存养首先要做到的就是"不动心"。但对于不同的人而言,如何做到"不动心"以及"不动心"的内涵是不一样的。孟子自称"四十不动心",却又以为仅仅做到"不动心"并非难事,因为单凭一个"勇"就可以了。孟子坦承,"告子先我不动心";但孟子的"不动心",与告子的"不动心"是不一样的。《孟子》书载:

(公孙丑)曰:"敢问夫子之不动心,与告子之不动心,可得闻与?""告子曰:'不得于言,勿求于心;不得于心,勿求于气。'不得于心,勿求于气,可。不得于言,勿求于心,不可。夫志,气之帅也;气,体之充也。夫志至焉,气次焉。故曰:'持其志,无暴其气。'""既曰'志至焉,气次焉',又曰'持其志,无暴其气'者,何也?"曰:"志壹则动气,气壹则动志也。今夫蹶者趋者,是气也,而反动其心。"(《孟子·公孙丑上》)

在孟子看来,告子的"不动心"是基于他的主张:"不得于言,勿求于心;不得于心,勿求于气。"首先,告子的"不动心"是立足于"言"而不是"心",不明白只有回到人的内心,才能自觉并守持住心之所愿、心之所求也即人所固有的"仁义之心",才能做到"不动心"。其次,告子虽然主张"不得于心,勿求于气",看到了"心"之于"气"的统率作用,但并不懂得"气"不是"心"之外的另一个东西,而是"心"本身的一个方面。针对告子的主张,孟子提出自己的主张:"持其志,无暴其气。"这里所谓"其",指的就是"心"。"志"和"气"正是"心"的两个方面:"志"者,"心"之向也;"气"者,"心"之力也。是为"心志"和"心气"。"持其志,无暴其气",就是既要守持住心的志向,也不能损害心的气力,如此,方能做到"不动心"。孟子说:"气,体之充也。"这里的"体"指的也是"心",而非一般意义上的人的身体。因为在孟子的语境中,"心"就是人之一体,是和耳目、四体相对而言的"大体",是"天之所与我者"。

"志"和"气"是"心"的两个方面,而"志"是统率"气"的:"心"之"志"指向哪里,"心"之"气"也就向哪里用力。所以说:"志,气之帅也。"因为"志"和"气"都专注于共同的方向,二者又是互为推动的,所以说:"志壹则动气,气壹则动志也。"为了强调"气"的重要,孟子特别举例说明:一个人在朝某个方向努力的过程中,或一蹶不振,或奋勇向前,这都是"气"在起作用,势必要影响到"心",以使"动心"或"不动心",此所谓"反动其心"也。

3．"浩然之气"

"持其志，无暴其气"是孟子的主张，如何落实呢？《孟子》书载：

> （公孙丑曰：）"敢问夫子恶乎长？"曰："我知言，我善养吾浩然之气。""敢问何谓浩然之气？"曰："难言也。其为气也，至大至刚，以直养而无害，则塞于天地之间。其为气也，配义与道，无是，馁也。是集义所生者，非义袭而取之也。行有不慊于心，则馁矣。我故曰，告子未尝知义，以其外之也。必有事焉而勿正，心勿忘，勿助长也。无若宋人然。宋人有闵其苗之不长而揠之者，芒芒然归，谓其人曰：'今日病矣，吾助苗长矣。'其子趋而往视之，则苗槁矣。天下之不助苗长者寡矣。以为无益而舍之者，不耘苗者也。助之长者，揠苗者也。非徒无益，而又害之。""何谓知言？"曰："诐辞知其所蔽，淫辞知其所陷，邪辞知其所离，遁辞知其所穷。生于其心，害于其政；发于其政，害于其事。圣人复起，必从吾言矣。"（《孟子·公孙丑上》）

孟子自认为存养的功夫在两个方面，一是"知言"，一是善养"浩然之气"。

先说"浩然之气"。要义在于"善养"，也即好的、恰当的存养。好的存养，首先要认清存养的对象。要认清这个对象并不容易，孟子所谓"难言也"，是说不能像对待一个平常可见的东西那样用语言去描述它。朱熹《四书集注》解释："难言者，盖其心所独得，而无形声之验，有未易以言语形容者。"又征引程子："观此一言，则孟子之实有是气可知矣。"可谓惺惺相惜、心心相印。

孟子从三个层面对"浩然之气"进行规定。首先，作为"气"，它"至大至刚"。朱熹释"至大"为"初无限量"，把"浩然之气"理解为"天地之正气"，而所谓"善养"者，不过"心所独得"而"复其初也"。这就把"气"推到了"心"之外。在孟子，"浩然之气"就是"心"之"气"，它可以至大无外、至刚不屈，可以充塞天地之间；但它并不在"心"之外,而就在"心"之中,在一个有血有肉的人的心中。唯其如此,才是"难言也"。并且,它的"至大至刚"和"塞于天地之间",并非如朱熹所谓"本自浩然",而是持续不断存养而不加损害的结果,所以说:"以直养而无害,则塞于天地之间。"其次,作为"气",它"配义与道"。"配"者,配合、辅佐、助力之谓也。朱熹释为"合而有助",大体不虚。"志"是"心"之向,"气"是"心"之"力"。"心"有"志"于"义与道"是不够的,还必须有"气"的助力才能躬之于行。但朱熹进而解释说,"言人能养成此气,则其气合乎道义而为之助",恐怕就离开了孟子的原意。孟子所谓"配义与道",绝非"养成此气"而后才有"合"和"助",而是说唯有"配义与道","气"才得以存养,才有可能成"浩然"之势,所以说:"无是,馁也。"如果不是这样,作为"气"它就泄掉了、丧失了。最后,基于上述两个层面的规定,"气"就有了两个最重要的特征:其一,"是集义所生者,非义袭而取之也",是通过持续不断的存养才得以在自己的内心生长和壮大起来,而不是靠投机取巧、做一两件义事就能从外面袭取得来。其二,"行有不慊于心,则馁矣",只要做一件有违于心之所愿、心之所求的事情,作为"气"它就泄掉了、丧失了。

在如此认识"浩然之气"的基础上,所谓"善养"也就清楚明白了:"必有事焉而勿正,心勿忘,勿助长也。""必有事"者,必须持续不断地存养,一刻也不松懈和舍弃,念兹在兹,"心勿忘"也;"勿正"者,听从心之所愿、心之所求,任其在心中自然生长和壮大,而不要强加匡扶,"勿助长也"。孟子举宋人揠苗助长的寓言,以为过犹不及,"助长"是比"忘"更为有害的。一时的松懈和舍弃不过延缓或暂停"浩然之气"的生长和壮大,揠苗助长式的强加匡扶却是对"浩然之气"的摧残和戕害。何谓"助长"?从现实层面看,就是基于种种利害的计较、考量,勉强去做一些被认为是"配义与道"的事情;更有甚者,则不惜造假、作伪,违心而动,逆天而为,以期欺世盗名,是"义袭而取之也",所以说:"非徒无益,而又害之。"

再说"知言"。孟子不赞同告子"不得于言,勿求于心"的主张,以为告子的"不动心"是立足于"言"而不是立足于"心",因此不过是固守一种自以为立得住的"言"而已,但这并不意味着孟子不重视"言"。孟子不仅重视"言",而且是比任何人都看得更重要的。孟子痛恨充盈天下的邪说,视其为"诐辞""淫辞""邪辞""遁辞",因此把"正人心,息邪说,距诐行,放淫辞"视为己任。可孟子拿什么来正人心、息邪说、距诐行、放淫辞呢?当然是"言",是他自以为"圣人复起,必从吾言"或"圣人复起,不易吾言"的"言"。从这里,就产生了两个问题:第一,既然天下之言无不"生于其心",而心之所愿、心之所求不过仁义而已,又怎么会有那么多的所谓诐辞、淫辞、邪辞、遁辞充盈天下呢?这是站在孟子哲学的范畴内能够回答的,因为按照孟子的主张,这些所谓诐辞、淫辞、邪辞和遁辞正是"不思"或心之"所蔽""所陷""所离""所穷"的结果。第二,既然天下之言无不"生于其心",为什么其他人的"言"皆为诐辞、淫辞、邪辞和遁辞,而唯有自己的"言"就是圣人"必从"或"不易"之"言"呢?朱熹《四书集注》征引程子以为解释:"孟子知言,正如人在堂上,方能辨堂下人曲直。若犹未免杂于堂下众人之中,则不能辨决矣。"这一解释非但没有使问题得到解决,反而产生了新的问题:为什么孟子就能"人在堂上",而不是"杂于堂下众人之中"?进而言之,程朱宗孟,自然推孟子为堂上判官。举凡宗杨、墨、老、庄者,又有谁不推自家宗师为堂上判官呢?程朱的解释并不能代表孟子,但这个问题是孟子哲学不能回避而必须给出答案的。孟子的答案就是他的"心"有"同然"以及"圣人先得我心之所同然"的理论。关于这个理论,我们在后面还要做专门的讨论。

三、"性善"与"君子所性"

孟子把"心"视为人的一切由以生发的根源,是"人"与"非人"的分界,是人之所以异于禽兽也即做一个人的起点。这就是孟子主张的"一本"。这个"心"虽然"人皆有之",却是可以丢失的。要找回这个丢失的"心",唯有"思","思则得之,不思则不得也"。"思",

就是"求其放心",回到自己的内心,按照心之所愿、心之所求做一个人,这就是"心"的存养。存养的要义,就在于善养"浩然之气",不要做哪怕是一件有违心之所愿、心之所求的事情,其目标就是要守护住人性的"善",达到"君子所性,虽大行不加焉,虽穷居不损焉",也即做一个"人"的最高境界,成为一个立于天地之间,"仰不愧于天,俯不怍于人"的"君子"。

(一)"乃若其情,则可以为善"

在孟子看来,人性的"善"是不言而喻的,因为它的根源就是"人皆有之"的"仁义之心"。孟子并不把人性的"善"看作是命定和一成不变的,而是可以被扭曲和泯灭的,正如"心"也是可以被丢失的一样。人就其本性而言,是可以向善和为善的。人也只能和必须通过向善和为善的努力,才能使人性的"善"不被扭曲和泯灭。孟子说:

> 乃若其情,则可以为善矣,乃所谓善也。(《孟子·告子上》)

"情"者,实情也。于人而言,无非是指人的本来样子或人之本然,也即本性。《孟子》全书,见"情"字凡四处,除上引之文,其余三处如下:

> 夫物之不齐,物之情也。(《孟子·滕文公上》)
> 故声闻过情,君子耻之。(《孟子·离娄下》)
> 人见其禽兽也,而以为未尝有才焉者,是岂人之情也哉?(《孟子·告子上》)

很显然,这里的"情"均是指"实情"而言。之所以不厌其烦征引《孟子》原文,是因为"乃若其情"一语古往今来被人们讨论得太多,也赋予了太多本不属于孟子的思想内涵。在这里做一个简单的说明,以便于我们下面的讨论。

1. "性"与"命"

《孟子》书载：

> 孟子曰："口之于味也，目之于色也，耳之于声也，鼻之于臭也，四肢之于安佚也，性也。有命焉，君子不谓性也。仁之于父子也，义之于君臣也，礼之于宾主也，智之于贤者也，圣人之于天道也，命也。有性焉，君子不谓命也。"（《孟子·尽心下》）

在孟子看来，那些通常被人们视为"性"的东西，诸如"口之于味""目之于色""耳之于声""鼻之于臭""四肢之于安佚"等，其中有"命"的作用，是"命"之使然，因为它们都是与生俱来而与人性的善恶无关。那些通常被人们视为"命"的东西，诸如"仁之于父子""义之于君臣""礼之于宾主""智之于贤者""圣人之于天道"等，其中有"性"的作用，是"性"之使然，因为它们作为人性的善和理想人格，是每一个人按其本性都应该去践行并努力达到的。基于这样的认识，孟子不赞同告子"生之谓性"的主张。下面，我们循着孟子和告子的几个论辩展开讨论：

第一个论辩："性犹杞柳"辩。

> 告子曰："性犹杞柳也，义犹桮棬也。以人性为仁义，犹以杞柳为桮棬。"孟子曰："子能顺杞柳之性而以为桮棬乎？将戕贼杞柳，而后以为桮棬也。如将戕贼杞柳而以为桮棬，则亦将戕贼人以为仁义与？率天下之人而祸仁义者，必子之言夫！"（《孟子·告子上》）

告子认为："性"本无善恶，就像是还没有做成"桮棬"或任何别的器物的"杞柳"，使人向善行仁义，就像是把"杞柳"做成"桮棬"。孟子提出驳难：你能顺着"杞柳"的本性把它做成"桮棬"吗？在孟子看来，顺着"杞柳"的本性是无法做成"桮棬"的。要把"杞柳"

做成"桮棬",必须改变"杞柳"的本性,则无异于对"杞柳"进行戕害。同理,如果人性就像"杞柳"一样本无善恶,使人向善行仁义,则无异于对"人"进行戕害。因为,如果"性"指的就是人的本性,是那个把"人"和其他物类区别开来的东西,那么改变它就是把"人"变成"非人",就是对"人"的戕害。

孟子的论辩蕴含着一个前提,这就是:"人"作为一个有别于其他物类的特殊的"类",必有其区别于其他物类的东西,哪怕这个东西只有那么一点点,所谓"几希"。有了它,才是"人";没有它,就不是"人"。对于孟子而言,唯有这个东西才能被称为"性"。这种把"人"和人以外的其他一切区分开来的意识,就是通常所谓人的类的自觉。我们前面说过,孟子是中国历史上第一个在理论上达到类的自觉的哲学家。只有把孟子放在这样的位置上,才能把握并理解孟子和告子的论辩及其分歧和争论的焦点所在。

第二个论辩:"性犹湍水"辩。

> 告子曰:"性犹湍水也,决诸东方则东流,决诸西方则西流。人性之无分于善与不善也,犹水之无分于东西也。"孟子曰:"水信无分于东西,无分于上下乎?人性之善也,犹水之就下也。人无有不善,水无有不下。今夫水,搏而跃之,可使过颡。激而行之,可使在山。是岂水之性哉?其势则然也。人之可使为不善,其性亦犹是也。"(《孟子·告子上》)

告子认为:"性"本无善恶,就像湍急的流水,东方有豁口就向东流,西方有豁口就向西流,本身并没有东西之分。孟子提出驳难:水确实没有东西之分,难道没有上下之分吗?在孟子看来,人性的善就像水总是要向下流一样,人没有不向善的,水没有不向下流的。水受到拍击可以飞溅起来越过人的额头,受到阻碍可以漫上山岗,这难道是水的本性吗?是受到形势的逼迫才这样的。一个人也可以"为不善",但这并不是他的本性,而是像水一样受到形势的逼迫才这样的。

如果说，在上述第一个论辩中孟子提出了一个前提：使人区别于其他物类的就是"性"或人性，那么，在这个论辩中孟子则同时提出了两个彼此对立的主张：一个是"人无有不善"，另一个是"人可使为不善"。这两个主张是如何同时成立的呢？孟子用"其势则然"来解决这个难题："人无有不善"是就"性"或人性而言，是说任何人按其本性都是向善的，因为没有一个人会认为自己所向不善、所为不善，更没有一个人会认为自己不是人。一个人之所以做出"不善"的行为，是因为受到形势的逼迫，人的本性被扭曲甚至被泯灭了，所以才做出"不善"的行为。可问题在于，当一个人做出"不善"的行为时，他自己的内心是如何认为的呢？如果他自己的内心认为是不善，那么"人无有不善"就不能成立；如果他自己的内心并不认为自己的所为是不善，那么"善"与"不善"又是由谁以及根据什么标准来判定呢？

第三个论辩："生之谓性"辩。

> 告子曰："生之谓性。"孟子曰："生之谓性也，犹白之谓白与？"曰："然。""白羽之白也，犹白雪之白；白雪之白，犹白玉之白与？"曰："然。""然则犬之性犹牛之性，牛之性犹人之性与？"（《孟子·告子上》）

告子认为：与生俱来的就是"性"。孟子反问：与生俱来的就是"性"，就像白色的东西的白都是"白"吗？得到告子的认可后，孟子继续反问：白羽的白就像白雪的白一样，白雪的白就像白玉的白一样吗？得到告子的认可后，孟子提出驳难：难道狗的性就像牛的性一样，牛的性就像人的性一样吗？

很多人并不认同孟子这里的驳难，认为拿"白之谓白"和狗、牛、人的"性"进行类比和类推，则近乎诡辩。从逻辑学的角度对孟子的论辩进行检讨，当然是有意义的，但对于我们而言，更关心的还是孟子在这里要表达和坚持的核心主张究竟是什么。在孟子看来，人们关心和讨论"性"的目的，就是要认清自己。因此，所谓"性"就是人的性或人性，就是把"人"和其他物类区别开来的那个东西。这是不能混淆的，是讨论"性"的出发点和前提。如果把与生俱来的特征看成就是人的"性"，那么人的"性"和狗、牛乃至其他物类的"性"又有什么区别呢？

第四个论辩："仁内义外"辩。

> 告子曰："食色性也。仁，内也，非外也。义，外也，非内也。"孟子曰："何以谓仁内义外也？"曰："彼长而我长之，非有长于我也；犹彼白而我白之，从其白于外也。故谓之外也。"曰："异于白马之白也，无以异于白人之白也。不识长马之长也，无以异于长人之长与？且谓长者义乎？长之者义乎？"曰："吾弟则爱之，秦人之弟则不爱也。是以我为悦者也，故谓之内。长楚人之长，亦长吾之长，是以长为悦者也，故谓之外也。"曰："耆秦人之炙，无以异于耆吾炙。夫物则亦有然者也，然则耆炙亦有外欤？"（《孟子·告子上》）

对于孟子的驳难，告子的回答直截了当："食色性也。"意思是说，人的"性"和狗、牛乃至其他物类的"性"确实并没有什么区别，不过饮食男女，生存和繁衍的本能而已。进而言之，那些被视为人性善而为人们所赞美的种种品格，要么是受命于天的生存本能，诸如孟子称之为"仁"的"亲亲"，要么是外在于人的一些规则，诸如孟子称之为"义"的敬长。这也即告子所谓"仁内义外"。针对告子的主张，孟子展开论辩。

孟子问：什么叫"仁内义外"？告子回答：他人"长"我就以他为"长"，但这个"长"并不在我而是在人，就像他人"白"我就以他为"白"，这个"白"也是在我之外，所以是"外"。孟子反问：以马之白为"白"和以人之白为"白"，并没有什么不同；难道不知以马之长为"长"和以人之长为"长"，也没有什么不同吗？那么，究竟是"长者"（年长者）为"义"，还是"长之者"（敬长者）为"义"呢？告子回答：是我的弟弟就爱他，是秦人的弟弟就不爱他。爱与不爱是出于我自己的高兴，所以说是"内"。以楚国的长者为"长"，也以自家的长者为"长"，却是为了长者的高兴，所以说是"外"。孟子反问：爱吃秦人的烤肉，和爱吃自己的烤肉并没有什么不同。对待其他喜爱的东西也是这样，可难道爱吃烤肉也是"外"吗？在孟子看来，"耆炙"（爱吃烤肉）和"长"（敬长）一样，虽然所"耆"和所"长"的对象都是自己以外的他者，但"耆"和"长"在自己而不在他者，所以，告子所谓"仁内义外"是站不住的。

关于孟子和告子的这四个论辩，朱熹《四书集注》是这样解释的："自篇首至此四章，告子之辩屡屈，而屡变其说以求胜，卒不闻其能自反而有所疑也。此正其所谓不得于言勿求于心者，所以卒于卤莽而不得其正也。"这是站在儒家和孟子立场的评说，当然无可厚非。可问题在于，孟子和告子论辩中各自坚持的主张究竟意味着什么呢？

2."可欲之谓善"

按照告子的主张，除了"仁"也即"亲亲"这种与生俱来的生存和繁衍本能之外，其他一切所谓"善"都是外在于人的，所以是"义"，是人必须或应该遵循和力行却并非根源于人自身，更非孟子所主张的根源于人心的。虽然告子承认"仁"是"内"，但不是孟子意义上根源于人心的"内"，而是与生俱来或命中注定意义上的"内"。因此，告子"仁内义外"的要义就在于：不论"内"和"外"，"仁"和"义"以及相应的所谓善恶，都与"性"也即人的本性无关，因为它们或者是命中注定的，或者是外在于人的。既然"仁义"或"善"与人的本性无关，那么"善"的根据又在哪里呢？由于文献的缺佚，我们不知道告子究竟是如何看待或回答这个问题的，但对于孟子而言，如果像告子这样把"善"与"性"分离开来，则无异于动摇甚至摧毁了"善"的根基，所以厉言："率天下之人而祸仁义者，必子之言夫！"

为什么把"善"与"性"分离开来，就是"率天下之人而祸仁义"呢？

孟子以"圣人之徒"也即孔子传人自居。孔子的出发点是做人，做一个好人，也即"仁人"或"善人"。孔子把自己的哲学归结为"忠恕"："己欲立而立人，己欲达而达人""己所不欲，勿施于人"。这里的核心是"欲"。所谓"欲"，也即人的意愿。人有意愿，可以按照自己的意愿选择生活和未来，可以按照自己的意愿而活着，但人必须生活在一定形式的人的共同体或群之中，必须生活在"己""人""欲"的结构中。正是在这个结构中，人作为一个意愿者碰到了做人的难题。因为，当"己"和"人"同时作为意愿者而发生关系，势必产生意愿与意愿的冲突。冲突的解决，就是"忠"和"恕"的一致和统一，就是"己"和"人"彼此所欲和不欲的尺度和界限，是人作为意愿者在共同体中应该遵守的规则，也即做人的标准。这个规则或标准就是"礼"。做人就是坚持"克己复礼"而不息，使"礼"最终成为自己内心的准则，在"视""听""言""动"等各个方面达到"欲"和"礼"的统一，达到"从心所欲不逾矩"的境界。

孔子是中国哲学以做人为出发点、以"仁"或"善"为做人的目标的儒家传统或主流传统的开创者，也给他的后继者留下了问题："仁"或"善"究竟是人本身所固有因而就是人的本性，还是由于"礼"的规范和约束的结果呢？"礼"作为人的所欲和不欲的尺度和界限也即做人的标准，究竟是根源于人自身，还是在人之外呢？孔子并没有给出这个问题的明确答案，但当他把"从心所欲不逾矩"视为做人的最高境界，则他的后继者既可以演绎出"礼"在心中因而人性本善的结论，也可以演绎出"礼"在人外因而人性并无善恶甚至人性本恶的结论。就儒家内部而言，前者是孟子选择的哲学路径，后者是荀子选择的哲学路径。荀子主张"隆礼"，称"善"为"伪"，堪为典范。从学术史的角度看，当荀子的哲学和战国的时代潮流相结合，所谓"隆礼"就在他的学生韩非那里演化成为法家的核心主张，成为"务为治者"的人主立场。在韩非的哲学中，凡儒家宣扬的"善"，诸如"仁""义""礼""智"等，一概成为批判和鄙弃的对象。韩非撕下儒家尤其是孟子最为看重的"亲亲"的仁爱面纱，认为父母与子女之间不过是一种出于生存和繁衍本能的利害计较而已，因此，人的行为无论其外表看起来是多么高尚或卑下，毫无例外都是出于"利"的考虑，是"好利恶害"的生存需要使然。这就彻底动摇和摧毁了儒家所谓"善"的根基。虽然韩非比孟子晚出，告子也不是韩非，但告子主张"仁内义外"，把"善"和"性"分离开来，其理论走向和结果是孟子能够想见的。这正是孟子视告子的主张为"率天下之人而祸仁义者"的原因。孟子说：

> 可欲之谓善，有诸己之谓信，充实之谓美，充实而有光辉之谓大，大而化之之谓圣，圣而不可知之谓神。（《孟子·尽心下》）

这里的"可欲之谓善"，可以看作是孟子对孔子"从心所欲不逾矩"的诠释，也是孟子对孔子的进一步发挥。"欲"者，人的意愿，也即心之所向、心之所求也；"可"者，认可，认同，值得也。被谁认可？当然是被自己的"心"认可。被自己的"心"认可、认同因而是值得、当然也应该去追求的，就是"善"，此所谓"可欲之谓善"。这和孔子的"从心所欲不逾矩"，是一致的。孟子的发挥在于，第一，对于孟子而言，"善"固然就是"不逾矩"，但这个"矩"并不在人之外，而就在人自己，其实也就是"人皆有之"的那个"恻隐之心"。这也正是和告子论辩中，孟子坚定不移守持的所谓"内"。第二，对于孟子而言，作为"可欲"主体的"心"，就不是日复一日经受"旦昼之所为"的摧残，为种种基于利害的计较"所蔽""所陷""所离""所穷"，"出入无时，莫知其乡"的"心"，而是通过"思"返回自身，达到自觉和自我确证的"心"。这个达到自觉和自我确证的"心"，它是自己，也只是它自己；并且，它确知它是自己，且只是它自己；它就是"思诚者"，人之所以为人、人之所以区别于禽兽、人的一切由以生发的根源，也即孟子所谓"一本"。它就是孟子心目中的"性"或人的本性，它就是孟子以及儒家倡导的"仁""义""礼""智"也即"善"的"端"或根据。"端"者，由以生发的开端、起点，也即根据也。

从这个开端或起点出发，把它落实在人的伦常日用之中，不断使之充实和发扬光大，乃至普化天下，就可以达到人性的"善""信""美""大"，以及"圣"和"神"。这是孟子主张和倡导的"性善"。

3. "则故而已"

站在这样的立场和高度，孟子对他所处时代的人性理论提出批判。孟子说：

> 天下之言性也，则故而已矣。故者，以利为本。所恶于智者，为其凿也。如智者若禹之行水也，则无恶于智矣。禹之行水也，行其所无事也。如智者亦行其所无事，则智亦大矣。天之高也，星辰之远也，苟求其故，千岁之日至可坐而致也。（《孟子·离娄下》）

在孟子看来，普天之下那些谈论人性的人，或者认为人性是与生俱来不能改变的，所谓"生之谓性"也；或者认为饮食男女就是人性，所谓"食色性也"；或者认为人性是没有善恶之分的，所谓"性无善无不善也"；或者认为人性既可以是善也可以是恶的，所谓"有性善有性不善"也；或者认为人性是邪恶的，所谓"性恶"也；凡此林林总总，不过是为这个"天下大乱"的时代以及他们自己的生存，穿凿附会找个根据而已，"则故而已矣"。他们所谓的根据，不过是把"利"视为人的一切由以生发的根源，"以利为本"也。孟子进而表明，他之所以厌恶那些自作聪明的"智者"，是因为他们总是胡乱找个根据来穿凿附会。如果那些"智者"能够像大禹治水一样，也就不会厌恶他们了。大禹治水是让水顺其自然而不加人为的阻挠，所谓"行其所无事也"。如果那些"智者"也能够坦诚自然而不加人为的矫饰，那才是真正的大智慧。孟子慨叹：天是那样的高，星辰是那样的远，如果只是胡乱找个根据，那么千年的冬至点也就用不着年复一年地去认真观测，而是随随便便就可以得到了。

这里需要说明的是，就春秋战国时期中国古代历法的水平而言，不仅"千岁之日至"不可能"坐而致"，即使对于周历极其重要的一年一度的冬至点观测也很不精确，以至于频频出现"超闰"（不该置闰而设置闰月）和"失闰"（应该设置闰月而没有置闰）的错误，使得本该在周历正月的冬至日，常常会提前或推迟一两个月，有时甚至会相差三个月之多。关于"失闰"，《左传》有记载：

> 冬，十二月，螽。季孙问诸仲尼。仲尼曰："丘闻之，火伏而后蛰者毕。今火犹西流，司历过也。"（《左传·哀公十二年》）

鲁哀公十二年（公元前483年），已经到了周历的冬季十二月，却发生了蝗灾。季孙请教孔子。孔子解释：大火星（心宿）在天边下沉后（"火伏"），昆虫就都蛰伏了（不会有蝗灾了）。可现在大火星（心宿）还在西天流过（"西流"，所以有蝗灾），这是司历官的过错（因为"失闰"致使"西流"的天候推迟了两三个月）。对于孟子及其同时代人而言，"千岁之日至可坐而致"是不可能的事情。拿不可能的事情作比，是反讽普天之下那些形形色色的人性理论，就像"千岁之日至可坐而致"一样荒唐可笑，是经不起推敲的无稽之谈。

（二）"人"之境界

人性"善"的根据，就是人自己的"心"。因为有这样的一个"心"，人才区别于禽兽和其他物类。守护住这个"心"，人就能超越生死，傲视权贵，就能作为一个"人"立于天地之间，成为一个"富贵不能淫，贫贱不能移，威武不能屈"的"大丈夫"，一个"君子"。这是孟子心目中"人"的境界。

1. "所欲有甚于生者，所恶有甚于死者"

孟子说：

> 鱼我所欲也，熊掌亦我所欲也，二者不可得兼，舍鱼而取熊掌者也。生亦我所欲也，义亦我所欲也，二者不可得兼，舍生而取义者也。生亦我所欲，所欲有甚于生者，故不为苟得也。死亦我所恶，所恶有甚于死者，故患有所不辟也。如使人之所欲莫甚于生，则凡可以得生者，何不用也。使人之所恶莫甚于死者，则凡可以辟

患者，何不为也。由是则生，而有不用也。由是则可以辟患，而有不为也。是故所欲有甚于生者，所恶有甚于死者。非独贤者有是心也，人皆有之，贤者能勿丧耳。一箪食，一豆羹，得之则生，弗得则死。嘑尔而与之，行道之人弗受；蹴尔而与之，乞人不屑也。万钟则不辨礼义而受之。万钟于我何加焉？为宫室之美，妻妾之奉，所识穷乏者得我与？乡为身死而不受，今为宫室之美为之。乡为身死而不受，今为妻妾之奉为之。乡为身死而不受，今为所识穷乏者得我而为之。是亦不可以已乎？此之谓失其本心。（《孟子·告子上》）

有所"欲"，就有所不欲。不欲者，"恶"也。对于作为一个生命体的个人而言，把所"欲"和所"恶"推到极端，就是"生"和"死"，也即个体生命的存续和消亡，此所谓"所欲莫甚于生"，"所恶莫甚于死者"。若仅仅如此，则人和其他同为生命体的禽兽就并无区别。人之所以异于禽兽，就是因为人之所"欲"有比"生"更重要、更可宝贵的，它就是"义"，就是孟子所谓"可欲"或"善"。正唯如此，不义而为或行有不善，就是比"死"更可怕的事情，此所谓"所欲有甚于生者，所恶有甚于死者"。这就把"善"推到了超越生死的高度。正是站在这样的高度，孟子对形形色色"以利为本"的人性理论提出批判，甚至毫无例外反对"言利"。如果人之所"欲"不能超越生死，那么在求生避死的利害计较的驱动下，一个人是什么事情都能干得出来而无所不用其极的："凡可以得生者，何不用也"；"凡可以辟患者，何不为也"。如此，则人间的一切善恶、是非都将荡然无存。所幸人间并非如此。因为，现实生活中确有宁死也"不用"和"不为"者："由是则生，而有不用也。由是则可以辟患，而有不为也。"在孟子看来，虽然只是"有"而已，但这个把人和禽兽区别开来、可以超越生死的"心"，并非少数"贤者"所专有，而是"人皆有之"。之所以"贤者"能超越生死，"舍生而取义"，是因为不丢失他的"心"，"能勿丧耳"。孟子举例说：一箪食，一豆羹，得到就能生，得不到就会死；

如果呼喝着给人，随便哪个路人都不会接受；如果用脚踢过去给人，即使是乞丐也会不屑。但在万钟的俸禄面前，人们却往往不问是否合于礼义就接受。孟子发问：追求万钟俸禄究竟是为了什么呢？是为了居室的华美，为了妻妾的侍奉，还是为了所认识的穷困之人来攀附自己呢？既然那个把人和禽兽区别开来、可以超越生死的"心"是"人皆有之"，作为一个人，宁死也不会接受"嘑尔"之食、"蹴尔"之与。可为什么像这样为了居室的华美、妻妾的侍奉和所认识的穷困之人的攀附，而不问是否合于礼义就接受万钟俸禄的行为，却屡见不鲜、层出不穷呢？在孟子看来，如此的原因只有一个，"失其本心"。

"失其本心"，就是不能认清自己的心之所"欲"和心之所"恶"究竟是什么，误以为那些基于利害计较的"旦昼之所为"就是心之所"欲"和心之所"恶"。因此，唯有回到自己的"本心"，才能超越生死，才能超越人间一切利害的计较。回到自己的"本心"，也即孟子所谓"尽其心者"。"尽"者，达到其极限或极端也；"尽其心者"，达到自己"心"之极限或极端，达到"心"之尽头或"心"之本也。此所谓"本心"。孟子说：

> 尽其心者，知其性也。知其性，则知天矣。存其心，养其性，所以事天也。夭寿不贰，修身以俟之，所以立命也。（《孟子·尽心上》）

回到自己的"本心"，就能认清究竟什么是自己的"心"之"可欲"，就能认清自己的本性，此所谓"尽其心者，知其性也"。何以"知其性，则知天矣"？"天"者，"我"之外和"我"不能左右的一切。"知天"者，认清"我"之外和"我"不能左右的一切由以生发的根源，也即"天之道"也。这个"天之道"不是别的，就是"诚"。回到自己的本心，认清自己的本性，就能体悟到包括自己在内的一切，其根源都是"诚"。因此，对于"人"而言，"存其心，养其性"就是"事天"，就是遵从"天之道"，也即"夭寿不贰，修身以俟之"：不论短命还是长寿都不背弃自己的"本心","存其心,养其性"以等待死亡的来临。这才是面对生死的正确态度:以自己的"本心"直面生死,把自己或短或长的一生,活出个"人"的本来样子。此所谓"立命"。孟子接着说:

> 莫非命也,顺受其正。是故知命者不立乎岩墙之下。尽其道而死者,正命也。桎梏死者,非正命也。(《孟子·尽心上》)

人的生和死无不是"命",是人自己无法掌握的,坦然接受生和死的正常结果就是了,此所谓"顺受其正"。"顺"者,依循次序而无窒碍也;"正"者,常也。因此,"知命者"也即懂得生死是自己无法掌握的人,是不会站在危墙下的,也即不会无故置自己于危地以免横死。"尽其道"者,竭尽其"诚",始终不背弃自己的"本心","夭寿不贰"也。"桎梏"者,脚镣手铐,束缚也。人按照自己的"本心"也即按照自己的"心"之"可欲"走完一生,就是正常地走向死亡,是谓"正命也"。人受到种种利害计较的束缚走完一生,就是非正常地走向死亡,是谓"非正命也"。

孟子深刻地洞见人之所以异于禽兽,是因为人并不只是活着,并不只是作为一个生命体而存续,而是在于他的所"欲"和所"恶"是可以也应该超越"生"和"死"的。所谓超越"生"和"死",也即用一种正确的态度对待生死,"夭寿不贰,修身以俟之","顺受其正"也。这是孟子心目中"人"的境界。这个境界,也即"反身而诚"。孟子说:

> 万物皆备于我矣。反身而诚,乐莫大焉。强恕而行,求仁莫近焉。(《孟子·尽心上》)

"万物"者,"我"之外的一切人和物;"备"者,有也,在也;"万物皆备于我"者,一切人和物都是我之外的自有自在也。因此,唯有转向自己的内心，认清自己的心之所"欲"和心之所"恶"，才能达到那个一切由以生发的根源，也即孟子称之为"一本"的"天之道"和"人之道"，它就是"诚"。这是做一个"人"的最大快乐。坚定不移按照自己的心之所"欲"和心之所"恶"对待自己、他人和万物，"诚"以待己、"诚"以待人、"诚"以待物，并努力去身体力行，所谓"强恕而行"，这是达到"仁"也即人性"善"的正途。

2．"君子所性"

"反身而诚"是做一个"人"的最大快乐，也是做一个"人"的最高境界，是为"君子所性"。孟子说：

> 广土众民，君子欲之，所乐不存焉。中天下而立，定四海之民，君子乐之，所性不存焉。君子所性，虽大行不加焉，虽穷居不损焉，分定故也。君子所性，仁义礼智根于心，其生色也，睟然见于面，盎于背，施于四体。四体不言而喻。（《孟子·尽心上》）

孟子这里提出了"君子欲之""君子乐之""君子所性"三个层次，需要展开讨论。

"广土众民"是战国诸侯普遍追求的政治目标和理想，此所谓"君子欲之"。孟子并不一味地反对。孟子反对的是，为了实现"广土众民"的政治目标和理想，国与国之间"争地以战""争城以战"而不惜"杀人盈野""杀人盈城"的兼并战争。换言之，如果以战争为手段达到"广土众民"的目标，则是"君子"所不愿意的，这是孟子"所乐不存"的一层含义。《梁惠王上》记载了孟子和齐宣王的一次对话。孟子劝谏齐宣王行仁政，齐宣王却表示：不是不想，而是想要实现更大的愿望，所谓"将以求吾所大欲也"。这个更大的愿望或"大欲"，虽然齐宣王"笑而不言"，却被孟子一语道破，所谓"辟土地，朝秦楚，莅中国而抚四夷也"。孟子进而谏言，以为齐宣王的"大欲"纵然不错，但如果企望以战争为手段达到目标，则无异于"缘木求鱼"，甚至更为糟糕，所谓"殆有甚焉"。孟子向齐宣王提出自己的主张：

> 今王发政施仁，使天下仕者皆欲立于王之朝，耕者皆欲耕于王之野，商贾皆欲藏于王之市，行旅皆欲出于王之途，天下之欲疾其君者皆欲赴愬于王。其若是，孰能御之？（《孟子·梁惠王上》）

如此，则"广土众民"的目标也就在其中了。这即是一般所谓"王天下"，虽然是"发政施仁"的结果，却依然不过"有天下"或"富有天下"，"君子"的快乐并不在此。这是孟子"所乐不存"的更深一层含义。孟子说：

> 君子有三乐，而王天下不与存焉。父母俱存，兄弟无故，一乐也。仰不愧于天，俯不怍于人，二乐也。得天下英才而教育之，三乐也。君子有三乐，而王天下不与存焉。（《孟子·尽心上》）

这里的"一乐"，"父母俱存，兄弟无故"，正是孟子最为看重的"亲亲"和"敬长"，既是"达之天下"因而"人皆有之"的最基本和最正常的情感，也是"君子所性"的根源。这里的"二乐"，"仰不愧于天，俯不怍于人"，正所谓"中天下而立"也。这里的"三乐"，"得天下英才而教育之"，非"圣人"莫之能为，正所谓"定四海之民"也。"中天下而立"和"定四海之民"，虽然是"君子乐之"，但"君子"的本性并不在此，"所性不存焉"。所谓"君子"，就其本性而言，他就是他自己，也只是他自己，一个"人"或一个达到自觉的"人"而已。"发政施仁"而"广土众民"乃至"王天下"，以及"中天下而立"而"定四海之民"，虽然是"君子欲之"和"君子乐之"，不过"强恕而行"，丝毫无碍于他的本性。因为这一切都是在他之外的自有自在，所谓"万物皆备于我矣"；他的本性就是他自觉到的自己，就是他回到自己的内心所达到的那个既是"天之道"也是"人之道"的"诚"，所谓"反身而诚"也。所以，"君子"的本性也即"君子所性"，不会因为他的愿望或目标得到实现而富有天下就有所增益，也不会因为他的愿望或目标得不到实现而穷居陋巷就有所贬损。之所以如此，

"分定故也"。

何谓"分定"?"分"者,名分也,身分也。"定"者,确定而不可更改也。什么是一个人不可更改的名分和身分?父子也,兄弟也。作为一个人,我是我的父母的儿子,也只是我的父母的儿子;我是我的一奶同袍的兄弟,也只是我的一奶同袍的兄弟。我可以因为"大行"而有也可以因为"穷居"而没有属于人的社会的任何其他名分和身分,但我永远是也不可能不是我的父母的儿子以及我的一奶同袍的兄弟。此所谓"分定"也。

孟子的"君子所性",以其"大行不加"和"穷居不损"挺立起一个超越于"广土众民"和"王天下",超越于"中天下而立"和"定四海之民",独立而自足的"人"。正唯如此,孟子才能说出"王天下不与存"以及"所乐不存"和"所性不存"的豪言。孟子所处的战国时代,随着层层宗法共同体的瓦解,人们失去了寄寓在传统的家、国、天下中的生存价值和意义,而现实中正在形成的新兴领土国家却并没有给人带来新的归属感。孟子高扬起一个独立而自足的"人",并把这个独立而自足的"人"的本性或"君子所性",归结为一个人作为父子、兄弟的"分定"。不啻是战国时代失去归属感的古代中国人,顽固而顽强地站在自己曾经拥有的作为宗法共同体成员的独特立场上,重新认识自己、重建人的生存价值和意义的一种努力。孟子坚定地站在"唐、虞、三代之德"的立场上,把目光转向人的内心,试图从"心"中寻求人的一切由以生发的根源,从"心"中寻求人的自我确证的根据,因为他无法从新兴的领土国家及其人的现实生活中找到他心目中的"人"的支撑。

"人"是什么?这是人类自我意识觉醒的核心问题。在西周,这个问题被淹没在宗法封建制所划定的形形色色的等级身份之中。所谓"人",不过是诸如嫡庶、亲疏、远近、上下、贵贱等宗法关系中的不同角色而已。孔子开创儒家学派,提出"仁"的哲学,试图在"己""人""欲"的结构中厘定做人的标准,明确提出什么是"人"的问题。孔子说:"不学礼,无以立。"(《论语·季氏》)又说:"不知礼,无以立也。"(《论语·尧曰》)"礼"是人的共同体的制度及其规则,"学礼"并进而"知礼"是个人获得共同体承认并自立于共同体的条件,是做一个合格的共同体成员的资格,也即做"人"的资格。这就表明,孔子心目中的"人",依然是由制度来定义的,是由一个人在制度中所处的位置以及他是否配位来衡量的。如果说,孔子的"仁"的哲学曾经是古代中国人自我意识觉醒的一个突破,那么在孔子被奉为"至圣先师"的两千余年中,中国人不仅无法取得新的突破,而且一天天沦为新制度心悦诚服的臣民。孟子曾给我们投射出一线亮光。当孟子把"心"视为区别"人"与"非人"的分界,当孟子把"心"之"可欲"视为"善"并把"善"视为人的本性,当孟子把"君子所性"视为人性"善"的最高境界并由此而挺立起一个独立而自足的"人",我们似乎有理由相信,沿着孟子开启的道路,中国人本可以取得自我意识觉醒的新的突破。但是,第一,孟子不仅没有成为他的时代的"显学",反而在此后长达一千余年的时间里成为鲜为人知的"绝学";第二,虽然经过宋学以发扬孟子"绝学"为己任的努力,中国人不仅没能挣脱宛如囚笼的制度束缚,反而愈加陷入由"天理"和"良心"营造的思想和心灵的囚笼而不能自拔。我们不禁要问,这是为什么呢?

四、"孝悌"

孟子把"君子所性"归结为一个人作为父子、兄弟的"分定",所谓"分定故也",同时又申言,"君子所性,仁义礼智根于心"。"根于心"者,由"四心"或"四端"发扬而来,是孟子主张的人性"善"的四个方面。孟子说:

> 仁之实,事亲是也。义之实,从兄是也。智之实,知斯二者弗去是也。礼之实,节文斯二者是也。乐之实,乐斯二者,乐则生矣。生则恶可已也,恶可已,则不知足之蹈之,手之舞之。(《孟子·离娄上》)

所谓"仁义礼智"四者，从实实在在的内涵看，归根结底还是"事亲"和"从兄"，"二者"而已。

（一）"仁义而已"

《孟子》书载："孟子道性善，言必称尧舜。"（《孟子·滕文公上》）"道性善"者，也即孟子以"心"的哲学为基础构建的人性"善"的学说和理论。"称尧舜"者，也即孟子以推行"尧舜之道"为宗旨的政治主张。何为"尧舜之道"？孟子说：

尧舜之道，孝弟（悌）而已矣。（《孟子·告子下》）

"孝"者，事亲也，"仁之实"也；"悌"者，从兄也，"义之实"也。换言之，尧舜之道，"仁义而已矣。"

1．"推恩"与"仁政"

欲推"尧舜之道"于天下，必须靠"仁政"来施行，此所谓"发政施仁"。孟子说：

尧舜之道，不以仁政，不能平治天下。（《孟子·离娄上》）

"政"者，君王必须承担的公共事务以及针对公共事务推行的政令；"仁政"者，以"孝悌"或"仁义"为宗旨、系统而稳定的政令，"平治天下"的方略。"孝悌"或"仁义"，皆为"心"之"可欲"，是根源于"心"而"人皆有之"的人性"善"的品格。作为人性"善"的品格，"孝悌"或"仁义"如何能够发以为"仁政"呢？既然是"人皆有之"，又何必仰赖于君王的发以为"仁政"呢？这里的要义就在于"推恩"。孟子说：

老吾老，以及人之老；幼吾幼，以及人之幼；天下可运于掌。《诗》云："刑于寡妻，至于兄弟，以御于家邦。"言举斯心加诸彼而已。故推恩足以保四海，不推恩无以保妻子。古之人所以大过人

者无他焉，善推其所为而已矣。(《孟子·梁惠王上》)

"推"者，推己及人；"恩"者，君王的"仁义之心"或"不忍人之心"；"推恩"者，"举斯心加诸彼"，"以不忍人之心，行不忍人之政"。孟子说：

先王有不忍人之心，斯有不忍人之政矣。以不忍人之心，行不忍人之政，治天下可运之掌上。(《孟子·公孙丑上》)

既是推己及人，就有"己"和"人"的分别，就有"彼"和"是"的不同。虽然孟子把人之所以异于禽兽的"不忍人之心"视为"人皆有之"，但并不认为人人都能"存之"并使之发扬光大。孟子说：

人之所以异于禽兽者几希。庶民去之，君子存之。(《孟子·离娄下》)

因为"庶民去之，君子存之"，所以才有君王的"发政施仁"，才有所谓"推恩"。进而言之，因为"庶民去之，君子存之"，所以"君"之于"民"，就有如"父母"之于"子女"，此所谓"为民父母"。孟子说：

庖有肥肉，厩有肥马，民有饥色，野有饿莩，此率兽而食人也。兽相食，且人恶之；为民父母，行政不免于率兽而食人，恶在其为民父母也？(《孟子·梁惠王上》)

为民父母，使民盻盻然，将终岁勤动，不得以养其父母，又称贷而益之，使老稚转乎沟壑，恶在其为民父母也？(《孟子·滕文公上》)

这就从批判现实的角度，触及了"仁政"的内涵：做君王的，就要像"父母"一样,使"民"免于"率兽而食人"的恐惧,免于"老稚转乎沟壑"的厄运,此所谓"若保赤子"和"保民而王"。在孟子看来,一个君王,但凡是一个正常的人,都能做到"保民而王"。《梁惠王上》记载了孟子和齐宣王的一次对话。齐宣王问:需要怎样的品德才可以王天下?孟子回答:"保民而王,莫之能御也。"齐宣王问:像他这样的君王可否"保民而王"?孟子回答:"可。"齐宣王问:何以见得自己可以"保民而王"?孟子回答:从齐宣王有一个不忍杀牛的"心"就可以看出,所谓"是心足以王矣"。孟子反问:"恩足以及禽兽,而功不至于百姓,独何与?"答案只有一个:"不为也。"孟子说:

> 一羽之不举,为不用力焉;舆薪之不见,为不用明焉;百姓之不见保,为不用恩焉。故王之不王,不为也,非不能也。……挟太山以超北海,语人曰:"我不能。"是诚不能也。为长者折枝,语人曰:"我不能。"是不为也,非不能也。故王之不王,非挟太山以超北海之类也;王之不王,是折枝之类也。(《孟子·梁惠王上》)

虽然孟子断言,"推恩足以保四海,不推恩无以保妻子",但"推恩"并非"挟太山以超北海之类",超出人的能力范围的事情,而是像"为长者折枝"一样,但凡是人都能做到的事情。不仅如此,在孟子看来,虽然他所处的时代是世所公认的"天下大乱"的时代,却也正是推行"尧舜之道"的最佳时代,可谓适逢其时。孟子说:

> 王者之不作,未有疏于此时者也;民之憔悴于虐政,未有甚于此时者也。饥者易为食,渴者易为饮。孔子曰:"德之流行,速于置邮而传命。"当今之时,万乘之国行仁政,民之悦之,犹解倒悬也。故事半古之人,功必倍之,惟此时为然。(《孟子·公孙丑上》)

那么，孟子究竟拿什么样的"仁政"来为民"解倒悬"呢？

2．"恒产"与"恒心"

孟子的"仁政"基于一个前提或事实："民之为道也，有恒产者有恒心，无恒产者无恒心。"包括四个方面的举措：一是"制民之产"必使"足"；二是"取于民有制"；三是"井田制"的构想；四是"设为庠序学校以教之"。下面逐一进行讨论。

（1）"制民之产"必使"足"

孟子说：

> 无恒产而有恒心者，惟士为能。若民，则无恒产，因无恒心。苟无恒心，放辟邪侈，无不为已。及陷于罪，然后从而刑之，是罔民也。焉有仁人在位罔民而可为也？是故明君制民之产，必使仰足以事父母，俯足以蓄妻子，乐岁终身饱，凶年免于死亡。然后驱而之善，故民之从之也轻。今也制民之产，仰不足以事父母，俯不足以蓄妻子，乐岁终身苦，凶年不免于死亡。此惟救死而恐不赡，奚暇治礼义哉？王欲行之，则盍反其本矣。五亩之宅，树之以桑，五十者可以衣帛矣。鸡豚狗彘之畜，无失其时，七十者可以食肉矣。百亩之田，勿夺其时，八口之家可以无饥矣。谨庠序之教，申之以孝悌之义，颁白者不负戴于道路矣。老者衣帛食肉，黎民不饥不寒，然而不王者，未之有也。（《孟子·梁惠王上》）

"恒产"，固定的田地和房宅，农业时代人赖以生存的基本条件；"恒心"，通常释为人常有的善心，大体不虚，但需要稍加说明。对于孟子而言，"心"即是人的本心、良心、善心，冠以"恒"则是强调"心"的专一，不为各种利害的计较所动，其实也就是孟子所谓"不动心"。有了这样的诠释，我们来看看这段堪称"仁政"纲领的文本所包含的几层含义：

第一，孟子提出一个前提：唯有"士"才能做到"无恒产而有恒心"，普通所谓"民"或"庶民"如果没有"恒产"也就没有"恒心"。

这和前文所引"庶民去之，君子存之"，说的是一个意思，只是这里明确说出"去之"的原因就在于"无恒产"。"去之"或"无恒心"的结果很糟糕，所谓"放辟邪侈，无不为已"，是什么样的坏事都能干得出来的。等到干了坏事犯了罪再去惩治，则无异于"罔民"。"罔"者，张网渔猎，是为民设陷，置民于水火而不救，正所谓"率兽而食人"。孟子发问："焉有仁人在位罔民而可为也？"

第二，孟子提出自己的主张："明君制民之产"必使"足"。何谓"制民之产"？"制"者，规定、限制、控制也。既然"民"赖以生存的田地和房宅是由"君"来规定、限制和控制的，那么说明孟子所处的战国时代，包括田地和房宅在内的财产的国有和以此为基础的国家授田制度已经形成。孟子反对战国"以攻伐为贤"的政治现实，却对成熟于战国的授田制以及由此形成的"君"对"民"所拥有的生杀予夺的绝对权力视为当然。这是我们讨论孟子的政治主张时应该注意到的。何谓"足"？"仰足以事父母，俯足以蓄妻子"，把"老吾老，以及人之老；幼吾幼，以及人之幼"的"推恩"主张，通过"制民之产"的行政举措落实下来，从自己的"事父母"和"蓄妻子"推想到"民"的"事父母"和"蓄妻子"，并必使其"足"。孟子说得很具体，所谓"乐岁终身饱，凶年免于死亡"，基本的生存得到保障而已。如此，则"驱而之善"，"民之从之"也就不难了。这里的一"驱"一"从"，"君"和"民"各自的位置即跃然纸上。

第三，孟子对现行"制民之产"的"不足"提出批评并进而提出自己的具体措施："五亩之宅"和"百亩之田"，以使"五十者可以衣帛"，"七十者可以食肉"，"八口之家可以无饥"，所谓"养生丧死无憾，王道之始也"（《孟子·梁惠王上》）。"百亩之田"，传统农业社会一个"人"或一个独立的劳动者所能耕种的田地限度；"八口之家"，传统农业社会一个"人"或一个独立的劳动者所能养活的人口限度，也即上有父母、下有妻子儿女的主干家庭或直系家庭。这表明，孟子所处的战国时代，主干家庭或直系家庭是构成社会经济的基本单元。

(2)"取于民有制"

孟子说：

> 民之为道也，有恒产者有恒心，无恒产者无恒心。苟无恒心，放僻邪侈，无不为已。及陷乎罪，然后从而刑之，是罔民也。焉有仁人在位罔民而可为也？是故贤君必恭俭、礼下，取于民有制。阳虎曰："为富不仁矣，为仁不富矣。"夏后氏五十而贡，殷人七十而助，周人百亩而彻，其实皆什一也。彻者彻也，助者籍也。龙子曰："治地莫善于助，莫不善于贡。"贡者，校数岁之中以为常。乐岁，粒米狼戾，多取之不为虐，则寡取之；凶年，粪其田而不足，则必取盈焉。为民父母，使民盼盼然，将终岁勤动，不得以养其父母，又称贷而益之，使老稚转乎沟壑，恶在其为民父母也？夫世禄，滕固行之矣。《诗》云："雨我公田，遂及我私。"惟助为有公田。由此观之，虽周亦助也。（《孟子·滕文公上》）

第一，孟子依然提出同一个前提："民之为道也，有恒产者有恒心，无恒产者无恒心。"

第二，孟子提出自己的主张："贤君必恭俭、礼下，取于民有制。"这里所谓"制"，一是指定制，一是指节制：既有一定之规而不因君王的好恶而随心所欲，又合乎情理因而是恰当和适中的。这个恰当和适中的尺度就是"什一"。为什么是"什一"？孟子从历史和现实中找寻理由：从历史看，夏、商、周三代的田制看似不同，有所谓"贡""助""彻"的区别，其实都是"什一"；从现实看，由周而来通行至今的"彻"法正是"什一"。郑玄《论语注》对"彻"的解释："周法，什一而税谓之彻。彻，通也，为天下通法。"孟子所谓"彻者彻也"，其意正在于此。关于"彻"之为"通法"，也即"什一"之为"取于民有制"的恰当和适中的尺度，《孟子》书中有这样的记载：

> 白圭曰："吾欲二十而取一，何如？"孟子曰："子之道，貉道

也。万室之国，一人陶，则可乎？"曰："不可。器不足用也。"曰："夫貉，五谷不生，惟黍生之。无城郭宫室、宗庙祭祀之礼，无诸侯币帛饔飧，无百官有司，故二十取一而足也。今居中国，去人伦，无君子，如之何其可也？陶以寡，且不可以为国，况无君子乎？欲轻之于尧舜之道者，大貉小貉也。欲重之于尧舜之道者，大桀小桀也。"（《孟子·告子下》）

"貉"，貊也，北方蛮貊之地。突破"什一"，是"重之于尧舜之道"，"大桀小桀也"；低于"什一"，是"轻之于尧舜之道"，"大貉小貉也"。"重"，则民不聊生；"轻"，则无以养君子。孟子感叹："今居中国，去人伦，无君子，如之何其可也？"这是孟子"取于民有制"的另一重含义。

第三，孟子的批判和理想。虽然孟子从历史和现实中为"取于民有制"找寻理由，但所谓"其实皆什一"，所谓"彻者彻也"，不过是孟子的一厢情愿，现实中的"彻"早已突破了"什一"的定制。对于现实中的"彻"，孟子是持批判态度的。但"彻"已"为天下通法"数百年，是周的成法，直接对"彻"发难既不明智也有违孔孟儒家一以贯之维护周制的立场。因此，孟子只能假手于人，借龙子的说法"治地莫善于助，莫不善于贡"，对"贡"展开批判并由此导出他心目中理想的田制。孟子心目中理想的田制，就是"助"。在激烈的批判之后，孟子话锋一转："《诗》云：'雨我公田，遂及我私。'惟助为有公田。由此观之，虽周亦助也。"虽然现实中"彻"已"为天下通法"，但既然《诗经》的时代尚有公田、私田之分，则说明周制本来也是行"助"法的，这就为孟子的批判和理想直接从周制中找到了根据。

（3）"井田制"的构想

孟子的理想，就是以划分公田、私田的"助"法为基础的"井田制"。孟子说：

夫仁政，必自经界始。经界不正，井地不钧，谷禄不平。是故暴君污吏必慢其经界。经界既正，分田制禄，可坐而定也。夫滕，壤地褊小，将为君子焉，将为野人焉。无君子莫治野人，无野人莫养君子。请野九一而助，国中什一使自赋。卿以下必有圭田，圭田五十亩。余夫二十五亩。死徙无出乡，乡田同井，出入相友，守望相助，疾病相扶持，则百姓亲睦。方里而井，井九百亩。其中为公田，八家皆私百亩，同养公田。公事毕，然后敢治私事。所以别野人也。（《孟子·滕文公上》）

孟子把"贡""助""彻"三种田制分别归属于夏、商、周三代，是否符合中国古代历史的实际，已不可确考，但孟子把"贡""助""彻"三种田制视为渐次演进的过程，却不失为对中国古代历史的一种洞见。在文明的初期，公共权力刚刚萌芽，维持公共权力的需要是共同体全体成员的当然责任，每一个作为生产者的成员都会自觉自愿量力拿出自己的剩余以维持公共权力的存在，这是"贡"的原始含义。当公共权力继续扩大，掌握公共权力的人逐渐脱离农业生产，成为由直接生产者所"养"而"食于人"的"君子"，"贡"就开始有了"制"的色彩，因为日益扩大的公共权力必须把"贡"变成一种有制度保障的稳定的供给。在这种情形下，划出一块属于共同体公共所有的"公田"，并用"公田"的出产保障对公共权力的稳定供给，就是一个自然而明智的选择，这就是"助"，是西周宗法封建制的基本经济制度，更是全部中国文化由以发源的周文化及其价值观赖以立足的基础。在中国古代历史上，公共权力试图超出公田的范围而染指属于直接生产者的私田利益，始于西周晚期，最显著的例子就是厉王专利和宣王不籍千亩。由于文献记载的简约，我们今天已很难具体了解"专利"和"不籍千亩"的细节，但从传世文献对它们的批评中，我们不难看到一种属于中国古代文化的独特的价值观。这种价值观的基本逻辑就在于：既然有了界线明确的"公田"，还要对直接生产者的"私田"有所诉求，就是不合道理的。当《左传》的作者对鲁国的"初税亩"进行批评时，他表达的就是这个独特的价值观。鲁宣公十五年（公元前594

年）鲁国"初税亩",对所有土地实行"什一而税",《左传》给予的批评非常明确:"非礼也。谷出不过籍。"(《左传·宣公十五年》)意思是说,按照周的礼法,不论国君和周天子,他们的食禄都只能取自属于自己的公田,超出这个范围,就是巧取豪夺,就是"非礼"。孟子所谓"仁政,必自经界始",以及"暴君污吏必慢其经界",表达的也是这个独特的价值观。

孟子的"井田制"以"助"为基础,也即以划分公田和私田为基础。按照孟子的说法,西周是有公田和私田之分的,而划分公田和私田的依据就是"国人"。在西周,"国人"是拥有相当权利的宗法共同体成员,权利的根源就是他的"私田","私田"是他有能力担负共同体义务和享受相应权利的生存之本。孟子所谓"有恒产者有恒心,无恒产者无恒心",其源盖出于此。在西周宗法封建制逐渐崩溃而王权日益衰微的背景下,获得了独立发展机会和条件的诸侯,纷纷在"王天下"的旗帜下称霸、称王,最终演化为以武力统一天下的兼并战争。在这个过程中,原有的公田、私田的分野泯灭了,土地国有成为不可抗拒的历史潮流。在一种普遍的国家授田制度下,"国人"消失了,变成了无差别的"民"或"庶民"。虽然如此,对"国人"及其权利的历史记忆,依然是孟子勾画"仁政"蓝图的底色。

孟子"井田制"的构想,其要就在于"皆私百亩"和"九一而助":"皆私百亩"者,"制民之产"必使"足"也;虽"九一而助",但综合"五亩之宅,树之以桑"和"鸡豚狗彘之畜",亦相当于"什一",是"取于民有制"也。但是,历史记忆虽然可以成为孟子勾画他的"仁政"蓝图的底色,却无法替代更无法改变战国的现实。孟子所谓"皆私百亩",只是君王"制民之产"的结果。虽然贴上一个"私"的标签,但在战国新兴的领土国家中,不仅摧毁了传统的宗法共同体,也消灭了传统意义上的私田,所谓"私"已经不复存在,不过是孟子的一个空想而已。正唯如此,孟子虽然深刻地认识到"有恒产者有恒心"并视其为"仁政"的前提,但在势不可挡的土地国有的历史潮流中,所谓"恒产"是没有存在的空间和余地的。虽然孟子本人没有也不可能看到"井田制"的实行,但在秦汉以后孔孟儒家为主流文化的两千多年中,每当在历史的紧要关头,不论是在一个王朝的建立伊始,还是在一个王朝遭遇重大危机的时刻,都会打着诸如"变法""新政"或"与民休息"等各种旗号,不同程度地实行孟子倡导的"制民之产"必使"足"和"取于民有制"的"仁政"主张。但是,孟子所笃信、只要"发政施仁"就会实现、所有人都"有恒产"而"有恒心"、都能按照自己的"心"之"可欲"做一个人、天下大同的理想境地,却似乎离中国人越来越遥远和渺茫。因为,在土地国有的条件下,作为直接生产者的一介草民,或许可以在某种特定的"变法""新政"抑或"与民休息"的政策环境下,一时获得"仰足以事父母,俯足以蓄妻子,乐岁终身饱,凶年免于死亡"的"恒产",但在面对诸如家庭人口的多寡、作为直接生产者个人能力的强弱、生老病死造成的家庭状况的变故、随着子辈的成年带来的土地继承和分割等问题时,这个一时获得的所谓"恒产"几乎随时都有化为泡影的可能,更遑论王权更迭、王朝轮替所造成的种种不可抗拒的变化和灾祸。这正是孟子"井田制"构想的致命之处。

(4)"设为庠序学校以教之"

孟子说:

> 设为庠序学校以教之。庠者养也,校者教也,序者射也。夏曰校,殷曰序,周曰庠,学则三代共之,皆所以明人伦也。人伦明于上,小人亲于下。有王者起,必来取法,是为王者师也。(《孟子·滕文公上》)

按照孟子的说法,夏、商、周三代都是重"教"的,虽然有称谓上的区别,但其本旨"皆所以明人伦也"。"人伦",是由孟子提出并对中国文化产生深远影响的一个范畴。"伦",其意是指类、条理、常理、次序,也即多个相类的因素或个体按照一定的条理、常理和次序构成一个和谐的有序整体。《尚书》所谓"八音克谐,无相夺伦,神人以和"(《尚书·舜典》)，是说金、石、丝、竹、匏、土、革、木八种不同材质的乐器发出的声音，遵照一定的条理和次序就能构成和谐的乐章，就能达到"神人以和"的效果。孟子所谓"人伦"，是指人作为一个"类"以及处于不同地位、拥有不同身份的个人组成一个相亲、相友、相助的共同体，必须遵循的常理和次序。这些常理和次序，大体上有五个方面，"父子有亲，君臣有义，夫妇有别，长幼有序，朋友有信"，也即通常所谓"五伦"。

"人伦"的提出，是孟子推行"仁政"不可或缺甚至是最重要的一个举措。前三个举措，都是为了保障人的基本生存。如果只是基本生存得到保障，就依然还不是理想的"人"的共同体。唯有"教以人伦"，人才成其为"人"。孟子说："人之有道也，饱食、暖衣、逸居而无教，则近于禽兽。圣人有忧之，使契为司徒，教以人伦：父子有亲，君臣有义，夫妇有别，长幼有序，朋友有信。"(《孟子·滕文公上》)对于孟子而言，人性的"善"是不言而喻的，因为它的根源就是"人皆有之"的"仁义之心"，但孟子并不把人性的"善"看作是命定和一成不变的，而是可以被扭曲和泯灭的，正如"心"也是可以被丢失的一样。丢失的"心"，必须也只有通过"思"才能找寻回来。被扭曲和泯灭的"善"，必须也只有通过"教"才能成为人人遵循的常理和次序。"心"是"人"与"非人"的分界，只要是人，就有一个人心，即使行如禽兽，也依然还是一个人，依然可以通过"思"发现自己固有的"仁义之心"。"思"却并不是人人都能做得到的，所谓"思则得之，不思则不得也"，是说唯有"君子"才能"思"而"得之"，"庶民"则"不思"而"不得也"。孟子所谓"庶民去之，君子存之"，其意正在于此。正唯如此，"明人伦"就是"上"的责任，所谓"人伦明于上，小人亲于下"。"明"者，照也，亮也，使显明也；"明人伦"者，"教以人伦"也。

(二)"孝悌"之困境

"人伦"是针对人作为一个类以及个人作为共同体成员而言的。人的共同体，是人的生存的前提。对于孟子而言，人的共同体没有"人伦"或"去人伦",是不可想象也万不可能的,所以才有这样的感叹:"如之何其可也?""人伦"有五个方面的内容,但"教以人伦"往往又归结为"申之以孝悌之义",这和孟子把他的"仁政"归结为"仁义而已"是一致的。

1."孝"之内涵

"父子之亲"既是"人伦"之首,又是人的共同体也即"天下"的根本。孟子说:

> 天下大悦而将归己,视天下悦而归己犹草芥也,惟舜为然。不得乎亲,不可以为人。不顺乎亲,不可以为子。舜尽事亲之道而瞽瞍厎豫,瞽瞍厎豫而天下化,瞽瞍厎豫而天下之为父子者定。此之谓大孝。(《孟子·离娄上》)

这就把"父子之亲"也即"孝",提升到无以复加的高度。孟子所谓"一本"或"心",所谓"性善"和"仁政",最终都指向或归结为这个"孝"。在孟子哲学中,"孝"和"仁"是两个可以互换的概念,因为它们的内涵都是"事亲"。"事"者,服侍、侍奉也。这是每一个正常的人只要愿意就都能做得到的,但要做到像大舜那样"尽事亲之道",并不容易。"事亲"的起点是"养",不是简单的"养口体者",而是"养志";做到了"养志",也就能"顺乎亲";做到了"顺乎亲",也就能"得乎亲";只有做到了"得乎亲"和"顺乎亲",才算得上是"孝"。

(1)"养口体者"与"养志"

孟子说:

> 曾子养曾皙,必有酒肉。将彻,必请"所与"。问:"有余?"必曰:"有。"曾皙死,曾元养曾子,必有酒肉。将彻,不请"所与"。问:"有余?"曰:"亡矣。"将以复进也。此所谓养口体者也。若曾子,则可谓养志也。事亲若曾子者,可也。(《孟子·离

娄上》)

曾子养其父曾晳和曾元养其父曾子，看起来差不多，因为都是"必有酒肉"。究其实，却有霄壤之别。用完膳，将要往下撤的时候，曾子必定要恭敬地询问父亲："这剩余的给谁呢？"意思是：这是给您的，您想赏给谁就赏给谁吧。如果曾晳问："还有富余的吗？"意思是：如果都给我了，我怎么吃得心安呢？所以曾子必定回答："还有。"意思是：您就放心吃吧。每一个细节，都是对父亲的体贴。这是曾子的"养"，所谓"养志也"。曾元对曾子，则是另一幅场景。用完膳，将要往下撤的时候，曾元从不会想到要恭敬地询问父亲："这剩余的给谁呢？"如果曾子问："还有富余的吗？"则直接回答："没有了。"意思是：这剩余的还要留待下一餐再吃呢。这是曾元的"养"，所谓"养口体者也"。

何谓"养口体者"？一个"者"字很传神，意思是一个需要喂养的对象，就像一条狗或一匹马。孔子说："今之孝者，是谓能养。至于犬马，皆能有养。不敬，何以别乎？"(《论语·为政》)说的就是这层意思。何谓"养志"？"志"者，心之向也。"养志"者，既遂其所愿，也使其心安，所以说："事亲若曾子者，可也。"

(2) "不顺乎亲，不可以为子"

遂其所愿，使其心安，就是"顺"，"顺乎亲"也。为什么"不顺乎亲"，就"不可以为子"呢？难道"子"还能不是"子"吗？孟子这里的意思是，虽然"子"就是"子"，是作为一个人的"分定"，但如果做不到"顺乎亲"，就不能算是一个合格的孝子，此所谓"不可以为子"也。但"事亲"并不单在一个"养"，而是涉及人的生活和生存的方方面面，要做到"顺"就不那么容易了。

匡章(亦称田章、章子、匡子)是齐国的名将，因"得罪于父"田鲔，以至父子"不相遇"，彼此不相往来，遂落得一个"通国皆称不孝"的恶名。孟子不以为然，不仅"与之游"，更"从而礼貌之"。公都子不解，孟子因此而为匡章辩护：

公都子曰:"匡章,通国皆称不孝焉。夫子与之游,又从而礼貌之。敢问何也?"孟子曰:"世俗所谓不孝者五:惰其四支,不顾父母之养,一不孝也。博弈好饮酒,不顾父母之养,二不孝也。好货财,私妻子,不顾父母之养,三不孝也。从耳目之欲,以为父母戮,四不孝也。好勇斗很,以危父母,五不孝也。章子有一于是乎?夫章子,子父责善而不相遇也。责善,朋友之道也。父子责善,贼恩之大者。夫章子岂不欲有夫妻子母之属哉?为得罪于父,不得近,出妻屏子,终身不养焉。其设心以为不若是,是则罪之大者,是则章子而已矣。"(《孟子·离娄下》)

是啊,世俗所谓不孝的五种行为,匡章一样都没有,却落下不孝的恶名。这是为什么呢?按照孟子的解释,原因只有一个:"父子责善"。孟子虽不以匡章为"不孝",却并不赞同匡章的"父子责善",因为孟子是主张"父子之间不责善"的。那么,匡章究竟为什么会和他的父亲彼此"责善",以及他能否做到不与他的父亲彼此"责善"呢?我们先来看看匡章和他的父亲田鲔,各自是一个什么样的人。

匡章堪称战国时期的伟大将领,他载入史册的几次战役,几乎都是改变战国格局的。这些战役包括:公元前323年的桑丘之战,公元前314年的齐灭燕之战,公元前301年的垂沙之战,以及公元前296年的函谷关之战。函谷关一战,匡章率军大破正值巅峰的强秦,成为战国时期唯一攻入秦关的将领。这样一位伟大的将领,他的为人是怎样的呢?据《战国策》记载,桑丘之战时,由于匡章的战术被误解,前线斥候多次向齐威王报告匡章叛齐降秦,齐威王均不信。结果齐军大胜,迫使"秦王拜西藩之臣而谢于齐",齐秦之间直至公元前296年函谷关之战,二十余年不有战争。近臣、侍从问为什么对匡章有这样的信任,齐威王答道:

章子之母启,得罪其父,其父杀之而埋马栈之下。吾使章子将也,勉之曰:"夫子之强,全兵而还,必更葬将军之母。"对曰:

"臣非不能更葬先妾也。臣之母启得罪臣之父。臣之父未教而死。夫不得父之教而更葬母，是欺死父也。故不敢。"夫为人子而不欺死父，岂为人臣欺生君哉？（《战国策·齐策一》）

匡章"为人子而不欺死父"，可谓"顺乎亲"也，但匡章为什么要在父亲还活着的时候，"子父责善而不相遇"呢？在《韩非子》中，匡章的父亲田鲔是以教子而著之于篇的。《韩非子》载：

> 治强生于法，弱乱生于阿，君明于此，则正赏罚而非仁下也。爵禄生于功，诛罚生于罪，臣明于此，则尽死力而非忠君也。君通于不仁，臣通于不忠，则可以王矣。昭襄知主情而不发五苑，田鲔知臣情故教田章，而公仪辞鱼。（《韩非子·外储说右下·经二》）
> 田鲔教其子田章曰："欲利而身，先利而君；欲富而家，先富而国。"一曰：田鲔教其子田章曰："主卖官爵，臣卖智力，故自恃无恃人。"（《韩非子·外储说右下·说二》）

在这里，田鲔的教子是作为韩非"君通于不仁，臣通于不忠，则可以王矣"的法家主张的注解，所以说"田鲔知臣情故教田章"。显然，匡章的父亲田鲔是属于赞同法家主张的政治实践家阵营的。而从匡章"为人子而不欺死父"，以及为了减轻自己的罪过甚至不惜"出妻屏子，终身不养"的行为看，他是笃信儒家的"仁义"主张的。那么，一个接受"仁义"主张而信念笃定的将军，当他面对一个与自己的主张和信念格格不入的父亲时，该当如何才能"顺乎亲"呢？这是匡章的困境，更是"孝"的困境。这个困境，仅凭孟子一句"父子之间不责善"就能走得出来吗？

（3）"不得乎亲，不可以为人"

"得乎亲"和"顺乎亲"说的其实是同一件事情，也即"孝"："顺乎亲"是从自己的努力说，就是要遂亲所愿、使亲心安；"得乎亲"是从能否得到亲之喜悦、亲之认可说，如果自己的努力得不到亲之喜悦、亲之认可，所谓"顺乎亲"也就落空了。"得乎亲"更强调孝子的"顺"是出于"亲亲"的真情，是根源于"心"。如果一个人以为，只要自己做了一个孝子该做的事情，至于能否得到亲之喜悦、亲之认可是无所谓的，这就还不是一个合格的孝子，因为他的努力或"顺"只是一种外在的行为，是"行仁义"而非"由仁义行"。孟子说："舜明于庶物，察于人伦，由仁义行，非行仁义也。"（《孟子·离娄下》）其意即在于此。孝子的"顺乎亲"必须通过"得乎亲"来完成，必须得到亲之喜悦、亲之认可，因为这是一个孝子发自内心所向往的。这向往的背后，是一个人根源于"心"或由"心"所生发出来的对于父母的那种无可释怀更无可替代的依恋，它就是"慕"。在孟子谈"孝"的语境中，"慕"的重要性可以说无以复加，以至成为"孝"的代名词。《孟子》书载：

> 万章问曰："舜往于田，号泣于旻天。何为其号泣也？"孟子曰："怨慕也。"万章曰："父母爱之，喜而不忘。父母恶之，劳而无怨。然则舜怨乎？"曰："长息问于公明高曰：'舜往于田，则吾既得闻命矣。号泣于旻天、于父母，则吾不知也。'公明高曰：'是非尔所知也。'夫公明高以孝子之心为不若是恝：'我竭力耕田，共为子职而已矣。父母之不我爱，于我何哉？'帝使其子九男二女，百官牛羊仓廪备，以事舜于畎亩之中。天下之士多就之者，帝将胥天下而迁之焉。为不顺于父母，如穷人无所归。天下之士悦之，人之所欲也，而不足以解忧。好色，人之所欲，妻帝之二女，而不足以解忧。富，人之所欲，富有天下，而不足以解忧。贵，人之所欲，贵为天子，而不足以解忧。人悦之，好色，富贵，无足以解忧者，惟顺于父母可以解忧。人少，则慕父母。知好色，则慕少艾。有妻子，则慕妻子。仕则慕君，不得于君则热中。大孝，终身慕父母。五十而慕者，予于大舜见之矣。"（《孟子·万章上》）

"恝"，漫不经心，无动于衷。所谓"孝子之心""不若是恝"，意思是说，孝子不会对能否得到亲之喜悦、亲之认可无动于衷，所以才有舜的"号泣于旻天"，此所谓"怨慕也"。"慕"既可以"得乎亲"，也可能"不得乎亲"。"慕"而不得，就会有"怨"。"怨"，是检验"慕"的试金石，如果"慕"而不得而无"怨"，则说明"慕"并非根源于"心"。一个人，转向自己的内心，发现或自觉到那最终无可释怀更无可替代的对于父母的依恋，才是自己的本心，才是自己的本性所在，从而找寻到自己作为一个人的根据或根源。可是，一个人发自内心的"慕"却无法得到亲之喜悦、亲之认可，不仅失去作为一个人的快乐，甚至怀疑自己是否有资格作为一个人自立于天地之间，从而失去做一个人的自信，又怎能不心生哀怨呢？这哀怨，是包括"人悦之，好色，富贵"等等在内的任何别的东西所不能排解的，"无足以解忧"也。只有从这样的角度或高度，才能领会孟子所谓"不得乎亲，不可以为人"的真义。

虽然孟子大赞舜的"五十而慕"，并以"终身慕父母"为"大孝"，可如果"终身慕"而"不得乎亲"，又该如何"为人"呢？

2. "孝"与"善"

孟子是主张"父子之间不责善"的。《孟子》书载：

> 公孙丑曰："君子之不教子，何也？"孟子曰："势不行也。教者必以正。以正不行，继之以怒。继之以怒，则反夷矣。'夫子教我以正，夫子未出于正也。'则是父子相夷也。父子相夷，则恶矣。古者易子而教之，父子之间不责善。责善则离，离则不祥莫大焉。"（《孟子·离娄上》）

"责"者，要求、期望也。"不责善"者，不以"善"来要求和期望对方也。不以"善"来要求和期望对方，并不是不讲"善"，更不是不要"善"。恰恰相反，孟子所谓"不责善"，正是要维护那个最高的"善"，守持住那个"善"的根本，也即作为一个人其他一切皆可放下、皆可失去，而唯此无可释怀更无可替代的父子之间的亲情，作为"五伦"之首的"父子有亲"。"不责善"的要义是"不教子"。为什么呢？"势不行也。"实际的情势不允许，做不到也。按照孟子的说法，"教"就是用"善"来训诫和规范受教者。当受教者不接受训诫，屡屡犯规，就难免生气、发怒，一生气，一发怒，就会使自己的情绪失控，情绪失控就难免失之偏颇，反而使自己离开了"善"，此所谓"反夷"也。教者"反夷"，让受教者抓住就会反唇相讥，所谓"夫子教我以正，夫子未出于正也"。这样一来，就会"父子相夷"并进而相"恶"。最终的结果就是"离"，父子疏远，直接走到"亲"的反面，真正是最糟糕的事情，所以说："离则不祥莫大焉。"孟子这里说得很生动，也很实际，我们却不由得产生了疑惑：似这样父不能"教子"，"教"即走向其反面的"父子有亲"，能担当起"五伦"之首、"善"之根本吗？

对于孟子而言，"善"根源于"心"。这是由孟子"心"的哲学和人性理论设立起来的一个基本点。对于这个基本点，似乎可以从两个层次上来理解和解读：首先，所谓"善"根源于"心"，是说"心"之所欲就是"善"。但这显然有悖于孟子的本意，因为实际上"心"会受到蒙蔽，有"所蔽"、有"所陷"、有"所离"、有"所穷"，并非"心"之本然，所以"心"之所欲往往并不就是"善"，而是"不善"。其次，所谓"善"根源于"心"，是说唯有去除了"心"之"所蔽""所陷""所离""所穷"，达到"心"之本然，"心"之所欲才是"善"。这个达到其本然的"心"之所欲，也即"心"之"可欲"，所以说："可欲之谓善。"区分"心"之本然和非本然，从"莫知其乡"的"心"之所欲中挺立起一个"心"之"可欲"，堪称孟子哲学的精髓。但问题在于，孟子如何能够从"莫知其乡"的"心"之所欲中，确认其中的一个或几个就是"心"之"可欲"呢？

孟子的方法或原则很简单，就是"去利"。孟子说：

> 为人臣者，怀利以事其君。为人子者，怀利以事其父。为人弟者，怀利以事其兄。是君臣、父子、兄弟终去仁义，怀利以相接，然而不亡者，未之有也。……为人臣者，怀仁义以事其君。为人子

者，怀仁义以事其父。为人弟者，怀仁义以事其兄。是君臣、父子、兄弟去利，怀仁义以相接也，然而不王者，未之有也。何必曰利？（《孟子·告子下》）

又说：

鸡鸣而起，孳孳为善者，舜之徒也。鸡鸣而起，孳孳为利者，跖之徒也。欲知舜与跖之分，无他，利与善之间也。（《孟子·尽心上》）

这就把"利"直接摆在了"善"的对立面。有一种流行的意见，以为孟子的"去利"并非根本不讲"利"，而是反对一己私利，对国家乃至天下的"利"是并不反对的，这是对孟子的误读。孟子所谓"利"，指的是一切基于利害、得失的计较和考量，至于这计较和考量是为个人还是为国家乃至天下，并没有区别。有人会问：孟子这里所谓"亡"和"王"难道不是一种基于利害、得失的计较和考量吗？孟子的学说和主张是关心现实也关怀"天下"的，这正是孟子所谓"不得已也"。但孟子心目中的"王"或"王天下"，正是摒弃了一切基于利害得失的计较和考量、"以不忍人之心，行不忍人之政"的结果。即便如此，当讨论到何为"君子所性"、何为"善"之根本时，孟子是明确主张"王天下不与存"，是把"广土众民"和"中天下而立，定四海之民"排除在外的。对于孟子而言，唯有在"心"中摒弃了一切基于利害、得失的计较和考量之后的所欲，才是"心"之本然，才是"心"之"可欲"，才是那个"人之所以异于禽兽"的"几希"，才是"善"之根本。但问题在于，即使在"心"中摒弃了一切基于利害、得失的计较和考量之后，"心"之"可欲"就一定或只能是基于"分定"的"孝悌"，而不是任何别的什么吗？这是无法从形式上得到确证的。

孟子没有也不可能寻求我们所谓形式上的确证，但他必须完成一个"思"的飞跃，才能登上他把"孝"确立为"善"之根本的哲学高地。这个"思"的飞跃,当然是在他自己的"心"中完成的,而助力他完成这个飞跃的资源却是在中国古代的历史和现实之中。其实,这个资源不是别的,就是孟子以及古代中国人视野中的"天下"。

3. "孝"与"天下"

在中国传统文化中,"天下"就是人间或人的共同体。在先秦诸子的语境中,"天下"更确切的含义,是指自尧舜禹以来,不论是传说中的还是实际存在过的王权所及的土地和人民,也即通常所谓华夏文明圈。对于孟子而言,"天下"既包括历史的记忆,也包括现实的境况。孟子说:

> 天下之生久矣,一治一乱。(《孟子·滕文公下》)

这是孟子对中国古代历史的总看法:"天下之生",华夏文明圈的起点;"久",久远也,已经有很长的历史了;"一治一乱",不过治和乱的循环而已。孟子说:

> 当尧之时,天下犹未平。洪水横流,氾滥于天下;草木畅茂,禽兽繁殖,五谷不登;禽兽偪人,兽蹄鸟迹之道交于中国。尧独忧之,举舜而敷治焉。舜使益掌火,益烈山泽而焚之,禽兽逃匿。禹疏九河,瀹济漯而注诸海,决汝汉、排淮泗而注之江。然后中国可得而食也。……后稷教民稼穑,树艺五谷,五谷熟而民人育。人之有道也,饱食、暖衣、逸居而无教,则近于禽兽。圣人有忧之,使契为司徒,教以人伦:父子有亲,君臣有义,夫妇有别,长幼有序,朋友有信。(《孟子·滕文公上》)

舜的"敷治"包括:①"使益掌火,益烈山泽而焚之,禽兽逃匿";②使"禹疏九河,瀹济漯而注诸海,决汝汉、排淮泗而注之江";③使"后稷教民稼穑,树艺五谷,五谷熟而民人育";④"使契为司徒,教以人伦"。归结起来,就是建立人的生存得到保障的物质条件和人伦次序。这就是孟子心目中的"天下之生",也即中国古代文明的起点和发端。这个起点和发端,同时也是孟子心目中的第一个"一治一乱"。孟子讲述了他心目中的三个"一治一乱":第一,"禹抑洪水而天下平";第二,"周公兼夷狄、驱猛兽而百姓宁";第三,"孔子成《春秋》而乱臣贼子惧"。他所面对的现实境况:"圣王不作,诸侯放恣,处士横议。"以及他所自觉到的历史使命:"以承三圣者。"(《孟子·滕文公下》)关于这个历史使命,孟子也曾说过这样的豪言:

> 五百年必有王者兴,其间必有名世者。由周而来,七百有余岁矣。以其数,则过矣;以其时考之,则可矣。夫天未欲平治天下也,如欲平治天下,当今之世,舍我其谁也?(《孟子·公孙丑下》)

孟子"舍我其谁"的勇气,既来源于他对历代"圣人"的体认,也来源于他对现实境况的洞彻。

(1)"克谐以孝,烝烝乂,不格奸":帝舜之"孝"

在中国古代历史上,舜是以"孝"著之于《书》的。这是孟子最重要的"思"之资源。《尚书》记载:

> 帝曰:"咨!四岳。朕在位七十载,汝能庸命巽朕位?"岳曰:"否德忝帝位。"曰:"明明扬侧陋。"师锡帝曰:"有鳏在下,曰虞舜。"帝曰:"俞!予闻,如何?"岳曰:"瞽子。父顽,母嚚,象傲。克谐以孝,烝烝乂,不格奸。"(《尚书·尧典》)

帝尧向"四岳"询问:朕在位七十年了,你们谁能顺应天命接替朕的位置呢?"四岳"皆以德不配位而辞谢。帝尧又问:你们就不能从朝堂贵戚中,抑或从民间布衣中举荐一个贤明的人吗?于是众人一致推举说:在民间有一个单身的男子,名叫虞舜。帝尧很高兴:是啊,我也听说过,他是一个怎样的人呢?"四岳"回答:他是一个瞎老头的儿子。他的父亲愚顽，他的后母凶狠，他的异母弟象也很是骄横。舜却能以"孝"与他们和谐相处，把这个家治理得蒸蒸日上，一家人也不至于堕入奸邪，此所谓"克谐以孝，烝烝乂，不格奸"。"孝"，在这里是指舜对待父母和兄弟的友爱，这友爱不计利害也不附带条件，不因父母和兄弟的"顽""嚚""傲"而有所减损和改变，正是孟子所谓"亲亲"的本义。

（2）"西伯善养老者"：文王之"孝"

尧舜是"天下之生"的发端，是孟子倡导的"仁政"的源头，所谓"孝弟而已矣"；文武周公是"一治一乱"历史进程中的中兴者，是孟子倡导的"仁政"的可效仿和可实行的榜样，所谓"仁义而已矣"。在孟子看来，"文王之政"归结到一点就是"善养老者"。《孟子》书载：

> 伯夷辟纣，居北海之滨，闻文王作，兴曰："盍归乎来！吾闻西伯善养老者。"太公辟纣，居东海之滨，闻文王作，兴曰："盍归乎来！吾闻西伯善养老者。"二老者，天下之大老也，而归之，是天下之父归之也。天下之父归之，其子焉往？诸侯有行文王之政者，七年之内，必为政于天下矣。（《孟子·离娄上》）

"善养老者"，"孝"也。但文王的"善养老"，不是自顾自的养老，而是"老吾老，以及人之老；幼吾幼，以及人之幼"的"推恩"。孟子说："老而无妻曰鳏，老而无夫曰寡，老而无子曰独，幼而无父曰孤。此四者，天下之穷民而无告者。文王发政施仁，必先斯四者。"（《孟子·梁惠王下》）如此，则"天下之父归之"。孟子发问："天下之父归之，其子焉往？"所以断言："诸侯有行文王之政者，七年之内，必为政于天下矣。""为政于天下"者，"王天下"也。那么，"文王之政"是如何具体实行的呢？《孟子》书载：

> 伯夷辟纣，居北海之滨，闻文王作，兴曰："盍归乎来？吾闻

西伯善养老者。"大公辟纣，居东海之滨，闻文王作，兴曰："盍归乎来？吾闻西伯善养老者。"天下有善养老，则仁人以为己归矣。五亩之宅，树墙下以桑，匹妇蚕之，则老者足以衣帛矣。五母鸡，二母彘，无失其时，老者足以无失肉矣。百亩之田，匹夫耕之，八口之家足以无饥矣。所谓西伯善养老者，制其田里，教之树畜，导其妻子，使养其老。五十非帛不暖，七十非肉不饱。不暖不饱，谓之冻馁。文王之民，无冻馁之老者，此之谓也。（《孟子·尽心上》）

"制其田里，教之树畜，导其妻子，使养其老"，这是文王的"善养老者"，也是孟子主张和推行的"仁政"的具体举措和内涵。在人类向文明迈进的过程中，"养老"不可谓不是一件意义重大的事情。动物世界没有"养老"，中国传统所谓"反哺"不过是缺乏科学观察和分析的误传，至多是"孝"文化背景下出于劝善的美丽童话或寓言。唯有人才有"养老"，唯有人才会把"无冻馁之老者""颁白者不负戴于道路"视为理想的人的共同体应该实现的重要目标。但是，"养老"或"善养老"也即"孝"之于"天下"、之于人和人的共同体的重要性，似乎被孟子夸大了。这当然不是没有理由的。

（3）"不嗜杀人者能一之"：孟子之"孝"

孟子的理由，就是他面对的现实境况以及他对现实境况的洞彻。孟子面对的现实境况是"天下大乱"，而在孟子看来，乱的根源就是人本身，是人不能自觉到作为一个人的根本就在于"善"，不能把一切人都视为和自己一样的"人"，因此不能"与人为善"，人与人沦落为彼此相残的禽兽，所以是"率兽食人"。《孟子》书载：

孟子见梁襄王，出，语人曰："望之不似人君，就之而不见所畏焉。卒然问曰：'天下恶乎定？'吾对曰：'定于一。''孰能一之？'对曰：'不嗜杀人者能一之。''孰能与之？'对曰：'天下莫不与也。王知乎苗乎？七八月之间旱，则苗槁矣。天油然作云，沛然下雨,则苗浡然兴之矣。其如是,孰能御之?今乎天下之人牧,未有不嗜杀人者也。如有不嗜杀人者,则天下之民皆引领而望之矣。诚如是也,民归之,由水之就下,沛然谁能御之?'"(《孟子·梁惠王上》)

这里有几个要点:首先,面对"天下"撕裂成彼此对立的打天下集团而不惜"争地以战,杀人盈野;争城以战,杀人盈城"的战国现实,孟子的理想依然是"定于一"。这是很吊诡的一件事情,因为诸侯"争地以战,杀人盈野;争城以战,杀人盈城"的终极目标就是"定于一"。此后的中国历史证明,这一终极目标的实现,似乎只能依靠战争。过往的世界历史也证明,一种文明要在一个广大的地域内实现"定于一"的目标,似乎也只能依靠战争。其次,虽然孟子的理想是"定于一",却石破天惊提出:"不嗜杀人者能一之。"确切地说,是唯有"不嗜杀人者"才能实现"定于一"的目标。这在"以攻伐为贤"的战国时代,不啻是痴人说梦,或如司马迁所言,是"迂远而阔于事情"也,所以才有梁襄王的质疑:"孰能与之?"最后,孟子的自信:"天下莫不与也。"这正是我们要进一步解析和讨论的。

孟子的自信,一方面是来自他洞悉历史和现实的独特视角。孟子说:

民之归仁也,犹水之就下,兽之走圹也。故为渊驱鱼者獭也,为丛驱爵者鹯也,为汤武驱民者桀与纣也。今天下之君有好仁者,则诸侯皆为之驱也,虽欲无王,不可得已。(《孟子·离娄上》)

何谓"驱民"?"驱而之善"、驱而"归仁"也。历史上的夏桀和商纣,因其暴虐,实为商汤和周武"驱民"也;当下的诸侯,因其好战和嗜杀,实为"不嗜杀人者""驱民"也。所以,当下的诸侯如有"好仁"而"不嗜杀人者",则"天下之民皆引领而望之矣",此所谓"天下莫不与也"。

另一方面，则是来自他对人性"善"及其底线的笃信。人在本性上是"善"的，是可以也应该向善的。如果每一个人都能向善，就可以从他人身上发现值得效仿和引以为善的好的东西，人与人之间就可以避免冲突、残害和杀戮，就可以和谐相处，"天下"就可以没有"争地以战，杀人盈野；争城以战，杀人盈城"的战争。此所谓"与人为善"也。孟子说：

> 子路，人告之以有过，则喜。禹闻善言，则拜。大舜有大焉，善与人同，舍己从人，乐取于人以为善，自耕稼、陶、渔以至于为帝，无非取于人者。取诸人以为善，是与人为善者也，故君子莫大乎与人为善。（《孟子·公孙丑上》）

"与人为善"，看似平常，却是孟子心目中人与人相互交往因此也是人的共同体或"天下"所能达到的理想之境，所以说："君子莫大乎与人为善。"这个理想之境，其实也是直至今天的人类梦寐以求的。可问题在于，如何才能达到这个理想之境呢？正是在面对着这个全人类共同的问题时，孟子走了一条属于他自己的哲学之路，中国哲学之路。孟子自以为找到或发现了一个不可移易的事实：在错综复杂的人与人的相互关系中，唯有父子和兄弟之间的亲情，是任何人最终都无可更改也无可逃遁的，这就是"孝"或"孝悌"。"孝"或"孝悌"既是人性"善"的根源，也是人性"善"的底线。守护住这条人性"善"的底线，也就守护住了人的共同体也即"天下"达到理想之地的门径。孟子说：

> 吾今而后知杀人亲之重也。杀人之父，人亦杀其父。杀人之兄，人亦杀其兄。然则非自杀之也，一间耳。（《孟子·尽心下》）

一个懂得和珍惜父子和兄弟之爱的人，是不会嗜杀的。因为，我所杀死的任何一个看似和我漠不相关的陌路人，无不是像我自己一样的人的父亲或兄弟。反过来，我自己最为珍爱的父亲或兄弟，在一个杀戮者眼里，也不过是一个漠不相关的陌路人而已。杀人，就是杀死一个父亲或兄弟。这和杀死自己的父亲或兄弟又有多少区别呢？"一间耳"，所以孟子说：

> 道在迩而求诸远，事在易而求之难。人人亲其亲、长其长，而天下平。（《孟子·离娄上》）

这是孟子笃信人性"善"及其底线的一个当然结论。但问题在于：为什么"父子"和"兄弟"之间的亲情，也即"孝悌"，就是人性"善"的根源和底线呢？这依然无法从形式上得到确证，不能不说是孟子"心""性"哲学的一个理论难题。不仅如此，当孟子以"舍我其谁"的勇气把"平治天下"视为自己的历史使命，并通过引入"君臣"对由尧舜以来的传统"五教"，也即"父义、母慈、兄友、弟共、子孝"（《左传·文公十八年》），进行增益和改造，从而完成了"人伦"或"五伦"的定型："父子有亲，君臣有义，夫妇有别，长幼有序，朋友有信。"孟子哲学中的这个理论难题，就显得更加突出和尖锐了。

五、"君臣"

孟子把"君臣"引入"人伦"，是批判的，也是建设的，因为他针对的是"诸侯放恣"而"率兽食人"的政治现实，其目标是要在"善"的基础上设立"君臣之义"，打造"天下有道"的理想的人的共同体。努力向"善"，是人必须坚持的文明方向。这是毋庸置疑的。否则，人就会堕落而走向文明的反面，人的文化创造就会变成反人类和灭绝人性的工具，人的共同体或"天下"就会沦为人间地狱，就像我们在历史和现实中屡屡看到的那样。下面，我们就来讨论孟子的"君臣"理论，检讨它的困难和问题。

（一）"君臣之义"与"孝悌"

既然"君臣之义"是在"善"的基础上设立，而"善"的根源就是作为"人"的"分定"的"父子"和"兄弟"之间的亲情,也即"孝悌",那么,孟子的"君臣"如何与"孝悌"取得一致呢?

1."盛德之士,君不得而臣,父不得而子"

《孟子》书载:

> 咸丘蒙问曰:"语云:'盛德之士,君不得而臣,父不得而子。'舜南面而立,尧帅诸侯北面而朝之,瞽瞍亦北面而朝之。舜见瞽瞍,其容有蹙。孔子曰:'于斯时也,天下殆哉,岌岌乎!'不识此语诚然乎哉?"孟子曰:"否。此非君子之言,齐东野人之语也。尧老而舜摄也。《尧典》曰:'二十有八载,放勋乃徂落,百姓如丧考妣。三年,四海遏密八音。'孔子曰:'天无二日,民无二王。'舜既为天子矣,又帅天下诸侯以为尧三年丧,是二天子矣。"咸丘蒙曰:"舜之不臣尧,则吾既得闻命矣。《诗》云:'普天之下,莫非王土。率土之滨,莫非王臣。'而舜既为天子矣,敢问瞽瞍之非臣,如何?"曰:"是诗也,非是之谓也,劳于王事而不得养父母也。曰:'此莫非王事,我独贤劳也。'故说《诗》者,不以文害辞,不以辞害志。以意逆志,是为得之。如以辞而已矣,《云汉》之诗曰:'周余黎民,靡有孑遗。'信斯言也,是周无遗民也。孝子之至,莫大乎尊亲。尊亲之至,莫大乎以天下养。为天子父,尊之至也。以天下养,养之至也。《诗》曰:'永言孝思,孝思维则。'此之谓也。《书》曰:'祗载见瞽瞍,夔夔齐栗,瞽瞍亦允若。'是为父不得而子也。"(《孟子·万章上》)

咸丘蒙的质疑,代表了战国时代一种普遍的思想潮流,其核心是对尧舜以来的传统价值观也即孟子倡导的"尧舜之道"的非难。这种质疑和对"尧舜之道"的非难,在韩非的著述中表达得至为简明。韩非写道:

> 天下皆以孝悌忠顺之道为是也,而莫知察孝悌忠顺之道而审行

之，是以天下乱。皆以尧舜之道为是而法之，是以有弑君，有曲父。尧、舜、汤、武或反君臣之义，乱后世之教者也。尧为人君而君其臣，舜为人臣而臣其君，汤、武为人臣而弑其主、刑其尸，而天下誉之，此天下所以至今不治者也。……记曰："舜见瞽瞍，其容造焉。"孔子曰："当是时也，危哉！天下岌岌，有道者，父固不得而子，君固不得而臣也。"臣曰：孔子本未知孝悌忠顺之道也。然则有道者进不得为臣主，退不得为父子耶？……《诗》云："普天之下，莫非王土。率土之滨，莫非王臣。"信若《诗》之言也，是舜出则臣其君，入则臣其父，妾其母，妻其主女也。（《韩非子·忠孝》）

看起来，即使在孟子离世近半个世纪后，到了韩非著述的时代，人们依然把"记曰"（也即咸丘蒙所谓"语云"）以及《诗经》中通常被认为是表述绝对王权的经典说法"溥天之下，莫非王土；率土之滨，莫非王臣"，用为非难儒家倡导的"尧舜之道"的依据。面对这种影响深远的质疑和非难，孟子必须予以回答。

孟子的回答，首先是在事实层面进行辩诬。对于"语云"所谓"舜南面而立，尧帅诸侯北面而朝之，瞽瞍亦北面而朝之"，也即韩非所谓"尧为人君而君其臣，舜为人臣而臣其君"，孟子的解释很简单："尧老而舜摄也。"孟子引《尚书·尧典》以为据，认为实际的情形是舜摄政二十八年后尧"徂落"，舜率天下诸侯为尧服丧三年才践天子位。对于咸丘蒙征引的《诗经》，孟子的回答和解释是：虽然《诗经》是这样说的，但针对的并不是瞽瞍之于舜的"臣"或"不臣"，因为诗的本意是下层"士子"讽刺役使不均、徒使自己疲于王事而不得养其父母，所谓"偕偕士子，朝夕从事。王事靡盬，忧我父母。溥天之下，莫非王土；率土之滨，莫非王臣。大夫不均，我从事独贤"（《诗经·小雅·北山》）。用孟子的话说："此莫非王事，我独贤劳也。"孟子进而提出自己的看法："孝子之至，莫大乎尊亲。尊亲之至，莫大乎以天下养。为天子父，尊之至也。以天下养，养之至也。"并引《尚书》

"祗载见瞽瞍,夔夔齐栗,瞽瞍亦允若"以为据。在孟子看来,瞽瞍作为"天子父",是为"尊之至",因此不可以"北面而朝"、向舜称臣;舜虽为天子,却只能恭恭敬敬、谨慎小心"尽事亲之道",以期"顺乎亲"和"得乎亲",是"以天下养"也。孟子说:"是为父不得而子也。"——这也就是人们谬传的"父不得而子"。

既然人们用"盛德之士,君不得而臣,父不得而子"的谬传来非议"尧舜之道",甚至像韩非一样认为"尧、舜、汤、武或反君臣之义,乱后世之教者",那么在澄清事实的基础上,孟子就必须对"君臣之义"表明自己的态度和立场。

何谓"盛德之士"(也即韩非所谓"有道者")?在孟子的语境中,是指其品格达到了和尧舜一样境界的"人"。孟子说:

> 尧舜,性者也;汤武,反之也。动容周旋中礼者,盛德之至也。(《孟子·尽心下》)

"性者",无须修为即是"性",是且仅是其所是,本然而是也;"反之",经过修为回归其"性","反身而诚"也。在孟子看来,虽然尧舜是做"人"的至境,但每一个人就其本性而言,都是可以成为像尧舜那样的"人"的,所谓"人皆可以为尧舜"也。一个人,只要达到了和尧舜一样"动容周旋中礼"也即孔子所谓"从心所欲不逾矩"的境界,也就达到了"盛德之至",是为"盛德之士"也。一个达到了和尧舜一样境界的"盛德之士",是"达可行于天下而后行之者",是为"天民"也(《孟子·尽心上》)。但凡"有为之君",对待"盛德之士"就不能召之即来,挥之即去,必"学焉而后臣之"。孟子说:

> 故将大有为之君,必有所不召之臣。欲有谋焉,则就之。其尊德乐道,不如是不足与有为也。故汤之于伊尹,学焉而后臣之,故不劳而王。桓公之于管仲,学焉而后臣之,故不劳而霸。今天下地丑德齐,莫能相尚。无他,好臣其所教,而不好臣其所受教。汤之

于伊尹，桓公之于管仲，则不敢召。管仲且犹不可召，而况不为管仲者乎？（《孟子·公孙丑下》）

"不为管仲者"，孟子自谓也。这正是孟子不赞同把《诗经》所谓"溥天之下，莫非王土；率土之滨，莫非王臣"，解读为君王或人主超越于一切之上的绝对权力的要义所在——是为君不得而臣也。

2. "亲爱之而已矣"

象是舜的弟弟，却"日以杀舜为事"，简直就不是一个人，所谓"至不仁"也。舜做了天子，如之何彼此为君臣呢？按照通常的说法，舜把象流放到了有庳；到了韩非，甚至认为舜把象诛杀了，所谓"瞽瞍为舜父而舜放之，象为舜弟而杀之"（《韩非子·忠孝》）。如此，虽然维护了"君臣之义"，却坏了"父子""兄弟"的大伦。对于这样的非难，孟子的回答很特别：虽是流放，其实也是封赏。《孟子》书载：

> 万章问曰："象日以杀舜为事，立为天子则放之，何也？"孟子曰："封之也，或曰放焉。"万章曰："舜流共工于幽州，放驩兜于崇山，杀三苗于三危，殛鲧于羽山。四罪而天下咸服，诛不仁也。象至不仁，封之有庳。有庳之人奚罪焉？仁人固如是乎，在他人则诛之，在弟则封之？"曰："仁人之于弟也，不藏怒焉，不宿怨焉，亲爱之而已矣。亲之欲其贵也，爱之欲其富也。封之有庳，富贵之也。身为天子，弟为匹夫，可谓亲爱之乎？""敢问或曰放者何谓也？"曰："象不得有为于其国，天子使吏治其国而纳其贡税焉，故谓之放。岂得暴彼民哉？虽然，欲常常而见之，故源源而来。'不及贡，以政接于有庳。'此之谓也。"（《孟子·万章上》）

万章的问题很犀利：难道有庳的人有罪，活该受这样"至不仁"的家伙残暴吗？难道"仁人"竟是这样，别人"不仁"就"诛之"，自己的弟弟"至不仁"就"封之"吗？按照孟子的解释：一方面，"仁人"对于自己的弟弟,"亲爱之而已矣",既"亲爱之"则"富贵之",所以"封之有庳";另一方面,虽然"封之有庳",却"不得有为于其国",所以有庳之人不会受其残暴。这样的解释,可谓两全其美:"封之有庳",兄弟也;"或曰放焉",君臣也。孟子反问道:"身为天子,弟为匹夫,可谓亲爱之乎?""岂得暴彼民哉?"虽然理直而气壮,从中却不难听出并不和谐的杂音。

3."舜视弃天下,犹弃敝蹝也"

《孟子》书载:

> 桃应问曰:"舜为天子,皋陶为士,瞽瞍杀人,则如之何?"孟子曰:"执之而已矣。""然则舜不禁与?"曰:"夫舜恶得而禁之?夫有所受之也。""然则舜如之何?"曰:"舜视弃天下,犹弃敝蹝也。窃负而逃,遵海滨而处,终身䜣然,乐而忘天下。"(《孟子·尽心上》)

这就把舜和瞽瞍究竟是"君臣"还是"父子"以及孰轻孰重,放在关涉生死的极端情况下来拷问。孟子的回答看起来依然是两全其美:"执之而已矣",君臣也;"窃负而逃",父子也。其中透露出的,却是孟子关于"天下国家"的根本态度和立场。孟子说:

> 人有恒言,皆曰:"天下国家。"天下之本在国,国之本在家,家之本在身。(《孟子·离娄上》)

何谓"天下国家"?意思是说,"天下"是第一位和最重要的,其次才是"国"和"家"。孟子并不这样认为。在孟子看来,"天下"是由"国"构成的,"国"是由"家"构成的,而"家"则是由"身"构成的。"天下"的"本",归根结底是"人",是作为实实在在的生命体而存在的个人也即"身"。因为,所谓"天下"不过是由千千万万、形形色色的个人构成的人的共同体也即人的社会。既然把"天下国家"

归结到"身",那么全部问题就在于:这个"身"或作为个体的"人"又是怎样的呢?或者换一个提法:"身"之"本"何在?孟子的全部哲学就是对这个问题的回答:"身"之"本"在"心",而"心"之"可欲"就是"善",就是基于人之所以为人的"分定"的"孝悌",就是作为实实在在的生命体而存在的每一个人最终无法逃遁的"父子"和"兄弟"的亲情,"孝悌而已矣","仁义而已矣"。可是,人们不禁要发出诘问:这个"孝悌"果真能够担当起"天下"之"本"吗?不论是带有法家倾向的"君不得而臣,父不得而子"的谬传和曲解,还是站在普通所谓"仁人"的立场上对于象的"放"和"封"的质疑和非难,乃至像桃应那样把舜和瞽瞍究竟是"君臣"还是"父子"以及孰轻孰重放在关涉生死的极端情况下来拷问,都是这种诘问的不同形式。既然把这些诘问和回答著之于篇,一方面表明它们并非某个人偶发的灵机一动,而是孟子哲学在当时实际遇到而必须回答的带有普遍性的问题;另一方面则表明,孟子确信自己的回答一劳永逸澄清并驳倒了这些谬传、质疑和非难。那么,孟子自以为驳倒了对手的内在逻辑是什么呢?

孟子的逻辑很简明:既然"天下"之"本"在"身","身"之"本"在"心",而"心"之"可欲"就是"善",就是作为实实在在的生命体而存在的每一个人最终无法逃遁的"父子"和"兄弟"的亲情,那么,唯有守护住"父子"和"兄弟"的亲情,唯有"申之以孝悌之义",所谓"家""国""天下"才有意义,"家"才是人的家,"国"才是人的国,"天下"才是每一个人"养生丧死无憾"的美好人间。反过来说,如果连"父子"和"兄弟"的亲情也可以丢弃,那么"家"就不成其为家,"国"就不成其为国,"天下"就会成为"率兽食人"的人间地狱。这样的"天下",守之何为?弃之又何妨?所以说:"舜视弃天下,犹弃敝蹝也。"孟子所谓"王天下不与存焉",其意也正在于此。

(二)"君臣之义"与"道"

孟子的"君臣之义"建立在"善"的基础上,所以是以"天下有道"为前提的。如果"天下无道",就谈不上"君臣之义",甚至连

"天下"也没有意义，所以才有"弃天下，犹弃敝蹝"的极端之言。战国，是公认的"天下无道"。何为"道"？何为"天下有道"？在孟子看来，不论是"盈天下"的杨墨之言，还是那些为"诸侯放恣"张目的政治实践家的主张，虽然他们无不以"天下有道"为目标，但他们所谓"道"其实都是"无道"，因为，"天下"作为人的共同体，"道"只有一个，就是根源于人的"分定"的"孝悌"，也即"尧舜之道"，它就是"仁"。

1."道二，仁与不仁而已矣"

孟子说：

> 规矩，方圆之至也。圣人，人伦之至也，欲为君尽君道，欲为臣尽臣道，二者皆法尧舜而已矣。不以舜之所以事尧事君，不敬其君者也。不以尧之所以治民治民，贼其民者也。孔子曰："道二，仁与不仁而已矣。"暴其民甚，则身弑国亡；不甚，则身危国削。名之曰"幽"、"厉"，虽孝子慈孙，百世不能改也。《诗》云："殷鉴不远，在夏后之世。"此之谓也。（《孟子·离娄上》）

"至"者，标准、典范也；"欲"者，希望、要求也。在这里，"欲"的主语不是"君"和"臣"，而是"圣人"或"至"，也即作为"人伦"标准和典范的"圣人"。所谓"欲为君尽君道，欲为臣尽臣道"，是说按照"圣人"这个"人伦"的标准来要求，"为君"者必须"尽君道"，"为臣"者必须"尽臣道"，所以说"二者皆法尧舜而已矣"。"道二"，并非承认"天下"可以有两个"道"，而是说"天下"只有一个"道"，要么"有道"，要么"无道"，二者必居其一。所以说"仁与不仁而已矣"。

孟子把这个"仁"抬得很高，以至于夏、商、周"三代"之所以"得天下"和"失天下"就是因为"仁"和"不仁"。这个"仁"又似乎很普通，是诸侯、卿大夫乃至于士和庶人"保社稷""保宗庙""保四体"不可或缺的。孟子说：

> 三代之得天下也以仁，其失天下也以不仁。国之所以废兴存亡者亦然。天子不仁，不保四海。诸侯不仁，不保社稷。卿大夫不仁，不保宗庙。士庶人不仁，不保四体。今恶死亡而乐不仁，是犹恶醉而强酒。（《孟子·离娄上》）

这当然只是孟子心中的理想而已。面对"天下无道"的现实，可以说周的"天下"因为"不仁"而分崩离析，但那些"争地以战，杀人盈野；争城以战，杀人盈城"的诸侯，并不因为"不仁"而灭国绝嗣，反而越战越强、越战越大。孟子不得不进行修正：

> 不仁而得国者有之矣。不仁而得天下，未之有也。（《孟子·尽心下》）

既然诸侯"不仁"可以"得国"，又遑论卿大夫和士庶人？这叫汲汲于"尧舜之道"而周游列国鼓吹"仁义而已"的孟子，情何以堪？孟子不愧是孔子儒家学说的杰出传人。早在春秋时期，面对"天下无道""礼乐征伐自诸侯出"的乱象，孔子就曾有"十世希不失"的预言和自信。到了战国，面对"诸侯放恣""不仁而得国"的现实，孟子则依然相信"不仁而得天下，未之有也"。为什么？因为对于孟子而言，"天下有道"的实现形式只有一个，就是："五百年必有王者兴"的"仁"而"王者"、"圣"而"王者"。正如对于孔子而言，"天下无道"的原因也只有一个：周天子失德，"王"而"不仁"、"王"而"非圣"也。这是孟子笃信"不嗜杀人者能一之"而"天下莫不与"的原因所在，孔孟儒家所谓"天下有道"和"天下无道"的奥义也在于此。孟子说：

> 仁也者，人也。合而言之，道也。（《孟子·尽心下》）

朱熹解释说："仁者，人之所以为人之理也。然仁，理也；人，物也。以仁之理，合于人之身而言之，乃所谓道者也。"(《四书集注》)虽然朱熹是站在"理学"的立场上来释读孟子，用为理解孟子的一个对照，却不无启迪。在孟子哲学中，"仁"就是人的"本心"，是人心中最后无可去除、无可替代和无可释怀的"恻"和"隐"，也即"不忍人之心"。它是人的一切由以生发的根源，是人之所以异于禽兽、之所以为人的根据，也即"人之道"。在这个意义上，"仁"既是"人之道"，也就是人本身，所以说："仁也者，人也。"既然如此，又何谈"合而言之"呢？因为从现实层面看，不论君王、卿大夫乃至于士和庶人，"人"而"不仁"者可谓比比皆是。这是孟子哲学面临的最大难题，也是以继孟子绝学为己任的宋学面临的最大难题，朱熹的"理学"不啻是解决这个难题的方案之一，却不是孟子的本意。按照孟子的本意，虽然"人"而"不仁"者比比皆是，但是"人"就其本性而言，是可以做到"人"而"仁"的，此所谓"乃若其情，则可以为善矣"。进而言之，虽然"人"而"不仁"者比比皆是，但事实上人是可以做到"人"而"仁"的，这就是自尧舜以来，包括大禹、商汤、文武周公和孔子在内的"圣人"。"圣人"之为"人"而"仁"者，既是"人之道"的实现，也是人之为人所效法的标准和典范，所以也就是"人之道"，此所谓"合而言之，道也"。

对于孟子而言，因为有"圣人"的存在，根源于人心的"道"就获得了历史和现实的支撑，就不是玄虚缥缈的理论预设，而是存在于文献和历史记忆中，可以通过"服尧之服，诵尧之言，行尧之行"(《孟子·告子下》)效法的"人伦之至"。

2."为天下得人者谓之仁"

既然"天下有道"的奥义就在于"君"或"王"，更确切地说，在于"仁"而"王者"、"圣"而"王者"，所以孟子的"君臣之义"首先就在于"欲为君尽君道"，也就是说，做君王的就要像一个君王的样子。怎样才算是像一个君王的样子呢？孟子的答案很简单，"法尧舜而已矣"，做到像尧舜那样也就可以了。虽然孔孟对尧舜都说了很多近乎极致的溢美之词，但对于孟子而言，尧舜之为"君"或"王"，其所谓

"仁"归根结底只在于一点："为天下得人"。孟子说：

> 尧以不得舜为己忧，舜以不得禹、皋陶为己忧。夫以百亩之不易为己忧者，农夫也。分人以财谓之惠，教人以善谓之忠，为天下得人者谓之仁。是故以天下与人易，为天下得人难。孔子曰："大哉尧之为君！惟天为大，惟尧则之。荡荡乎，民无能名焉。君哉舜也！巍巍乎，有天下而不与焉。"（《孟子·滕文公上》）

君王首先是"人"。作为一个"人"，"仁"就是"亲亲"，就是亲爱自己的父母和兄弟，所谓"孝悌而已矣"。如果连自己的父母和兄弟都不能"亲爱之"，就不是一个合格的"人"，更谈不上做一个合格的君王。这正是孟子大肆宣扬舜的"孝"，对舜之于象的"亲爱之而已"，以及对舜之于"瞽瞍杀人"的"窃负而逃"，甚至不惜为之强辩的原因。但是，君王毕竟不是普通的"人"，他的"仁"是要惠及天下的。如何才能惠及天下呢？孟子说：

> 知者无不知也，当务之为急。仁者无不爱也，急亲贤之为务。尧舜之知而不遍物，急先务也。尧舜之仁不遍爱人，急亲贤也。（《孟子·尽心上》）

"急"者，先也，重也。"急亲贤"，以"亲"为先、以"贤"为重。以"亲"为先，是"孝悌"；以"贤"为重，是"为天下得人"。孟子主张"仁政"，是要通过"推恩"来实施的。"推恩"，绝非躬行天下"遍爱人"，而是"急亲贤"，由"亲"及"贤"，"亲亲"而"贤贤"而已。所以说："为天下得人者谓之仁。"正唯如此，孟子对于子产在郑国的执政，大不以为然。《孟子》书载：

> 子产听郑国之政，以其乘舆济人于溱、洧。孟子曰："惠而不知为政。岁十一月徒杠成，十二月舆梁成，民未病涉也。君子平其

政,行辟人可也,焉得人人而济之?故为政者每人而悦之,日亦不足矣。"(《孟子·离娄下》)

"徒杠",可走行人的小桥;"舆梁",可通车马的大桥。在孟子看来,子产只知拿自己的"乘舆"助人过河,而不知在河上架设桥梁,是"惠而不知为政"。作为一国的执政,既不能做到"人人而济之",也不能奢望"每人而悦之"。"贵为天子"而"富有天下"的君王,又怎能做到"遍爱人"呢?因此,君王所谓"仁",不过是"亲亲"而"贤贤",对自己的父母兄弟"亲爱之",对堪为手足的贤臣礼遇之,如此而已。反之,就是"不仁",一如夏桀之杀关龙逄、弃伊尹以及商纣之杀比干、囚箕子,是离亲弃贤的孤家寡人,人可得而诛之的"一夫"。《孟子》书载:

齐宣王问曰:"汤放桀,武王伐纣,有诸?"孟子对曰:"于传有之。"曰:"臣弑其君可乎?"曰:"贼仁者谓之贼,贼义者谓之残。残贼之人,谓之一夫。闻诛一夫纣矣,未闻弑君也。"(《孟子·梁惠王下》)

这就是在中国历史上响彻千古,尤其是近现代以来被人们赞誉为"革命理论"的"诛一夫"说,不过是西周"以德配天"的翻版,是孟子"三代之得天下也以仁,其失天下也以不仁"更为直白的表达而已。

3."君之视臣如手足,则臣之视君如腹心"

《孟子》书载:

孟子告齐宣王曰:"君之视臣如手足,则臣之视君如腹心。君之视臣如犬马,则臣之视君如国人。君之视臣如土芥,则臣之视君如寇雠。"王曰:"礼,为旧君有服。何如斯可为服矣?"曰:"谏行言听,膏泽下于民;有故而去,则君使人导之出疆,又先于其所往;去三年不反,然后收其田里。此之谓三有礼焉。如此,则为之服矣。今也为臣，谏则不行，言则不听，膏泽不下于民；有故而去，则君搏执之，又极之于其所往；去之日，遂收其田里。此之谓寇雠。寇雠何服之有？"（《孟子·离娄下》）

"手足"者，"身"之一体；"腹心"者，"身"之"大体"。在孟子看来，虽然"体有贵贱，有大小"，但"人之于身也，兼所爱。兼所爱，则兼所养也。无尺寸之肤不爱焉，则无尺寸之肤不养也"（《孟子·告子上》）。同理，"天下国家"亦有"君臣上下"，但各有其"义"且都不是单方面的，而是相互的："臣"之事君也以"敬"，"君"之待臣也以"礼"。而不论"敬"和"礼"，其实都是"敬"，"其义一也"。孟子说：

> 用下敬上，谓之贵贵。用上敬下，谓之尊贤。贵贵、尊贤，其义一也。（《孟子·万章下》）

虽然"其义一也"，但"君臣上下"毕竟不同，其"敬"的内涵也是有区别的。

先来看看何谓君待臣以"礼"。第一，对于臣下的劝谏和建议，君王依"礼"当采纳并施行，以使君王的恩泽能够惠及天下或国中百姓；第二，臣下因故要离开，君王依"礼"当派人送他出境，并派人先行到他要去的地方做好安排；第三，臣下离开三年后还不回来，君王这才依"礼"收回其封地和房宅。这就是孟子所谓"三有礼"，"君之视臣如手足"也。做不到"三有礼"，甚而反其道而行之，对臣下的劝谏和建议既不采纳也不施行，致使君王的恩泽不能惠及百姓；臣下要离开，就把他抓起来，即使不能抓起来也要想方设法使他在所到的地方身陷困厄；只要臣下一离开，恨不得当天就收了他的封地和房宅。如此，则是"君之视臣如土芥"，是为"寇雠"也。

再来看看何谓臣事君以"敬"。敬，既不是唯唯诺诺，也不是阿谀谄媚，更不能助纣为虐，而是依"道"而行，劝之以"仁"，谏之以

"善"。做臣下的视君王为"不能",既不能行仁,也不能为善,因而放任自流,甚至阿谀谄媚、助纣为虐,则无异于戕害君王,是为乱臣贼子,"古之所谓民贼也"。孟子说:

> 责难于君谓之恭,陈善闭邪谓之敬。吾君不能,谓之贼。(《孟子·离娄上》)
> 今之事君者曰:"我能为君辟土地,充府库。"今之所谓良臣,古之所谓民贼也。君不乡道,不志于仁,而求富之,是富桀也。"我能为君约与国,战必克。"今之所谓良臣,古之所谓民贼也。君不乡道,不志于仁,而求为之强战,是辅桀也。由今之道,无变今之俗,虽与之天下,不能一朝居也。(《孟子·告子下》)

"富国强兵",是战国诸侯的基本国策,当然也是"今之所谓良臣"辅佐诸侯的目标。在孟子看来,如果"君不乡道,不志于仁",则不论"富之"和"为之强战",都不过是"富桀"和"辅桀",助其毁灭而已。孟子说得很决绝,所谓"由今之道,无变今之俗,虽与之天下,不能一朝居也"。何谓"今之道"?"君不乡道,不志于仁",是为"无道",所谓"道二,仁与不仁而已矣"。何谓"今之俗"?战国"务为治者"的时代潮流,执意于"富国强兵"而"以攻伐为贤"的政治现实。这样的时代潮流或政治现实不改变,一任其君王"无道",即使把"天下"拱手相让,则是一天也保不住的,所谓"不仁而得天下,未之有也"。

如果"君不乡道,不志于仁",做臣下的该当如何呢?孟子的回答很简单,一个字:"敬"。孟子说:

> 齐人无以仁义与王言者,岂以仁义为不美也?其心曰"是何足与言仁义也"云尔,则不敬莫大乎是。我非尧舜之道不敢陈于王前,故齐人莫如我敬王也。(《孟子·公孙丑下》)

所谓"孟子道性善,言必称尧舜",其实也就是孟子的事君之道,"非尧舜之道不敢陈于王前","敬其君者也"。看似简单的一个"敬",要做到并不容易。孟子说:

> 居下位而不获于上,民不可得而治也。获于上有道:不信于友,弗获于上矣。信于友有道:事亲弗悦,弗信于友矣。悦亲有道:反身不诚,不悦于亲矣。诚身有道:不明乎善,不诚其身矣。是故诚者,天之道也;思诚者,人之道也。(《孟子·离娄上》)

孟子并不以圣王自居,所谓"舍我其谁"不过得君行道而已,所以必须得到君王"谏行言听"的尊重和信任,此所谓"获于上"也。"获于上"向前走,则是"平治天下",所以有这样的豪言:"夫天未欲平治天下也,如欲平治天下,当今之世,舍我其谁也?"孟子在这里则是从"获于上"往回看,层层追问做臣下的究竟怎样才能"获于上"并担当起"平治天下"的责任。在孟子看来,"获于上"的前提是"信于友",或者反过来说,一个连朋友都不能取信的人是无法"获于上"的。"信于友"的前提是"悦亲",或者反过来说,一个不能"顺乎亲"而"得乎亲"的人是无法"信于友"的。"悦亲"的前提是"诚身",或者反过来说,一个转向自己的内心而不能达到那个一切由以生发的根源、孟子称之为"一本"的"天之道"和"人之道"也即"诚"的人是无法"悦亲"的。"诚身"的前提是"明乎善",或者反过来说,一个不懂得人心中最后无可去除、无可替代和无可释怀的"恻"和"隐"也即"不忍人之心"就是"善"的人是无法"诚身"的。"明乎善"是做人的起点,也是"为臣尽臣道"的起点。从这个起点出发,以其做"人"的全部努力("诚身""悦亲""信于友")来辅佐君王,才能做到"言必称尧舜","非尧舜之道不敢陈于王前",这就是"敬"。

虽如此这般,"敬"而不能"获于上",做臣下的又该当如何呢?

4."天下有道,以道殉身;天下无道,以身殉道"

舜的父亲杀了人,舜为了做好一个人、做好一个孝子,可以"视弃天下，犹弃敝蹝"，可以"窃负而逃"一走了之，做臣下的却不能这样超然洒脱，起码孟子本人不能。《孟子》书载：

> 孟子去齐。尹士语人曰："不识王之不可以为汤、武，则是不明也。识其不可，然且至，则是干泽也。千里而见王，不遇故去，三宿而后去昼，是何濡滞也？士则兹不悦。"高子以告。曰："夫尹士恶知予哉？千里而见王，是予所欲也。不遇故去，岂予所欲哉？予不得已也。予三宿而出昼，于予心犹以为速：王庶几改之。王如改诸，则必反予。夫出昼而王不予追也，予然后浩然有归志。予虽然，岂舍王哉？王由足用为善。王如用予，则岂徒齐民安？天下之民举安。王庶几改之，予日望之。予岂若是小丈夫然哉？谏于其君而不受，则怒，悻悻然见于其面，去则穷日之力而后宿哉？"尹士闻之，曰："士诚小人也。"（《孟子·公孙丑下》）

孟子在齐国虽位列卿相，却最终不能得到齐宣王的信任和重用，只能离开。尹士对此颇有微词，一则以为孟子并非贤明：如果不知道齐王不可以成为像汤武那样的圣王，则是自己糊涂，"是不明也"；如果知道却还要来齐国，则是为了贪求福禄，"是干泽也"。二则以为孟子并不洒脱：既然不能得到齐王的信任和重用，痛痛快快走就是了，又何必在即将离境的昼地宿留三天，"是何濡滞也"。孟子不以为然，申言不远千里来见齐王就是自己的心之所欲，不能得到齐王的信任和重用而离开，则是"不得已也"。虽然在昼地宿留三天，依然觉得太过匆忙，因为齐王或许会改变态度，派人来劝返自己。直到走出昼地也不见齐王派人来挽留，这才坚定了离开齐国的决心。虽然如此，心中依然是恋恋不舍。因为，如果齐王能够信任和重用自己，则不仅齐国之民得太平，天下之民都会得太平。孟子再次申言，自己怎能像一个"小丈夫"那样小家子气呢？难道向自己的君王进谏不被接受就生气，一副落寞失意的样子全写在脸上，离开时恨不得一口气走到天黑才肯停下来吗？正是在"去齐"的路上，当有学生问到"夫子若有不豫色然"，孟子才说出一番"舍我其谁"的豪言。孟子反问道："吾何为不豫哉？"——我为什么要不高兴呢？看似豪迈洒脱，其实内心充满了忧虑，一点也不像舜的"弃天下"，虽然"窃负而逃"，却可以"遵海滨而处，终身䜣然，乐而忘天下"。这是为什么呢？《孟子》书载：

> 万章问曰："人有言'伊尹以割烹要汤'，有诸？"孟子曰："否，不然。伊尹耕于有莘之野，而乐尧舜之道焉。非其义也，非其道也，禄之以天下弗顾也，系马千驷弗视也。非其义也，非其道也，一介不以与人，一介不以取诸人。汤使人以币聘之。嚣嚣然曰：'我何以汤之聘币为哉？我岂若处畎亩之中，由是以乐尧舜之道哉？'汤三使往聘之。既而幡然改曰：'与我处畎亩之中，由是以乐尧舜之道，吾岂若使是君为尧舜之君哉？吾岂若使是民为尧舜之民哉？吾岂若于吾身亲见之哉？天之生此民也，使先知觉后知，使先觉觉后觉也。予，天民之先觉者也。予将以斯道觉斯民也，非予觉之而谁也？'思天下之民，匹夫匹妇有不被尧舜之泽者，若己推而内之沟中。其自任以天下之重如此，故就汤而说之以伐夏救民。吾未闻枉己而正人者也，况辱己而正天下者乎？圣人之行不同也，或远或近，或去或不去，归洁其身而已矣。吾闻其以尧舜之道要汤，未闻以割烹也。《伊训》曰：'天诛造攻自牧宫，朕载自亳。'"
> （《孟子·万章上》）

万章拿一个流传的说法来询问孟子：伊尹是不是通过给商汤做厨子来求取俸禄？孟子断然否定。继而通过讲述伊尹辅佐商汤伐夏的事迹，阐明自己主张的为臣之道。本来，伊尹是在莘的田野耕种，而以尧舜之道自得其乐。他的做人准则是这样的：如果不合于"道"和"义"，纵然把天下拿来给他做俸禄他也不屑于回头看一下，纵然把千驷的马匹拴来摆在他面前他也不屑于拿眼看一下；如果不合于"道"和"义"，哪怕是一点点东西他也不会给人，也不会从别人那里拿取，很有些"视弃天下，犹弃敝蹝"的意味。商汤派人拿聘礼去请他，他却满不在乎地说：我要商汤的聘礼干什么呢？我干吗不待在田野，就这样以尧舜之道自得其乐呢？商汤三番五次派人去请他，他才幡然改口说：与其像我这样待在田野以尧舜之道自得其乐，干吗不让当下的君王成为一个尧舜之君呢？干吗不让当下的民众成为尧舜之民呢？干吗不让我自己亲眼看见尧舜之道的实现呢？天生天下之民，就是让先知先觉者来启迪后知后觉者。我，就是先知先觉的"天民"，我的使命就是要拿尧舜之道来启迪天下之民，我不去启迪他们，还能有谁呢？恰是一副"舍我其谁"的姿态。伊尹发愿要"恩天下之民"，也即辅佐商汤推恩于天下之民：只要有一个人没有被受尧舜之道的恩泽，就好像是他自己把那个人推进了山沟，他就是这样以"天下之重"为己任的。因此，他一到商汤那里，就向商汤提出"伐夏救民"的主张。显然，孟子是把伊尹辅佐商汤"伐夏救民"看作"为臣尽臣道"的榜样和理想的。因为怀揣着这样的理想，所以"孟子去齐"才是那样的"濡滞"和恋恋不舍。

  商汤的"伐夏"是否像孟子笃信的就是"救民"，是可以讨论的。我们在这里关心的是：商汤是在孟子所谓"五百年必有王者兴"之列、世所公认的几个"圣王"之一，他的"圣"而"王"或"仁"而"王"竟然要仰赖伊尹的"使"而"为"之，所谓"使是君为尧舜之君"也，那么，这种仰赖贤臣的"使"而"为"之，究竟是通则呢，还是仅限于商汤这一个特例呢？通观《孟子》全书，这种仰赖贤臣的"使"而"为"之恐怕并非特例，而是通则，正如舜之于尧、禹之于舜以及周公之于文武。孟子把"为天下得人"视为君王之"仁"，其根据就在这里；孟子"舍我其谁"的豪迈和自信，其根据也在这里。按照孟子的主张，所谓"天下有道"的奥义就在于"君王"，更确切地说，在于"仁"而"王者"、"圣"而"王者"。那么，一个像孟子一样自以为"道既通"（司马迁语）却又无法左右"天下有道"和"天下无道"的贤能之士，在战国的政治现实中该如何自处呢？这就触及了孟子"君臣之义"的核心。孟子说：

> 天下有道,以道殉身;天下无道,以身殉道。未闻以道殉乎人者也。(《孟子·尽心上》)

朱熹解释说:"殉,如殉葬之殉,以死随物之名也。身出则道在必行,道屈则身在必退,以死相从而不离也。以道从人,妾妇之道。"(《四书集注》)大体不虚。但"以道殉身"和"以身殉道"以及"以道殉乎人"的确切含义究竟是什么,朱熹并没有给出相应的释读。何谓"道在必行"? 何谓"道屈"? 我们依然不得要领。但朱熹用"以死相从而不离"解释"殉",可谓至当不易。因为,不论进行怎样的引申、转义,"殉"的基本词义就是以死相从,也即以人的生命或一生相随。

孟子所谓"以道殉身"和"以身殉道",虽然都是针对"臣"而言,却以"君"的"仁"或"不仁"也即"天下有道"或"天下无道"为前提。如果君王把"为天下得人"视为当务之急,能够做到"亲亲"而"贤贤",正如尧对于舜的"明扬侧陋"、商汤对于伊尹的"三使往聘之",就是"仁",就是"天下有道",做臣下的就该"自任以天下之重"。"天下之重"者,"君王"也;"自任以天下之重"者,"使"而"为"之"仁"、"使"而"为"之"圣"也。而一旦"自任以天下之重",铁肩担道义,就不是一朝一夕而是终身的事业,是要以生命或一生相从、相随的。此所谓"以道殉身"——"道"以为己任,死而后已,"以死相从而不离也"。相反,如果君王不能做到"亲亲"而"贤贤",甚至像桀纣一样离亲弃贤,就是"不仁",就是"天下无道",做臣下的就可以像伊尹一样,"处畎亩之中","以乐尧舜之道";也可以像颜回一样,"居于陋巷,一箪食,一瓢饮,人不堪其忧,颜子不改其乐"(《孟子·离娄下》)。此所谓"以身殉道"——"守身"以为"本",安贫乐"道",死而后已,"以死相从而不离也"。孟子说:"守身,守之本也。"(《孟子·离娄上》)其意正在于此。

"身"者,自身也。不论"以道殉身"还是"以身殉道",都是自身的事情,和他人无关:"或远或近,或去或不去,归洁其身而已矣。"

所以说,"未闻以道殉乎人者也"。"以道"者,"道"以为目的和旗帜,拿"道"做幌子;"殉乎人者",企望他人乃至天下之人"以死相从而不离也"。

(三)"天与""人与""民贵君轻"

孟子"君臣之义"的核心是君王,是君王的"仁与不仁"。但君王的"仁与不仁",也即"天下有道"与"天下无道",既不是取决于君王自己,也不是任何其他人能够左右的。孟子说:

> 天下有道,小德役大德,小贤役大贤。天下无道,小役大,弱役强。斯二者天也,顺天者存,逆天者亡。(《孟子·离娄上》)

对于孟子而言,君王之为"天子",虽然其得天下也以"仁",其失天下也以"不仁",但归根结底是受之于天也受制于天,是包括君王在内的所有人无法选择也无法抗拒的。

1. "天子不能以天下与人"

《孟子》书载:

> 万章曰:"尧以天下与舜,有诸?"孟子曰:"否。天子不能以天下与人。""然则舜有天下也,孰与之?"曰:"天与之。""天与之者,谆谆然命之乎?"曰:"否。天不言,以行与事示之而已矣。"曰:"以行与事示之者如之何?"曰:"天子能荐人于天,不能使天与之天下。诸侯能荐人于天子,不能使天子与之诸侯。大夫能荐人于诸侯,不能使诸侯与之大夫。昔者尧荐舜于天而天受之,暴之于民而民受之。故曰:'天不言,以行与事示之而已矣。'"曰:"敢问荐之于天而天受之,暴之于民而民受之,如何?"曰:"使之主祭而百神享之,是天受之。使之主事而事治,百姓安之,是民受之也。天与之,人与之,故曰:'天子不能以天下与人。'舜相尧,二十有八载,非人之所能为也,天也。尧崩,三年之丧毕,舜避尧之子于南河之南。天下诸侯朝觐者,不之尧之子而之舜;讼狱者,不

之尧之子而之舜；讴歌者，不讴歌尧之子而讴歌舜。故曰：'天也。'夫然后之中国，践天子位焉。而居尧之宫，逼尧之子，是篡也，非天与也。《泰誓》曰：'天视自我民视，天听自我民听。'此之谓也。"（《孟子·万章上》）

万章向孟子发问：尧是不是把天下给了舜？孟子回答：不是的，因为天子是不能把天下给人的。像尧、舜、禹以及商汤和周武这样的"仁"而"王者"、"圣"而"王者"，不仅"贵为天子"而且"富有天下"，但为什么就不能"以天下与人"呢？既然"有"之，为什么不能"与"之呢？在孟子看来，"天子"虽然"富有天下"，但"天下"并非"天子"固有，因为他的"有天下"来源于"天"。正如诸侯虽然"有"其国，但"国"并非诸侯固有，因为诸侯的"有"其国来源于"天子"。按照孟子的理想，诸侯要册立其国的继位者，虽然有举荐权，却没有最终册封的权力，最终册封的权力是属于"天子"的（虽然"天子"册封诸侯的权力在孟子的时代已经名存实亡，甚至连名分也不复存在）。同理，虽然"天子"可以传位给他选定的继位者，但继位者能否"得天下"或"有天下"，却不是"天子"能够左右，而是最终由"天"来确认的，此所谓"天与之"。但是，诸侯"有"其国，是通过"天子"的册封来确认的；"天子"的"得天下"或"有天下"，却不能通过"天"的"谆谆然命之"来确认，因为"天不言"，所以只能"以行与事示之而已矣"。何谓"以行与事示之"？孟子解释："荐之于天而天受之，暴之于民而民受之。"并进而解释："使之主祭而百神享之，是天受之。使之主事而事治，百姓安之，是民受之也。"所谓"百神享之"，就是风调雨顺；所谓"事治"而"百姓安之"，就是"诸侯朝觐之"、"讼狱者"就之、"讴歌者"颂之。此所谓"天与之，人与之"，既是"天与之"，也是"人与之"，归根结底是"人与之"，是天下之民与之，所以说："天视自我民视，天听自我民听。"

孟子面对的是诸侯竞相称王的战国现实，是列强无一例外试图以"富国强兵"实现"王天下"目标的时代潮流。孟子逆时代潮流而动，

"言必称尧舜",大倡什么"仁义而已""孝悌而已",鼓吹"不嗜杀人者能一之",并进而提出"天子不能以天下与人"的主张,其意就在于:"天下"既不是靠"争地以战,杀人盈野;争城以战,杀人盈城"的战争打下来的,也不是任由"天子"随意处置的。

2. "天与贤,则与贤;天与子,则与子"

《孟子》书载:

> 万章问曰:"人有言:'至于禹而德衰,不传于贤而传于子。'有诸?"孟子曰:"否,不然也。天与贤,则与贤;天与子,则与子。昔者舜荐禹于天。十有七年,舜崩。三年之丧毕,禹避舜之子于阳城,天下之民从之,若尧崩之后不从尧之子而从舜也。禹荐益于天。七年,禹崩。三年之丧毕,益避禹之子于箕山之阴。朝觐讼狱者不之益而之启,曰:'吾君之子也。'讴歌者不讴歌益而讴歌启,曰:'吾君之子也。'丹朱之不肖,舜之子亦不肖。舜之相尧,历年多,施泽于民久。启贤,能敬承继禹之道。益之相禹也,历年少,施泽于民未久。舜、禹、益,相去久远。其子之贤不肖,皆天也,非人之所能为也。莫之为而为者,天也。莫之致而至者,命也。匹夫而有天下者,德必若舜、禹而又有天子荐之者,故仲尼不有天下。继世以有天下,天之所废,必若桀纣者也。故益、伊尹、周公不有天下。伊尹相汤以王于天下。汤崩,太丁未立,外丙二年,仲壬四年。太甲颠覆汤之典刑,伊尹放之于桐三年。太甲悔过,自怨自艾,于桐处仁迁义三年,以听伊尹之训己也,复归于亳。周公之不有天下,犹益之于夏,伊尹之于殷也。孔子曰:'唐、虞禅,夏后、殷、周继,其义一也。'"(《孟子·万章上》)

所谓"天与之",是说"天子"的"得天下"或"有天下",也即"王天下"的政治权力,并非"天子"固有,而是来源于"天"。既然是来源于"天",又怎么能够兄终弟及或父死子继而世代相传呢?万章的问题正是由此而来:到禹的时候"天子"的"德"就衰败了,因为

"天子"之位不再"传于贤"而是"传于子",是这样的吗?"传于贤",就是通常认为存在于唐虞时代而备受后世赞誉的禅让制;"传于子",就是起于夏而盛于周的宗法继承制。以为禅让制优于宗法继承制,当是西周宗法封建制全面崩溃的时代背景下新兴的一种看法,所以说"人有言",而不说"语云"之类。这种看法却和孟子"天子不能以天下与人"的主张貌似契合,因为"传于贤"可以理解为以其"贤"而"荐人于天";"传于子"则不然,"其子之贤不肖"未可知也,所以才有万章的疑问。孟子的回答很坚决:不对,不是这样的。孟子的理由很简明:"天与贤,则与贤;天与子,则与子。"不论"传于贤"和"传于子",其实都是"天与之","其义一也"。

这里的奥义在于,孟子所谓"天下"并不是现代意义上的、彼此分离独立的主权国家,而是所有"人"作为"类"而构成的有序整体,它的理想状态就是实现了"父子有亲,君臣有义,夫妇有别,长幼有序,朋友有信"的"人伦"整体。这个由所有"人"构成的有序整体或"人伦"整体,之所以可能并成为现实,是因为必定有一个统一的意志在其中起作用。每一个人都有一个和其他所有人不同的独立的意志,都有一个"出入无时,莫知其乡"的"心"。千万个"出入无时,莫知其乡"的"心",竟然会形成一个统一的意志,并且指向一个共同的目标,这绝非任何"人"所能使然,"非人之所能为也"。既然是"非人之所能为也",则这个使其然者就是"天",所以说:"莫之为而为者,天也。"禹践"天子"位而"天下之民从之",并不是舜传"天下"于禹,而是"舜荐禹于天"而"天"接受了禹并通过"天下之民从之"予以确认。同理,虽然"禹荐益于天",但"朝觐讼狱者不之益而之启","讴歌者不讴歌益而讴歌启",并不是禹传"天下"于启,而是"天"没有接受益而接受了启并通过"朝觐讼狱者不之益而之启"和"讴歌者不讴歌益而讴歌启"予以确认。所谓"其义一也",不过是重申"天子不能以天下与人"的主张。

至于"天"究竟因何以及何时而"与贤"或"与子",则不是"人"能够干预的。虽然不是"人"能够干预的,但冥冥之中自有定数,这个定数就是"命",所以说:"莫之致而至者,命也。"在孟子看来,一介"匹夫"而能贵为天子,必须满足两个条件:其一,"德必若舜禹";其二,"有天子荐之"。孔子之"德"虽然"若舜禹",却没有"天子荐之",所以"不有天下"。而一旦"天"接受并确认了兄终弟及或父死子继,"继世以有天下",则只有当天子暴虐"若桀纣"的时候,才会假人间之力予以干预。所谓"汤武革命",其实是"天之所废",是"天""欲平治天下",商汤和周武不过"替天行道"而已。从历史上看,"由尧舜至于汤,五百有余岁","由汤至于文王,五百有余岁","由文王至于孔子,五百有余岁",冥冥中似有定数。孟子所谓"五百年必有王者兴",正是通过历史而对"天"和"命"的窥测。既然是窥测,也就并不确信。其中的原因,一是因为孔子,虽是"圣之时者",却没有成就一代"圣王";二是因为自己,虽有"舍我其谁"的雄才伟略,却连一个寄予厚望的齐宣王也终于"不遇",只能凄凄然"去齐"。所以才有这样的喟叹:

  由周而来,七百有余岁矣。以其数,则过矣;以其时考之,则可矣。夫天未欲平治天下也,如欲平治天下,当今之世,舍我其谁也?(《孟子·公孙丑下》)

  如果"天未欲平治天下",则人世间包括孟子自己在内的一切努力都是徒劳的。这是孟子"不得已也"更深一层的含义。

3. "民为贵,社稷次之,君为轻"

既然"天"的"与贤"或"与子"是通过"天下之民从之"予以确认的,那么孟子就有这样的说法:

  民为贵,社稷次之,君为轻。是故得乎丘民而为天子,得乎天子为诸侯,得乎诸侯为大夫。诸侯危社稷,则变置。牺牲既成,粢盛既絜,祭祀以时,然而旱干水溢,则变置社稷。(《孟子·尽心下》)

需要指出的是，孟子这里的"民""社稷""君"，及其"为贵""次之""为轻"，都是相对于"天子"的"得天下"和"失天下"而言。并且，"贵"是和"轻"相对而言的，其主要含义就是"重"，是最最重要的。为什么相较于"社稷"和"君"，"民"才是最最重要的呢？孟子说得很明白，"得乎丘民而为天子"。在别的地方，孟子还说过这样的话：

> 桀纣之失天下也，失其民也。失其民者，失其心也。得天下有道：得其民，斯得天下矣。得其民有道：得其心，斯得民矣。得其心有道：所欲与之聚之，所恶勿施尔也。民之归仁也，犹水之就下，兽之走圹也。（《孟子·离娄上》）

这就是说，"天子"之于"天下"的"得"和"失"，是和"天子"之于"民"的"得"和"失"直接相关的，甚至二者就是同一件事情。这也很自然，因为所谓"天下"，不过是所有"人"作为"类"而构成的有序整体。"得天下"者，"天下之民从之"也。

何谓"丘民"？"丘"，是先秦时期的社会基层组织，其渊源可以上溯到新石器时期人们聚居的台地。据《周礼》记述："九夫为井，四井为邑，四邑为丘，四丘为甸，四甸为县，四县为都。以任地事而令贡赋。"（《周礼·地官·小司徒》）《周礼》成书较晚，如此整齐的四四制不免有对传统"井田制"理想化的成分，但至少表明，"丘"作为一级社会基层组织是"任地事而令贡赋"的一个单位。结合《左传》中"作丘甲"（《成公元年》）、"作丘赋"（《昭公四年》）的记载，则"丘"很可能是比较基本的一个单位。问题在于，孟子所处的战国时代，"丘"作为一级社会基层组织已经消亡，可为什么孟子还要使用"丘民"这个似乎已经过时而不合时宜的称谓呢？从文献记载看，孟子所谓"得乎丘民而为天子"，当是"丘民"一词的最早用例。据此，我们不妨说，"丘民"一词恰恰是孟子刻意创造出来的。因为，孟子心目中的理想就是"井田制"，而"丘民"就是"井田制"下"皆私百亩，

同养公田"、"有恒产"而"有恒心"、"养生丧死无憾"的"王者之民"。孟子说:

> 王者之民,皞皞如也。杀之而不怨,利之而不庸,民日迁善而不知为之者。(《孟子·尽心上》)

这里的"民日迁善而不知为之者",正所谓"莫之为而为者,天也",这样的"王者之民",才堪当"天视自我民视,天听自我民听"的重任,才能代表"天",是"天"的表征。但这样的"王者之民",最终也只是教化之民,是孟子倡导的"教以人伦"的结果。孟子说:

> 善政,不如善教之得民也。善政民畏之,善教民爱之。善政得民财,善教得民心。(《孟子·尽心上》)

这就带来了一个问题:不是说"天与贤,则与贤;天与子,则与子"么,怎么是"善教得民心"呢?所谓"天下之民从之",究竟是"天与",还是"教以人伦"的结果呢?并且,孟子似乎给我们勾画出一幅"天下有道"也即他心目中理想社会的权力结构图景:首先,处于权力结构顶端的是"天子",其权力来源是"天",而"天"的"与"或"不与"是通过"民"或"丘民"的"从"或"不从"来表达和实现的,所以说"得乎丘民而为天子";其次是"诸侯",其权力来源是"天子",所以说"得乎天子为诸侯";再次是"大夫",其权力来源是"诸侯",所以说"得乎诸侯为大夫";最后,处于权力结构底层的,依然是"民"或"丘民",是"皆私百亩,同养公田"的直接劳动生产者,也即孟子所谓"劳力者"。孟子说:

> 或劳心,或劳力。劳心者治人,劳力者治于人。治于人者食人,治人者食于人。天下之通义也。(《孟子·滕文公上》)

在这个权力结构中,"民"或"丘民"的位置似乎有些尴尬:一方面,"民"或"丘民"代表"天",俨然是"天子"权力也即"王天下"或君临天下权力的唯一来源;另一方面,在实际的权力运行中,"民"或"丘民"除了"治于人"和"食人"更无任何其他的权力和权利。因为,作为"劳心者"而"治人"和"食于人"的各级权力所有者,他们的权力毫无例外都来源于上,而与"民"或"丘民"无关。那么,这个位置有些尴尬却堪当"天下有道"的基石,"杀之而不怨,利之而不庸"的"民"或"丘民",与孟子"心""性"哲学倾全力打造的那个以"君子所性,虽大行不加焉,虽穷居不损焉"为最高境界,超越于"广土众民"和"王天下"、超越于"中天下而立"和"定四海之民"、独立而自足的"人",又是什么关系呢?在孟子哲学中,"民"与"人"究竟是具有相同内涵的两个概念,还是完全不同的两个概念呢?这恐怕是我们研究孟子哲学不得不论辩和澄清的。

六、从孟子开始:"民"与"人"辩

现代中国的文化批判和反思,要从自己的传统文化中找到自立于天地之间的思想资源,只能从孟子开始。从孟子开始,也就是从孟子的问题开始。所谓孟子的问题,我们是指:第一,孟子所处时代的现状和他自觉到的使命,也即孟子面临的时代问题;第二,孟子"心""性"哲学和"仁政"主张的任务和目标,也即孟子要解决的理论和实践问题;第三,孟子哲学和主张遇到的困难及其对后世中国人和中国文化的影响,也即孟子留给我们的问题。

(一)"无父无君是禽兽"辩

孟子所处时代,虽然是公认的"天下无道"的时代,但在日趋激烈和残酷的兼并战争中,人们却依稀看到了一个可以期盼的新的"天下"。正是这种期盼,催生出战国诸雄竞相称王的政治格局。诸雄的竞相称王,演化出一个个打天下集团以及簇拥在不同的打天下集团麾下的政治家和军事家,一如司马迁所述:

> 当是之时，秦用商君，富国强兵；楚、魏用吴起，战胜弱敌；齐威王、宣王用孙子、田忌之徒，而诸侯东面朝齐。天下方务于合从连衡，以攻伐为贤。（《史记·孟子荀卿列传》）

对于"以攻伐为贤"的时代潮流，孟子的态度是鲜明的，可以说直接站在了时代潮流的反面。但对于这个时代潮流中蕴含的"定于一"的历史趋势，孟子是肯定和向往的，因为"平治天下"是孟子的理想，也是他自觉到的历史使命。孟子反对"争地以战，杀人盈野；争城以战，杀人盈城"的打天下战争，但并不反对"天子"的"有天下"和"得天下"。只不过他心目中理想的"天子"，不是"以力假人"的"霸者"，而是"以德行仁"的"王者"；他心目中理想的"天下"，不是"暴君污吏"横行而"老幼转乎沟壑"的"乱世"，而是"颁白者不负戴于道路""老者衣帛食肉，黎民不饥不寒"的"平世"。孟子并不把自己心目中理想的"天子"和理想的"天下"，看作是虚无缥缈和遥不可及的。因为在孟子看来，即使圣若尧舜，"天子"不过是像我们一样的"人"。而所谓理想的"天下"，也不过是属于"人"和合乎"人"的本性，因而是建立在人性"善"的基础之上的。因此，只要抓住了"人"的根本，从"人"的本性也即人性"善"出发，也就找到了"王天下"或"平治天下"的正途。

孟子面对的不仅是"以攻伐为贤"的时代潮流，还有和孟子一样站在时代潮流反面、盛行于天下的两种思潮：一种以杨朱为代表，一心只在乎个人的安危和今生的享乐，"拔一毛而利天下，不为也"；一种以墨翟为代表，主张无差别的爱和无条件的付出，试图以一己之力消弭战争和拯救天下，"摩顶放踵利天下，为之"。在孟子看来，他们作为彼此对立的两个极端，都没有抓住"人"的根本，不懂得究竟什么样的人生才是符合"人"的本性和属于"人"的，实际上是"邪说诬民，充塞仁义"，其结果和"争地以战，杀人盈野；争城以战，杀人盈城"的打天下集团并无二致，因为"仁义充塞，则率兽食人，人将相食"，所以说："无父无君，是禽兽也。"

对于杨墨作为彼此对立的两个极端，孟子是这样评说的：

> 杨子取为我，拔一毛而利天下，不为也。墨子兼爱，摩顶放踵利天下，为之。子莫执中，执中为近之。执中无权，犹执一也。所恶执一者，为其贼道也，举一而废百也。（《孟子·尽心上》）

孟子并不决然反对杨子的为我和墨子的兼爱天下，他反对的是像杨子和墨子一样走向极端，所以说"执中为近之"。即使"执中"，也不能"无权"，不懂得变通，而是要根据客观的形势和自身的条件因地制宜、因时制宜。所谓"天下有道，以道殉身；天下无道，以身殉道"，表达的就是这层意思。关于杨墨和儒的关系，孟子说过这样的话：

> 逃墨必归于杨，逃杨必归于儒。归，斯受之而已矣。今之与杨墨辩者，如追放豚，既入其苙，又从而招之。（《孟子·尽心下》）

这是说，放弃墨子的极端主张就会走向另一个极端接受杨子的主张，而如果能进而从杨子的极端主张中走出来，也就回到儒家"执中"的正路上来了。孟子说得很诙谐：回来了就高高兴兴接受他、欢迎他，又何必耿耿于怀呢？这就像丢失了一头猪，找回来关进猪圈就是了，又何必再把它的脚绑缚起来呢？不难看出，孟子是把杨墨视为和自己一样，共同站在时代潮流的反面的。孟子指斥杨墨"是禽兽也"，当然是极而言之，其意是说，作为一个"人"，如果丢弃了"父子之亲"和"君臣之义"，连"父子君臣"也不要，就会"人见其禽兽"甚至禽兽不如。但孟子所谓"无父无君"却不能不说是抓住了杨墨的根本，也鲜明地表达了孟子自己的立场和所追求的目标。孟子的目标，就是要在人性"善"的基础上，打造真正属于"人"的理想世界，也即他自己心目中的"天下"。因此，孟子既不赞成像杨子一样，"拔一毛而利天下，不为也"，放弃了做一个"人"之于"天下"的责任，也不赞成像墨子那样，"摩顶放踵利天下，为之"，丢失了做一个"人"之所以为人的"分定"。但是,把"君臣"和"父子"并举,共同上升到人之所以为人的高度,则显然超出了孟子的"心""性"哲学。或者换一个说法,在孟子的"心""性"哲学中,"君臣"和"父子"是不能同时作为"人之所以异于禽兽者"并存的,这是孟子的难题。而解决这个难题的关键,就是孟子所谓"王者":"仁"而"王者"、"圣"而"王者"。对于孟子而言,"王者"既是人性"善"的典范,也是"天下有道"的根本。那么,孟子的"王者"是如何可能的呢?

(二)"心之所同然"辩

孟子的"王者",首先是"善"的典范。在孟子看来,"善"的根源是"心",是人固有的"恻隐之心",是人的内心深处最后无可去除也无可替代、基于人的"分定"的"可欲"。所以说:"可欲之谓善。"可是,每个人的"心"及其"所欲"都是不一样的,也是不确定的。不仅不同的人有不同的"所欲",即使同一个人,他的"所欲"也会因时、因地而异。孟子援引孔子,对"心"做过这样的描述:

> 孔子曰:"操则存,舍则亡。出入无时,莫知其乡。"惟心之谓与!(《孟子·告子上》)

正可谓人心叵测。这就带来一个问题:既然每个人都有一个"出入无时,莫知其乡"的"心",又怎么可以成为孟子心目中"达之天下"的人性"善"的根源呢?孟子的解决办法是"类":"凡同类者,举相似也。"只要是同类,就没有不相似的,人当然也不能例外。孟子说:

> 凡同类者,举相似也,何独至于人而疑之?圣人与我同类者。……口之于味也,有同耆焉。耳之于声也,有同听焉。目之于色也,有同美焉。至于心,独无所同然乎?心之所同然者何也?谓理也,义也,圣人先得我心之所同然耳。故理义之悦我心,犹刍豢之悦我口。(《孟子·告子上》)

这就从前提（1）"凡同类者，举相似也"，以及前提（2）"圣人与我同类者"，推出结论（3）"心之所同然者"。孟子提出反诘：口、耳、目作为人之一体，于味、于声、于色，皆有"同耆""同听""同美"。"心"为人之大体，为什么就偏偏没有"同然"呢？在孟子看来，既然"心"有"同然"，那么举凡天下哪怕只有一个"终身慕父母"而堪称"大孝"的舜，则"孝"之为人性"善"以及"王者"之为人性"善"的典范，就是不证自明的。孟子所谓"人人皆可以为尧舜"，其深刻的内涵正是在这里。孟子说：

> 舜，人也；我，亦人也。舜为法于天下，可传于后世，我由未免为乡人也，是则可忧也。忧之如何？如舜而已矣。（《孟子·离娄下》）

> 尧舜之道，孝弟而已矣。子服尧之服，诵尧之言，行尧之行，是尧而已矣。（《孟子·告子下》）

人人都能"如舜而已矣"，则是"天下之民从之"；"天下之民从之"，则是"王者"之为"天下有道"的根本也。如此，则家、国、天下，以及人性"善"和"天下有道"，以及"父子"和"君臣"，就在"仁"而"王者"、"圣"而"王者"的泽被之下统一和一致起来。

可是，有几个问题却是孟子的这套类推逻辑无法回避的。第一，历史上果真存在如孟子所称述的如此这般的"王者"吗？同样是依据传世的文献，孟子心中的尧、舜以及"五百年必有王者兴"的夏禹、商汤和周文，皆是"人伦"的典范；墨子心中的禹、汤、文、武，皆是行"兼相爱，交相利"之法的"兼君"；杨子心中的虞舜和夏禹，却不过是虚有天下的"穷毒者"和"忧苦者"；而在那些"以攻伐为贤"的政治实践家或法家的心中，举凡"有天下"或"得天下"的"王者"，则无不是"以力假人"的弑君、曲父之辈，以至于被孔孟奉为"至孝"的舜，竟被韩非说成是"出则臣其君，入则臣其父，妾其母，妻其主女"的"反君臣之义，乱后世之教者"（《韩非子·忠孝》）。

如果历史上压根就不存在如孟子所称述的如此这般的"王者",则孟子的这套类推逻辑又该如何呢?

第二,纵然孟子所谓"王者"是存在的,则似舜这般的品行果真就是人性"善"的典范吗?最为孟子称道的,是舜的"终身慕父母"。一个年近迟暮而担负着天下责任的"王者",却日以"顺乎亲"和"得乎亲"为盼,不然就郁郁寡欢,就要"号泣于旻天",这难道就是孟子心目中"达之天下"的人性"善"的典范,所有人都应如是这般的做人的榜样吗?在这里,我们并不是要指责和否定孟子本人以"终身慕父母"为"至孝"的价值取向,我们只是想要追问:把这样的价值取向推而广之以使成为做人的榜样,是如何可能的?进而言之,这个榜样的根据是什么?由谁来制定以及谁有资格来制定呢?即使我们承认并接受孟子所谓人之所以为人的"父子"和"兄弟"的"分定",我们也无法从中推出这个以"终身慕父母"为"至孝"的价值取向,就是所有人都应如是这般的做人的榜样。如若不然,孟子大力倡导的"教以人伦"和"申之以孝悌之义",就失去了意义;如若不然,中国人就不会浸润在两千多年的"孝"的教化之中,却一直摆脱不了老无所养、老无所依的忧虑。

第三,纵然孟子所谓"王者"是值得期盼的,则所有人的"心"就应该指向那个唯一的"同然"吗?"然"者,一个人的"心"所认可、认同因而是值得当然也应该去追求的,也就是孟子所说的"可欲之谓善"。有"可欲",就有"不欲";因为有"不欲","可欲"才能称之为"善"。孔子说"己所不欲,勿施于人",是"善";如果己所不欲而施于人,就是"恶"。这里之所以有善恶之分,是因为有"不欲"。"同然"者,所有人的"心"一致认可、认同因而是舍此别无所求、舍此别无所欲,这就是孟子所说的"诚"。在孟子看来,这个达到了"同然"因而达到了"诚"的"心",也即"思诚者",它摆脱了日复一日"旦昼之所为"的摧残,不为种种基于利害的计较"所蔽""所陷""所离""所穷";它不再是"出入无时,莫知其乡"的"心",而是通过"思"返回自身、达到自觉和自我确证的"心";它是自己,也只是它自己，并且，它确知它是自己，且只是它自己；它是人之所以为人、人之所以区别于禽兽、人的一切由以生发的根源，也即"一本"；它就是孟子心目中的"性"或人的本性。这是孟子"心""性"哲学达到的最高境界。但在这个境界中，孟子孜孜以求的"善"却不见了。因为，当所有人的"心"都只有一个"同然"，都只有一个"可欲"，善与恶的分别也就消失了，这个唯一的"可欲"就不再是"善"。实际的情况是，所有人的"心"只有唯一的一个"同然"是不可能的，那个被视为"心之所同然者"，就会成为泯灭所有人的"心"和吞噬一切人的"可欲"的人间怪兽，它就是"恶"。

（三）"旦昼之所为"辩

"同然"，不过是众心之所志、众心之所向。对于孟子而言，光有志向是不够的，必须躬之于行，落实到日常的所作所为之中，这需要决心、勇气和能力。这种把"心之所同然"落实到行为中的决心、勇气和能力，就是孟子的"浩然之气"。孟子最自得的优长，莫过于善养"浩然之气"。孟子的"浩然之气"，虽然"至大至刚"而"塞于天地之间"，却有一个基本的条件："行有不慊于心，则馁矣。"只要做一件有违于"心之所同然"的事情，它就会气馁而前功尽弃。如何才能避免"行有不慊于心"呢？孟子说：

> 无为其所不为，无欲其所不欲，如此而已矣。（《孟子·尽心上》）

乍一看，这仿佛只是没有意义的同义反复：不做那我不做的，不想那我不想的。赵岐《孟子注》解释为："无使人为己所不欲为者，无使人欲己之所不欲者。"则显然有违孟子的原意。在这里，"无为"和"所不为"以及"无欲"和"所不欲"的，其实都是"我"，并不牵涉他人。不同的是，前一个"我"，也即"无为"和"无欲"的"我"，就是那个每天都在有所为也有所不为、有所欲也有所不欲、实实在在的行为者和意愿者，也即孟子所谓"身"。后一个"我"，也即"所不为"和"所不欲"的"我",则是那个"人皆有之"的"心",也叫"良心"或"本心"。按照这样的理解,孟子所谓"无为其所不为,无欲其所不欲",其意无非是说:不要做那依照自己的本心不该做的,不要想那依照自己的本心不该想的。进而言之,既然那个"心"是"人皆有之",则举凡天下所有人,他们的"心"之所志、"心"之所向就是一样的,也不可能不是一样的。如此一来,所谓"无为其所不为,无欲其所不欲",就指向一个对所有人都适用而无差别、唯一的行为和意愿标准,成为所有人都无所逃于天地之间的"理"和"义"。这正是孟子"心之所同然"的要义所在。在孟子看来,这是既简单又明了的。所以说:"如此而已矣。"

正是在这个意义上,孟子把"旦昼之所为",也即每一个人只要一醒来,为了生存以及基于利害、荣辱、上下、进退等数不清的计较和考量,每时每刻都在发生的千差万别的行为和意愿,一句话,普天之下芸芸众生的凡俗生活,看作是对人的"良心"或"本心"以及"夜气"或"浩然之气"最具杀伤力的摧残和戕害。但问题在于:"旦昼之所为"果真是可以被取消的吗?

孟子给了我们一个期许。按照他的"心""性"哲学,只要回到自己的内心,牢牢抓住自己内心深处最终无可去除的"不忍人之心",就会发现自己是一个懂得是非、善恶并且愿意向善弃恶的人。只要保守住自己内心深处的不忍,保守住自己内心深处所认定的善,每一个人都会成为自己所期盼的真正的"人"。这就是他给我们的"乃若其情,则可以为善",这就是他给我们的"可欲之谓善",这就是他给我们的"君子所性,虽大行不加焉,虽穷居不损焉"。沿着孟子指出的这条道路,我们看见了一个内心笃定、自信自足、"富贵不能淫,贫贱不能移,威武不能屈"的"大丈夫",一个"君子"。这个"大丈夫"或"君子",虽然只是孟子心目中的"人",却对于我们弥足珍贵。因为,这个孟子心目中的"人",仿佛是我们向着那个期盼中的"人"继续前行的第一个可以依托的营垒。为了继续前行,这个孟子心目中的"人"必须面对自己和他人的"旦昼之所为",必须在千千万万懂得是非、善恶并且愿意向善弃恶的人,以及他们的"旦昼之所为"的差异和冲突中,找寻如何坚守自己内心深处所认定的善的方法,找寻彼此相识、相交、相融的方法,并由此建立普天之下所有人和平共处的"善"的支点。虽然,孟子自认为找到并已经建立起这个"善"的支点,它就是孟子"心""性"哲学倾力打造的那个"人皆有之"的"心之所同然",但是,当孟子拿这个唯一的"同然"去对抗甚至试图取消普天之下所有人的"旦昼之所为",他就仿佛在一瞬间取消了给我们的期许,让我们跌入黑暗的深渊。因为,历史已经告诉我们,试图拿一个唯一的"同然"取消所有人的"旦昼之所为",是建立不起那个可以为"天下"支撑的"善"的支点的。

孟子的出发点和目标无疑是"人",但我们最终看到的只是被圣化并被委之于"天"的"王者",以及只能仰仗"王者"的仁政和教化,被"驱而之善"的"丘民",或曰"王者之民"。这就不难理解,以继孟子绝学为己任的宋学,当它沿着孟子的道路继续向前,把"父子君臣"打造成为凌驾于一切之上的"天理",也就完成了中国文化从"人"走向"民"并进而走向"臣民"的蜕变过程。自那时以来,俨然符合孟子心目中"人"的标准的,恰恰是夹在"王者"与"臣民"的二元结构中的一个特殊群体,一个既不是"民"也不是"君","不获于上,民不可得而治",或帮忙或帮闲的"士"阶层。这就是中国传统的读书人,也即今天所谓"知识分子"。一般说来,他们不乏理想,也有情怀,"居庙堂之高,则忧其民;处江湖之远,则忧其君",是"先天下之忧而忧,后天下之乐而乐"的高洁之士,自以为掌握了"心之所同然"的"理"或"天理",却鲜有属于自己的独立品格和思想。其实,在《孟子》书中就有对他们的精准画像:

> 君子所以异于人者,以其存心也。君子以仁存心,以礼存心。仁者爱人,有礼者敬人。爱人者,人恒爱之。敬人者,人恒敬之。有人于此,其待我以横逆,则君子必自反也:"我必不仁也,必无礼也,此物奚宜至哉?"其自反而仁矣,自反而有礼矣,其横逆由

是也,君子必自反也:"我必不忠。"自反而忠矣,其横逆由是也,君子曰:"此亦妄人也已矣。如此,则与禽兽奚择哉?于禽兽又何难焉!"是故君子有终身之忧,无一朝之患也。乃若所忧则有之:舜,人也;我,亦人也。舜为法于天下,可传于后世,我由未免为乡人也,是则可忧也。忧之如何?如舜而已矣。若夫君子所患,则亡矣。非仁无为也,非礼无行也。如有一朝之患,则君子不患矣。(《孟子·离娄下》)

这难道不应该成为我们自己的一面镜子?我们难道不应该以至诚之心对照着这面镜子"日三省吾身"吗?